纺织服装高等教育"十二五"部委级规划教材

印染·服装 跟单实务

YINRAN FUZHUANG
GENDAN SHIWU

林丽霞 杨慧彤 主编

东华大学出版社

内容提要

　　本书是全国纺织服装高等教育"十二五"部委级规划教材之一。全书重点讲述了纺织印染和服装企业中跟单员所必须掌握的基本理论和实践操作,主要有生产计划制定、原料采购跟进、生产跟进、外发加工跟进、生产质量管理跟进、产品出货跟进等内容,其中的实例及图表均来源于印染与服装生产企业,内容完整翔实,实操性强。除此之外,为使学习者更快进入角色并提高业务水平,书中还引入了跟单岗位急需的外贸知识、5S知识、国际礼仪和常用计算机技巧,进一步完善了学习的系统性和实用性,为相关人员更深层次的学习打下扎实基础。

　　本书可作为高职高专院校相关专业的教材及中等职业学校的提高教材,也可作为纺织印染与服装企业的培训教材或相关从业人员的参考用书。

图书在版编目(CIP)数据

印染服装跟单实务/林丽霞,杨慧彤主编. —上海:东华大学出版社,2012.6
　ISBN 978 - 7 - 5669 - 0079 - 1

　Ⅰ. ①印… Ⅱ. ①林… ②杨… Ⅲ. ①服装工业—生产管理—高等学校—教材 Ⅳ. ①407.866.2

　中国版本图书馆 CIP 数据核字(2012)第 118909 号

印染·服装跟单实务

主编/林丽霞　杨慧彤
责任编辑/ 杜燕峰
封面设计/ 魏依东
出版发行/东华大学出版社
　　　　上海市延安西路 1882 号
　　　　邮政编码:200051
网址/www. dhupress. net
淘宝旗舰店/ www. dhupress. taobao. com
经销/ 全国新华书店
印刷/ 常熟大宏印刷有限公司
开本/ 787mm × 1092mm　1/16
印张/ 16.75　　　　字数/ 437 千字
版次/ 2012 年 8 月第 1 版
印次/ 2012 年 8 月第 1 次印刷
印数/ 0001～3000
书号/ ISBN 978-7-5669-0079-1/TS·331
定价/ 34.00 元

前　言

2011 年是实施"十二五"规划的开局之年,同时也是中国加入 WTO 十周年,发展至今我国纺织工业已经进入了跨越发展的关键时期,要想在日趋激烈的市场竞争中把握先机,专业技术和管理能力比以往任何时候都更加重要。

在纺织印染和服装企业,跟单员是一个不可缺少的岗位。其岗位特点是既要懂生产、又要懂管理,属于全能型人才。目前,跟单员岗位培训市场不太成熟,相应的教材过于强调理论,使接受培训的"准跟单员"的能力在实践中滞后于生产管理的要求;另一方面,企业中出现了大量缺乏实际专业技能的跟单员,企业必须花费相当大的人力和时间对这些人员重新进行岗位培训。因此,培养应用型和技术型的印染、服装跟单人才是当务之急,而培训所用的教材建设就必须走在前面才事半功倍。

针对地方产业对人才的渴求,为了帮助广大纺织印染、服装专业人员和高职在校生以及其他有意向从事相关工作的读者有的放矢地学习印染、服装跟单知识,从而促进印染、服装行业的健康发展,在全国纺织服装高等教育"十二五"部委级规划教材建设的契机下,江门职业技术学院与行业相关企业合作编写了这本《印染·服装跟单实务》。该教材编写团队由有十年以上纺织印染和服装企业生产加工经验,同时具备跟单管理经验的成员组成,整体采用项目驱动型的模块化形式,使该教材不仅有理论指导的前瞻性,更具备实际操作的现实性。为了更好地提升从业人员的业务水平,本书还引入了跟单岗位所需的外贸知识、5S 知识、国际礼仪和常用计算机技巧,使从业人员的管理水平能更上层楼。在此基础上,从业人员还可以综合学习其他外贸跟单理论与实务的知识,便于考取相关技能证书,进一步提升其在岗位上的竞争力。

《印染·服装跟单实务》第一篇、第三篇、第四篇由林丽霞老师编写,第二篇由杨慧彤老师编写,全书由林丽霞老师统稿。本书在编写过程中得到了相关企业和江门职业技术学院毕业生的支持,他们为书中的案例提供了真实的、一线的素材。

在编写本书时，编者参考了大量的文献，由于篇幅有限只能列出主要参考资料，在此一并表示衷心的感谢！

由于本书编写时间所限，纰漏在所难免，真诚欢迎各界人士批评指正以便修正和完善。

编著者
2012 年 5 月

目 录

模块一 跟单基本知识

任务一 跟单员概述 ………………………………………………………… 3
　一、跟单概述 …………………………………………………………… 3
　二、跟单的概念 ………………………………………………………… 3
　三、跟单员的工作定位 ………………………………………………… 4
　四、跟单员的工作特点 ………………………………………………… 4
　五、跟单员相关技能要求 ……………………………………………… 5
　六、与跟单相关的岗位 ………………………………………………… 5
任务二 纺织品基础知识 …………………………………………………… 6
　一、纤维基本知识 ……………………………………………………… 6
　二、纱线基本知识 ……………………………………………………… 7
　三、面料基本知识 ……………………………………………………… 10

模块二 印染产品跟单

项目一 印染生产基本流程 ………………………………………………… 27
　任务一 染整印花基本流程 ……………………………………………… 27
　任务二 印染生产过程中的基本概念及术语 …………………………… 28
　　一、有关印染合同订单方面的术语 …………………………………… 28
　　二、生产中的技术和管理术语 ………………………………………… 29
　　三、印染生产中常用俗语 ……………………………………………… 33
项目二 打样跟进 …………………………………………………………… 34
　任务一 打样跟单 ………………………………………………………… 34
　　一、打样跟单概述 ……………………………………………………… 34
　　二、打样跟单 …………………………………………………………… 39
　任务二 样品的整理报送及确认 ………………………………………… 41
　　一、样品整理报送及样品确认跟进要点 ……………………………… 41
　　二、建立样品资料库 …………………………………………………… 42
项目三 染整、印花订单评审过程的跟单 ………………………………… 44
　任务一 订单评审的操作及结果跟单 …………………………………… 44
　　一、订单的形式 ………………………………………………………… 44
　　二、订单评审的操作及结果 …………………………………………… 48
　任务二 订单评审的内容及注意事项 …………………………………… 49

一、产品品种及品质规格 …………………………………………………… 49

二、价格 ……………………………………………………………………… 49

三、数量 ……………………………………………………………………… 49

四、交货期 …………………………………………………………………… 50

五、付款方式 ………………………………………………………………… 51

六、技术要求 ………………………………………………………………… 51

七、附件 ……………………………………………………………………… 51

八、其他条款 ………………………………………………………………… 51

项目四 原料跟进 ………………………………………………………… 52

任务一 坯布采购跟单 …………………………………………………… 52

一、坯布采购跟单内容 ……………………………………………………… 52

二、坯布的使用 ……………………………………………………………… 57

三、原料跟单的要点 ………………………………………………………… 59

四、物料进度落后的对策 …………………………………………………… 59

五、物控中常用的措施 ……………………………………………………… 59

六、有效处理异常物料 ……………………………………………………… 60

任务二 供应商资质调查 ………………………………………………… 60

一、坯布供应商调查 ………………………………………………………… 60

二、坯布供应商评审 ………………………………………………………… 62

项目五 生产加工过程的跟单实践 ……………………………………… 65

任务一 生产加工过程跟单与建立资料档案 …………………………… 65

一、生产过程跟单流程、目的及注意事项 ………………………………… 65

二、生产过程跟单工作应注意要点 ………………………………………… 67

三、企业生产进度控制内容 ………………………………………………… 67

四、跟单员生产进度控制的业务流程 ……………………………………… 68

五、交期延误的原因及处理 ………………………………………………… 69

任务二 生产计划的制定和跟进 ………………………………………… 69

一、生产计划的制定 ………………………………………………………… 69

二、生产计划实施过程的跟单操作 ………………………………………… 71

三、中样或大货头缸样生产的跟进 ………………………………………… 76

四、大货生产的跟进 ………………………………………………………… 78

任务三 生产加工过程跟单 ……………………………………………… 79

一、坯布准备及前处理的跟单 ……………………………………………… 79

二、染色、印花跟单操作 …………………………………………………… 81

三、中检工序的跟单工作 …………………………………………………… 82

四、回修进程的跟单工作 …………………………………………………… 85

五、后整理定形过程的跟单工作 …………………………………………… 90

项目六 染整印花产品外包加工 ………………………………………… 92

一、合约控制 ………………………………………………………………… 92

二、发料管理 ………………………………………………………………… 92

　　三、验收 …………………………………………………………………………… 92

项目七　染整印花品质控制 ………………………………………………………… 94

　任务一　纺织品质量控制基本流程 ……………………………………………… 94

　　一、产品质量的概念 ……………………………………………………………… 94

　　二、纺织品检测标准 ……………………………………………………………… 94

　　三、纺织品试样准备和测试环境 ………………………………………………… 95

　　四、纺织品质量检验和抽样方法 ………………………………………………… 96

　　五、成品织物质量检验的内容 …………………………………………………… 97

　　六、织物的环保要求与绿色纺织品 ……………………………………………… 99

　　七、染整加工品质监控 …………………………………………………………… 99

　任务二　染整生产过程质量控制 ………………………………………………… 100

　　一、前处理过程质量控制 ………………………………………………………… 100

　　二、染色产品质量控制 …………………………………………………………… 103

　　三、印花产品质量控制 …………………………………………………………… 105

　　四、整理过程质量监控 …………………………………………………………… 106

　任务三　产品质量问题的统计分析 ……………………………………………… 108

项目八　成品交付的跟单工作 …………………………………………………… 110

　　一、成品的验收、入库工作 ……………………………………………………… 110

　　二、成品的交付 …………………………………………………………………… 112

　　三、结算 …………………………………………………………………………… 113

　　四、成品交付完成后的跟单工作 ………………………………………………… 116

模块三　服装跟单

项目一　服装跟单基本流程 ……………………………………………………… 122

项目二　服装跟单基础知识 ……………………………………………………… 124

　任务一　服装辅料基础知识 ……………………………………………………… 124

　任务二　包装材料基础知识 ……………………………………………………… 137

　　一、纸箱 …………………………………………………………………………… 138

　　二、塑料袋 ………………………………………………………………………… 139

　　三、条形码 ………………………………………………………………………… 139

　　四、其他包装材料 ………………………………………………………………… 140

　任务三　服装基本结构 …………………………………………………………… 140

　　一、服装的基本分类 ……………………………………………………………… 140

　　二、服装的基本结构 ……………………………………………………………… 141

　任务四　车缝基本知识 …………………………………………………………… 145

　　一、缝制工艺相关术语 …………………………………………………………… 145

　　二、常用线迹 ……………………………………………………………………… 145

　　三、缝型分类及其应用 …………………………………………………………… 148

　　四、成衣缝纫工艺流程 …………………………………………………………… 151

项目三　阅读制造单 ··· 154
项目四　生产跟进 ··· 160
　任务一　前期跟进任务 ··· 160
　　一、订单确认阶段 ··· 160
　　二、产前准备 ··· 160
　任务二　样衣制作 ··· 166
　　一、样衣的种类 ··· 167
　　二、样衣跟进的特点 ··· 169
　　三、样衣跟进的主要程序 ······································· 169
　任务三　成衣测量、唛架制作与裁床生产 ··························· 171
　　一、成衣测量 ··· 171
　　二、唛架制作 ··· 176
　　三、裁床生产 ··· 179
　任务四　包装要求和装箱单制作 ··································· 182
　　一、包装的分类 ··· 182
　　二、包装与装箱跟进 ··· 182
　　三、装箱检验 ··· 184
　任务五　物料采购 ··· 187
　　一、物料采购跟进的目的与要求 ································· 187
　　二、物料采购跟进工作内容 ····································· 187
　　三、物料采购实施 ··· 187
　任务六　制定生产制造单 ··· 190
　　一、服装生产制造单编制的依据 ································· 190
　　二、生产制造单编制 ··· 190
　　三、生产制造单执行中的协调工作 ······························· 193
项目五　生产中跟进 ··· 194
　任务一　面辅料进度跟进 ··· 194
　　一、采购异常问题 ··· 194
　　二、跟催工作 ··· 194
　任务二　生产进度跟进 ··· 195
　　一、生产跟进 ··· 195
　　二、不能及时交货的原因 ······································· 198
　　三、按时交货跟单要点 ··· 198
　任务三　外包跟进 ··· 199
　　一、外包(协)的原因 ··· 199
　　二、外包(协)的形式 ··· 199
　　三、外包(协)注意事项 ··· 199
　　四、外包(协)的一般流程 ······································· 200
　　五、外包管理 ··· 200
　　六、外发加工具体操作 ··· 201

任务四　生产质量监控···203
　　一、前查（进货检验）···203
　　二、中查（过程检验）···204
　　三、尾查（最终检验）···211
　　四、不合格产品管理···212
项目六　出货与剩余物资处理···215
　任务一　货期与出货跟进···215
　任务二　验货跟进···217
　　一、抽样···217
　　二、验货···218
　　三、验货结果处置···222
　任务三　剩余物资处理···222

模块四　岗位相关技能

任务一　贸易术语与价格···227
　　一、贸易术语···227
　　二、六种常用的贸易术语···227
　　二、价格···229
任务二　5S 管理··230
　　一、1S—整理（SEIRI）··230
　　二、2S—整顿（SEITON）···231
　　三、3S—清扫（SEISO）··231
　　四、4S—清洁（SEIKETSU）···231
　　五、5S—素养（SHITSUKE）···231
任务三　常用办公软件基本技能···232
　　一、物料的计算（以箱子和贴纸、钮扣的计算为例）···············232
　　二、数据的处理···238
任务四　工作基本礼仪···242
　　一、仪容仪表···242
　　二、身体语言···242
　　三、握手礼仪···244
　　四、电话礼仪···245
　　五、座次礼仪···245
　　六、其他礼仪···246
附录1　常用纤维中英文对照表···247
附录2　常用单位换算···248
附录3　服装加工常用英语缩写···249

附录4　常用物料中英文对照 ……………………………………………………… 250

附录5　染整常用词汇中英文对照 ………………………………………………… 251

附录6　纺织品检测常用词汇及面料疵点中英文对照 …………………………… 252

附录7　常用颜色中英文对照 ……………………………………………………… 254

参考文献 ……………………………………………………………………………… 255

模块一　跟单基本知识

任务一 跟单员概述

一、跟单概述

自我国改革开放和加入 WTO 以来,对外贸易和内部需求使得制造业迅速发展,制造业内部分工愈趋细化,跟单员的岗位应运而生。跟单员岗位划清了与其他岗位的责任界限,提高了制造业的管理水平和经营效率,规避了许多业务操作失误和风险。

跟单是企业生存和发展、运作最重要的一个环节,企业的生存与发展,都是以订单为主线条的,作为订单的跟进者,跟单员的工作横跨一个企业运作体系的每一个环节。从管理的角度来说,企业以订单为主线,生产以客户为中心,跟单则是重中之重。作为一名跟单员,面对客户与订单开展工作,在当今社会竞争日益激烈的市场经济环境下,重要性不断突显。在很多公司,跟单员就是老板们的"特别助理"。跟单员岗位的出现影响深远且意义重大,主要表现在以下几个方面:

① 在制造业的发展中,需要既熟悉业务流程、又熟悉生产流程,并能保证合同顺利履行的业务人员,这就是跟单员。它是企业内部管理结构、管理水平和经营效率有效调整和提高的需要,是生产规范化和科学化的表现和标志。

② 随着商品市场的多样化、小批量化以及节奏的加快,企业需要具备更多商品和外贸知识、综合能力强的人员操控订单的全过程,需要专业人员与客户进行沟通和协调,以便于及时发现和避免业务中的隐患,促使订单完成。因此跟单员工作是一项具有"综合性"和"边缘性"的"学科",它对外要有业务员的素质,对内要有生产管理能力。跟单员工作质量的好坏直接影响企业的经营和发展,对维护客户关系、市场声誉和企业可持续发展具有重要意义。

③ 在订单完成的各要素之间,相对而言,除跟单员外,几乎所有的工作都是执行性质的,唯跟单员工作是有计划性、管理性的。在动态的生产中,企业所有的工作都以客户和订单为中心去展开,作为站在"订单的高度上"去工作的跟单员,其工作是抽象的。跟单员的工作在整个生产系统中起着特定的作用,其工作具有层次性和联结性。跟单员工作可以使企业获得最佳的经济效益,促进企业发展,完成企业获利的目标。

④ 对订单的完成来说,执行者是生产部门,而跟单员的责任是对客户负责,跟单员需要与掌握着"交期"的生产部门进行沟通、督促,其工作挑战性比其他部门高。因此跟单员这个岗位是对传统组织架构的一种超越:它可能挂在业务部,也可能挂在总经理室或厂长室,但它的工作却是跨部门的,它似乎要去"指挥"很多部门。所以它不只是对传统组织形式的一种超越,更是对传统"官本位"组织作风的一种超越。

二、跟单的概念

跟单员是指在企业动作过程中,以客户订单为依据,在贸易合同签订后,依据相关合同或单证对货物生产加工、装运、保险、报检、报关、结汇等部分或全部环节进行跟踪或操作,协助履行贸易合同的从业人员,跟单员是企业内各部门之间及企业与客户之间相互联系的中心枢纽。

跟单员可以分为外贸跟单员和内销跟单员;也可分为业务跟单员和生产跟单员(见表1-1)。

① 外贸跟单员是指在外贸企业运作过程中,以客户订单为依据,跟踪产品,跟踪服务运作流向的专职人员。所有围绕着订单去工作、对出货交期负责的人,都是外贸跟单员。

② 内销跟单员与外贸跟单员相类似,差别是其客户是国内客户,其跟进的订单不需经过

报关、报检、收汇和出口退税等工作。

③ 业务跟单是对客户进行跟进。尤其是对对本公司的产品有兴趣、有购买意向的人进行跟进,以便缔结业务关系并签定合同。对外称为跟单员或业务助理。

④ 生产跟单员则是指在企业内部,收到生产订单后,以订单为依据,组织原料订购、安排生产进度、确定产品包装、制定产品质量、安排产品运输等,负责按质、按量、按时交货的人员。

"外贸跟单"中的"跟"是指跟进、跟随;"单",是指企业中的涉外合同或信用证项下的订单。

"生产跟单"中的"跟"是指跟进、跟随,"单"是指合同项下的订单。

表 1-1　外贸跟单分类

跟单的分类标准	跟单的具体分类
按业务进程分	跟单按业务进程可分为前程跟单、中程跟单和全程跟单三大类(图1-1) 前程跟单是指"跟"到出口货物交到指定出口仓库为止; 中程跟单是指"跟"到装船清关为止; 全程跟单是指"跟"到货款到帐,合同履行完毕为止
按企业性质分	分为生产型企业的跟单和贸易型企业的跟单
按业务性质分	分为外贸公司跟单和生产企业跟单
根据货物的流向分	分为出口跟单和进口跟单

三、跟单员的工作定位(表1-2)

表 1-2　跟单员的工作定位和内容

工作定位	工作内容
工作性质:跟单员	寻找客户:通过各种途径寻找新客户,跟踪老客户; 设定目标:主要客户和待开发的客户。确立工作着重点及分配的工作时间; 传播信息:将企业产品的信息传播出去; 推销产品:主动与客户接洽,展示产品,以获取订单为目的; 提供服务:产品的售后服务及对客户的服务; 收集信息:收集市场信息,进行市场考察; 分配产品:产品短缺时先分配给主要客户
工作范围:业务助理	跟单员在许多时候扮演业务经理助理的角色,他们协助业务经理接待,管理,跟进客户。因此,跟单员要做的工作有:函电的回复;计算报价单;验签订单;填对帐表、目录、样品的寄送与登记;客户档案的管理;客户来访接待;主管交办事项的处理;与相关部门的业务联系
工作方向:协调员	跟单员对客户所订产品的交货进行跟踪,即进行生产跟踪。跟踪的要点是生产进度,货物报关,装运等。在小企业中,跟单员身兼数职,既是内勤员,又是生产计划员,物控员,还可能是物料采购员;在大企业,则代表企业的业务部门向生产制造部门催单要货,跟踪出货

四、跟单员的工作特点

1. 较高的责任心

订单的产品质量,是决定能否安全收回货款、保持订单连续性的关键。执行好订单、把握产品质量需要跟单员的敬业精神和认真负责的态度。

2. 协调与沟通

跟单员工作过程中,对内需要与多个部门(如生产、计划、检验等部门)打交道,对外要与客户、物料供应商、商检、海关、银行、物流等单位打交道。跟单员需要协调处理在跟单工作过程中遇到的问题,因而协调与沟通的能力直接影响工作效率。

3. 节奏快、变化多

来自世界各地的不同客户或国内不同地区、类型的客户都有不同的生活方式和工作习惯,跟单员的工作节奏和工作方式必须与客户保持一致。针对不同的需求,也要求跟单员有快速应变能力。

4. 综合性、复杂性

跟单员工作涉及企业所有部门,由此决定了其工作的综合性、复杂性。

5. 涉外性和保密性

在跟单员的跟单过程中,涉及客户、商品、工艺、技术、价格、厂家等信息资料,对企业来说,这是商业机密,对外必须绝对保密。

五、跟单员相关技能要求(表1-3)

表1-3 跟单员的工作内容及相关技能要求

工作内容	技能要求
业务跟单	了解基本外贸知识:如谈判、报价、接单、签合同等等,掌握基础外语及函电往来
物料采购跟单	懂营销、懂产品。熟悉物料及其性能、使用和保养方面知识。熟悉其生产周期和价格
生产过程跟单	懂生产、懂管理、懂沟通
货物运输跟单	掌握货物运输知识,包括运输工具、运输方法,配柜和相关价格和物流时间,了解报关知识
客户联络跟踪(客户接待)	了解对客户的管理,懂国际礼仪知识

六、与跟单相关的岗位

在生产企业中,与跟单员相关的岗位主要包括销售员、跟单员、单证员、报关员、报检员、货运代理等。各工作岗位既是相连也是相互独立的。具体关系如下:

① 销售员主要负责业务操作全过程,主要工作内容有从事贸易交流活动、立项、谈判和合同的制作、签定、执行等。

② 单证员主要负责国际贸易业务中有关商检、运输、报检、报关、结汇等环节的单证缮制事务;其工作是国际间的商品买卖过程中的单证制作、验审等工作(解决单证从无到有的过程)。

③ 报关员是根据国家的法律法规、海关的办事程序判断某些货物需要何种手续并准备相关文件,按要求制作报关单等并向海关申报,还要配合海关查验、缴纳相关税费等。其工作主要目的是让货物顺利出口,而单证员的工作则是制作符合信用证、合同规定的单证,实现顺利结汇、收汇。

④ 报检员主要是负责办理国际贸易业务中有关货物、运输工具、物品进出境时的商检事务。

⑤ 货运代理员主要是负责办理货物进出境运输事务。

⑥ 跟单员主要负责业务中有关销售员(经理)交办的涉及业务操作全过程的相关事务,侧重于订单获取后对订单的执行跟踪和操作,跟单员在不同的企业以及由于其工作熟练程度不同,其所涉及的工作内容是不同的;跟单员在工作中,还会涉及上述岗位的部分工作内容。因此跟单员需要掌握销售、物流管理、生产管理、单证与报关等综合知识。

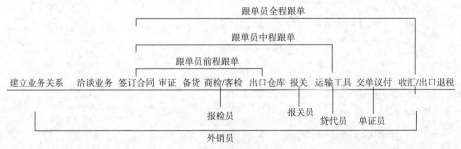

图1-1 外贸跟单业务进程

任务二 纺织品基础知识

面料是成衣的基本原料,一般也是每一件成衣中所占成本比例最高的部分,其纤维成分、纱线结构和织物组织结构是决定其特性与风格的主要指标。根据国家规定,市场上销售的服装产品必须标明其面料的成分及比例,因此服装跟单员必须学会面料的相关知识,避免在生产中出现错漏。

一、纤维基本知识

(一) 纤维的分类

1. 按来源分(图1-2和表1-4)

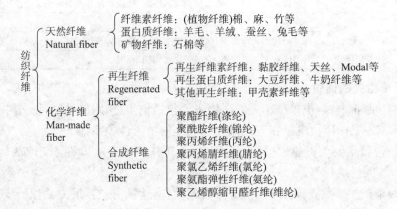

图1-2 纤维按来源分类

表1-4 纤维基本特性与英文缩写

纤维名称	别称	英文名称	缩写	纤维特点
棉		Cotton	C	吸汗,柔软,亲肤性好
(羊)毛		Wool	W	弹性、抗皱性好,制成服装滑糯,笔挺,不易起球
蚕丝		Silk	S	柔软,有美丽的光泽,吸湿性大
亚麻		Linen	L	强力高,易皱,整理后笔挺、透风
涤纶	聚酯	Terylene,Polyester	T	有抗皱性、弹性和尺寸稳定性,耐磨,不霉不蛀;吸水性、透气性差,容易起球起毛、易玷污
腈纶	人造羊毛,聚丙烯腈	Acrilan	A	蓬松性和保暖性好,手感柔软,并具有良好的耐气候性和防霉、防蛀性能
锦纶	尼龙,聚酰胺	Nylon	N	强度高、回弹性好、耐磨性在纺织纤维中最高,有良好的吸湿性
黏胶	人造棉,人棉	Rayon	R	柔软,有美丽的光泽,吸湿性大,吸湿后强力下降大,易伸长
维纶	聚乙烯醇	Vinylon	V	性质与棉花相似,强度和耐磨性优于棉花。有良好的耐用性、吸湿性、保暖性、耐磨蚀;缺点是耐热水性差,弹性不佳
氨纶	聚氨基甲酸酯	Spandex	S	具有高延伸性,主要编制有弹性的织物,通常将氨纶丝与其他纤维纺成包芯纱后,供织造使用

2. 按纤维的功能分

分为普通纤维(服用纤维)和特种纤维(抗静电纤维、阻燃纤维、抗菌纤维、抗 UV 纤维等)。

二、纱线基本知识

(一) 纱、线、丝的概念

纱是只由一股纤维束捻合而成的。短纤维纱是以短纤维为原料经过纺纱工艺制成的纱。短纤维的成纱工艺可分两个阶段,即第一阶段是成条,第二阶段是成纱。从纤维原料的松解到制成纤维束条的工艺过程称为"成条"。成纱的方法主要有环锭纺纱法、气流纺纱法、静电纺纱法、自捻纺纱法和包缠纺纱法等。

线是由两根或两根以上的单纱并合加捻制成的(图 1-3)。用来形成股线的单纱,可以是短纤纱,也可以是长纤纱,可以是同一种原料,也可以是不同纤维原料,可以同为短纤纱或长丝纱,也可以是不同的。

连续长丝纱,简称长丝或丝。有化学纤维长丝纱和天然纤维长丝纱两种。

化学纤维长丝指纤维成型的同时集束成纱,它不需要像化学短纤维那样需先经过短纤维纺纱工艺将纤维集聚成纱。成纤的高聚物通过喷丝板即形成连续丝条,丝条中含有的纤维根数取决于喷丝板上喷丝孔的数目。用多孔喷丝头制成的长丝纱,称为复丝长丝纱,若将复丝长丝纱加捻后形成的为有捻长丝纱,将几根有捻长丝纱再并合加捻,形成的就是复捻丝线。天然长丝纱主要以天然蚕丝为主。

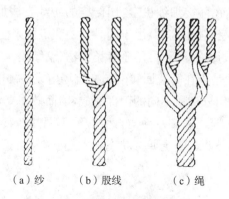

(a)纱   (b)股线   (c)绳

图 1-3   纱、股线、绳的结构

(二) 纱线的分类

纱线的品种繁多,性能各异。它可以是由天然纤维或各种化学短纤维制成的纯纺纱,也可以是由几种纤维混合而成的混纺纱,还可以是由化学纤维直接喷丝处理而成的长丝纱。通常,可根据纱线所用原料、纱线粗细、纺纱方法、纺纱系统、纱线结构及纱线用途等进行分类。

1. 按纱线原料分

① 纯纺纱:纯纺纱是由一种纤维材料纺成的纱,如棉纱、毛纱、麻纱和绢纺纱等。

② 混纺纱:混纺纱是由两种或两种以上的纤维所纺成的纱,如涤纶与棉的混纺纱,羊毛与黏胶的混纺纱等。

2. 按纱线粗细分

① 粗特纱:粗特纱指 32 特及其以上(英制 18 英支及以下)的纱线。

② 中特纱:中特纱指 21~32 特(英制 19~28 英支)的纱线。

③ 细特纱:细特纱指 11~20 特(英制 29~54 英支)的纱线。

④ 特细特纱:特细特纱指 10 特及其以下(英制 58 英支及以上)的纱线。

高支(细特及特细特纱)纱原棉质量上乘,杂质少,光泽好,能织出较细薄的高档棉布,而且织物外观细腻、光洁、柔软,多为府绸、细布及高档针织物。中支(中特纱)纱原棉质量一般,但实用性强,品种广泛,如常见的平纹、斜纹、色织及各类针织布等。低支纱(粗特纱)原棉质量差,杂质较多,光泽较差,多用于织造绒布、粗布等产品。

3. 按纺纱系统分

① 精纺纱:精纺纱也称精梳纱,是指通过精梳工序纺成的纱。纱中纤维平行伸直度高,条干均匀、光洁,但成本较高,纱支较高。精梳纱主要用于高级织物及针织品的原料。

② 粗纺纱:粗纺纱也称粗梳毛纱或普梳棉纱,是指按一般的纺纱系统进行梳理,不经过精梳工序纺成的纱。粗纺纱中短纤维含量较多,纤维平行伸直度差,结构松散,毛绒多,纱支较低,品质较差。此类纱多用于一般织物和针织品的原料,中特以上棉织物等。

③ 废纺纱:废纺纱是指用纺织下脚料(废棉)或混入低级原料纺成的纱。纱线品质差、松软、条干不匀、含杂多、色泽差,一般只用来织粗棉毯、厚绒布和包装布等低级的织品。

4. 按纺纱方法分

① 环锭纱:环锭纱是指在环锭细纱机上,用传统的纺纱方法加捻制成的纱线。纱中纤维内外缠绕联结,纱线结构紧密,强力高,但由于同时靠一套机构来完成加捻和卷绕工作,因而生产效率受到限制。此类纱线用途广泛,可用于各类织物、编结物、绳带中。

② 自由端纱:自由端纱是指在高速回转的纺杯流场内或在静电场内使纤维凝聚并加捻成纱,其纱线的加捻与卷绕作用分别由不同的部件完成,因而效率高,成本较低(图 1-4)。

③ 非自由端纱:非自由端纱是又一种与自由端纱不同的新型纺纱方法纺制的纱,即在对纤维进行加捻过程中,纤维条两端是受握持状态,不是自由端。这种新型纱线包括自捻纱、喷气纱和包芯纱等。

(a) 自由端纱(转杯纺纱)　　　　　(b) 环锭纱

图 1-4　转杯纺纱和环锭纺纱对比

(三) 纱线品种代号

纱线品种代号如表 1-5 所示。

表 1-5 纱线品种代号

品种	代号	举例
经纱线	T	26T 14×2T
纬纱线	W	28W 14×2W
针织用纱	K	
纹纱线	R	R28 R14×2
筒子纱线	D	D20 D14×2
精梳纱线	J	J10W J7X2K
烧毛纱线	G	G10×2
涤/棉混纺纱线	T/C	T/C13T T/C14×2W
涤/黏混纺纱线	T/R	
有光黏胶纱线	RB	RB 19.5W
无光黏胶纱线	RD	RD 19.5T
腈纶	A	
丙纶	O	

(四) 纱线的细度

纱线的细度不同,织物的物理性能、手感、外观风格也不同。其表示单位如下:

1. 特克斯 (tex)

国际标准单位,一般用于棉和化纤。特克斯是指在公定回潮率下,1 000 m 长的纤维或纱线所具有重量的克数,用 Tt 表示。同品种纤维,Tt 值越大,纤维越粗。

分特 dtex:在公定回潮率下,10 000 m 长的纤维所具有重量克数。

【例1】 公定回潮率下,1 000 m 长的纱线重 20 g,则其纱线的线密度(细度)为 20tex。

2. 旦尼尔(D)

绢丝、化纤常用。旦尼尔是指在公定回潮率下,9 000 m 长的纤维所具有重量的克数。同品种纤维,旦尼尔值越大,纤维越粗。

【例2】 公定回潮率下,9 000 m 长的纱线重 70 g,则其纱线的线密度(细度)为 70 D。

3. 英制支数

英制支数是指在公定回潮率下,一磅重的棉纱线所具有的长度的 840 码的倍数,用 N_e 表示。N_e 值越大,纤维越细。

【例3】 公定回潮率下,一磅重的棉纱线所具有的长度的 32 个 840 码长,即该棉纱的纱线细度为 32^s。

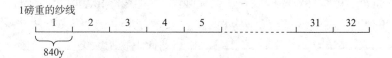

3. 公制支数

常用于毛纤维。公制支数是指在公定回潮率下,单位重量(g)的纤维所具有的长度(m),用 N_m 表示。同品种纤维,N_m 值越大,纤维越细。

【例4】 公定回潮率下,1 000 g 的毛纱长度为 62 500 m,即该毛纱的纱线细度为 62.5 公支。

【例 5】 经纱(Warps)和纬纱(Picks)的表示顺序为:经纱细度×纬纱细度。

13×13,表示经纬纱都是 13tex 的单纱;

28×2×28×2,表示经纬纱都是由 2 根 28tex 单纱并捻成的双股线;

14×2×28,表示经纱为 2 根 14tex 单纱并捻成双股线,纬纱为 28tex 单纱。

60/2×52/2(公支),表示经纱是由两根 60 公支纱线合股的双股线,纬纱是由两根 52 公支纱线合股的双股线。

除此之外,对于某些使用超细纤维的纱线还需要在纱线线密度后再增加每根纱线的纤维根数,用"/f"或"/F"表示。

【例 6】 32S JC 麻灰＋ Poly100D/144F 双面布(单面拉毛)

其表示该双面布的正面的原料为 32 英支精梳棉纤维,反面(拉毛一面)为单纱由 144 根单丝组成粗细为 100D 的涤纶丝,面料为麻灰色。

三、面料基本知识

织物是指纺织纤维和纱线制成的柔软而具有一定力学性质和厚度的制品,包括机织物、针织物、非织造布、编织物等。

(一) 织物分类

在服装加工中,对面料常用的分类方法有按照织物织造方法和印染加工方式两种。

1. 按织物的组织织造方法分类(图 1-5)

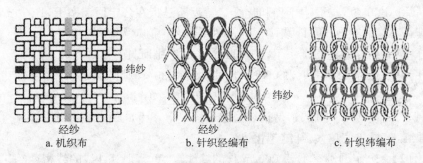

a. 机织布　　　　b. 针织经编布　　　　c. 针织纬编布

图 1-5　机织布与针织布结构图

(1) 机织面料　机织面料也称机织物,是把经纱和纬纱相互垂直交织在一起形成的织物。其基本组织有平纹、斜纹、缎纹三种。不同的机织面料也是由这三种基本组织及由其变化多端的组织而构成。

(2) 针织面料　用织针将纱线或长丝钩成线圈,再把线圈相互串套而成,由于针织物的线圈结构特征,单位长度内储纱量较多,因此大多有很好的弹性。针织面料从外观上分为单面和双面针织物,按织造方法可分为纬编针织物和经编针织物两大类。

① 纬编针织面料纱线由纬向喂入,同一根纱线按顺序弯曲成圈并相互串套而成。T 恤衫和毛衣产品为最常见的纬编产品。

② 经编针织面料线圈的串套方向与纬编针织面料不同,是一组或几组平行排列的纱线,按经向喂入,弯曲成圈并相互串套。它主要用于服装的网布、运动 T 恤衫和花边一类产品。

表 1-6 为常见织物种类。

表1-6　常见织物

名称	特点	图　　　例	
机织布	平布 Plain Cloth	采用平纹组织织制,经纬纱的线密度和织物中经纬纱的密度相同或相近。根据所用经纬纱的粗细,可分为粗平布(Crash)、中平布(Cambric)和细平布(Muslin)。(1)粗平布布身粗糙、厚实,布面棉结杂质较多,坚牢耐用。硬。(2)中平布又称市布,其结构较紧密,布面平整丰满,质地坚牢,手感较(3)细平布布身洁柔软,质地轻薄紧密,布面杂质少,常用原料有纯棉、涤/棉、棉/黏和黏纤等。		
	府绸 Poplin	用平纹组织织制。同平布相比不同的是,其经密大于纬密,织物表面形成了由经纱凸起部分构成的菱形粒纹。其手感和外观类似于丝绸,常用原料有纯棉、涤/棉等。 **府绸效应**		
	雪纺 Chiffon	学名为"乔其纱",是以强捻绉经、绉纬织制的一种丝织物,以平纹组织交织,织物表面形成了由经纱凸起部分构成的菱形粒纹。织物的经纬密度大致相同,具有质轻透气特点,其手感和外观类似于丝绸,常用原料有真丝和涤纶长丝等。		
	尼丝纺 Nylon Taffeta	为锦纶长丝织制的纺类丝织物,绸面平挺光滑,质地轻而坚牢耐磨,弹力和强力良好,手感柔软,色泽鲜艳,一般都经过防水处理,具有防水功能。织物组织为平纹组织、变化组织(菱形格、锦纶六边格、尼龙牛津格)。主要用作男女服装面料。涂层尼丝纺不透风、不透水,且具有防羽绒性,可用作滑雪衫、雨衣、睡袋、登山服的面料。		
	牛津布 Oxford	采用较细的精梳高支纱线作双经,与较粗的纬纱以纬重平组织交织而成。色泽柔和,布身柔软,透气性好,穿着舒适。		

(续 表)

名称	特点	图 例
牛仔布 Denim/Jean	是一种较粗厚的色织经面斜纹棉布,经纱颜色深,一般为靛蓝色,纬纱颜色浅,一般为浅灰或煮练后的本白纱。又称靛蓝劳动布。采用3/1组织,也有采用变化斜纹,平纹或绉组织牛仔,坯布经防缩整理,缩水率比一般织物小,质地紧密,厚实,色泽鲜艳,织纹清晰。	
卡其布 Khaki Drills	其结构较华达呢质地更紧密,手感厚实,挺括耐穿,但不耐磨。根据所用纱线不同,卡其布可以分为纱卡、半线卡和线卡;根据组织结物不同,可以分为单面卡、双面卡、人字卡、缎纹卡等。常用原料有纯棉、涤/棉、棉/维等。	
斜纹布 Drills	采用二上一下斜纹组织,织造成45°左斜的棉织物。其正面斜纹纹路明显,杂色斜纹布反面则不甚明显。斜纹布的经纬纱支数相接近,经密略高于纬密,手感比卡其柔软。	
华达呢 Gabardine	华达呢呢面平整光洁,斜纹纹路清晰细致,手感挺括结实,色泽柔和,多为素色,也有闪色和夹花的。经纱密度是纬纱密度的2倍,经向强力较高,坚牢耐穿,常有斜纹组织,质地轻薄的用斜纹组织称单面华达呢。质地厚重的用缎背组织,称缎背华达呢,厚实细洁。	
哔叽 Serge; Twill	属于素色斜纹毛织物。呢面光洁平整,纹路清晰,质地较厚而软,紧密适中,悬垂性好,以藏青色和黑色为多。有线哔叽与纱哔叽之分。线哔叽正面为右斜纹,纱哔叽正面为左斜纹。	

机织布

（续　表）

名称	特点	图　　例	
机织布	提花布 Jacquard Fabric	有质地柔软、细腻、爽滑的独特质感，光泽度好，悬垂性及透气性好，色牢度高（纱线染色）。大提花面料的图案幅度大且精美，色彩层次分明，立体感强，而小提花面料的图案相对简单，较单一（右图为千鸟格花纹 Hounds Tooth Check）。	
针织布	纬平针 Single Jersey	两面具有不同外观，正面显露线圈纵行配置成一定角度的圈柱组成的纵行条纹（呈 V 型线圈），反面显露线圈横列配置的圈弧组成的横向条纹（呈半圆形线圈）；面料轻薄，易卷边（上图为正面，下图为反面）。 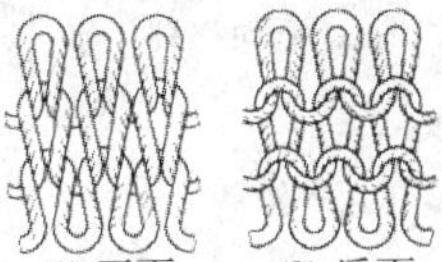 (1) 正面　　(2) 反面 织物线圈图	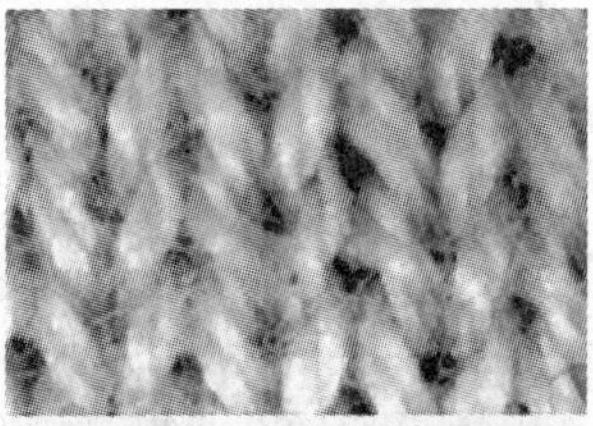 
	罗纹布 Rib	根据正反面线圈纵行的组合不同可以有很多的变化，形成宽窄不同的纵向凹凸条纹外观。弹性良好，面料基本无卷边现象。（右面料实物图为 2×2 罗纹—正反面一样） 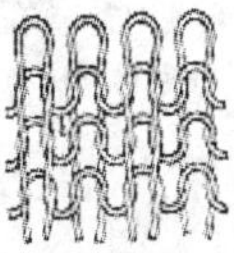 织物线圈图 (1＋1 罗纹)	
	双罗纹布 Interlock	也称为棉毛布，织物两边都与纬平针正面相同，布面平整，无卷边。 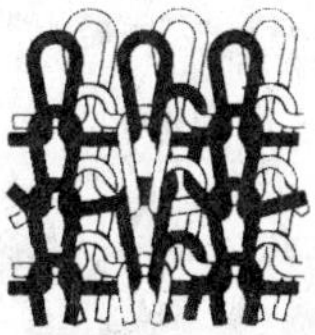 织物线圈图	

名称	特点	图　　　例
针织布	添纱布 Plating Hosiery	所有线圈或部分线圈是由两根或两根以上纱线组成的。它利用面料两根不同颜色或性能的纱线使织物具有不同的外观或两面不同性能的服装，也可形成两面穿面料。（实物图左侧图为织物正面，右侧图为反面）  织物线圈图 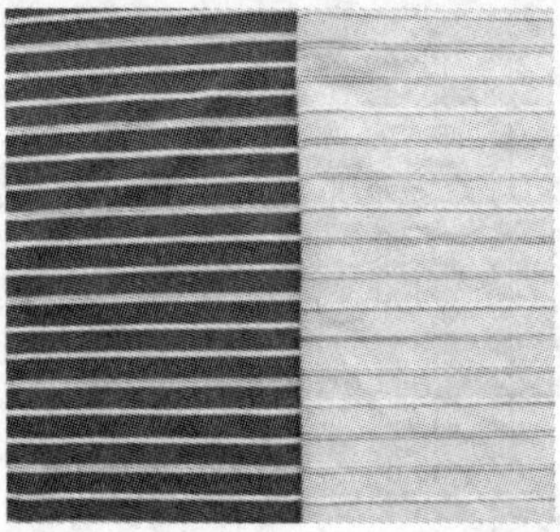
	卫衣布 Fleece	面料正面如平纹布正面外观效果，面料底下呈鱼鳞片一样带环绕状的线圈。卫衣布长分为单卫衣和双卫衣，单位衣是2线衬纬，双卫衣是3线衬纬。（正面如纬平针正面，反面如右图） 
	珠地布	布表面呈疏孔状，有如蜂巢，比普通针织布更透气、透湿、干爽及更耐洗。由于它的织纹比较特殊，很容易辨认，所以也有人叫它"菠萝布"。单珠地布（PIQUE）（见右图，上图为正面，下图为反面）背面呈现四角形状，故行业内常见有四角网眼，双珠地（Lacoste）面料背面呈现六角形状，故行业内常见有六角网眼，此面料一般都以反面六角风格作服装的正面。原料方面主要为棉，棉涤混纺，莫代尔，竹纤维等，主要制作Polo衫。  
	毛巾布 Terry	在织物一面或双面均匀分布着环状纱圈，手感柔软舒适，吸汗性好，保暖。分类方面主要分为普通毛圈布和提花毛圈布（右图），同时还有单面和双面之分。

（续　表）

名称	特点	图　　例
针织布	**提花布 Jacquard Knitted**　单面提花面料反面有长浮线，花纹较小，织物较薄，手感柔软，延伸性和脱散性比纬平针小。	
	摇粒绒 Polar Fleece　面料正面拉毛，摇粒蓬松密集而又不易掉毛、起球，反面拉毛疏稀匀称，绒毛短少，组织纹理清晰、蓬松弹性特好。它的成份一般是全涤的，手感柔软。	
	经编网眼 Warp Knitted Eyelet，Mesh　布面结构稀松，坯布有一定的延伸性和弹力，透气性好，网眼形状大小变化很多。	
	经编花边织物 Warp Knited Lace　面料呈多孔形，质地轻薄，手感软而不疲，有弹性，硬而不挺，悬垂性好，有花部分和无花部分对比明显。	

　　（3）非织造面料　非织造面料是由纺织纤维经黏合、熔合或其他机械或化学方法加工而成，主要用于各种衬料和填充物。

　　2. 按织物印染加工方法分类（图 1-6）

　　① 素色面料：素色面料是指各种不同组织结构规格的原色布经过漂白或染色后的布，织物只有一种颜色。

　　② 印花面料：印花面料是用染料调制成色浆直接印在白色或浅色织物上形成花纹图案的面料。通常的印制方法有平网印花、圆网印花、转移印花等。

　　③ 色织面料：色织面料是指先将纱线或长丝经过染色，然后使用色纱进行织造形成的布，如牛仔布及大部分衬衫面料都是色织布。

　　④ 花灰布：花灰布是由花灰纱组成，花灰纱是单色混色纱的一种，即由染成黑色的纤维与

本色纤维混纺而成,因其外观颜色类似燃烧后的香烟灰烬,所以,直观地称为花灰纱,也俗称"烟灰纱"。除此之外,单色混色纱还有棕色、红色、蓝色、绿色等(多色混色纱是指将染成两种以上不同颜色的纤维混纺或再加本色纤维混纺而成的纱线)。

⑤ 涂层面料:涂层面料是在织物表面涂覆或黏合一层高聚物材料,使其具有独特的外观或功能的面料。涂层面料的代表织物有防(羽)绒涂层面料、防水透湿涂层面料(如 PVC 或 PU)、阻燃涂层面料、导电以及仿皮革等织物。

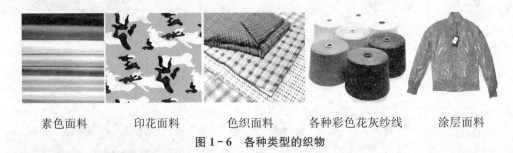

素色面料　　　印花面料　　　色织面料　　各种彩色花灰纱线　　涂层面料

图 1-6　各种类型的织物

(二) 织物的主要技术指标

织物的主要结构参数包括织物的密度、匹长与幅宽、厚度与重量等,这些参数是定量描述或评价织物的客观指标。

1. 长度指标

① 经向:面料长度方向;该向纱线称作经纱。

② 纬向:面料宽度方向;该向纱线称作纬纱。

③ 匹长:一匹织物两端最外边完整的纬纱之间的距离。一般,棉织物 27～40 m;毛织物 60～70 m(大匹)或 30～40 m(小匹)。

匹长是面料交易中重要的数量指标。目前的进出口贸易中,主要采用英制,以"码"为单位。值得注意的是,在服装进料合同中,有必要对匹长进行说明,否则若购得的面料匹长太短或参差不齐,服装生产排料时就会有麻烦,零头布就会增多。

注:1 码=0.914 4 m。

2. 幅宽

幅宽是指面料的有效宽度,一般是指织物最外边的两根经纱间的距离。幅宽的大小决定了不同的生产设备、生产工艺以及销售价格。

在贸易中若采用公制,则大多用厘米,如 114 cm、142 cm。对外贸易都采用英制,幅宽的单位为英寸,如 44″、59″。由于生产工艺上的原因,幅宽应有一定的机动幅度,如 59/60″、43/44″。定购长度应按下限 59″或 43″来计算。在服装进口面料加工时,幅宽是计算服装用料量的非常重要的参数,一般门幅越宽,排料时的织物利用率就可能越大。

常见的有窄幅 36 英寸(91.44 cm)、中幅 44 英寸(112 cm)、宽幅 57～60 英寸(144 ～152 cm)等等,高于 60 英寸(152 cm)的面料为特宽幅,一般常叫做宽幅布。当今我国特宽面料的幅宽可以达到 360 cm。幅宽一般标记在密度后面,如"45×45/108×58/60"即表示面料的幅宽为 60 英寸(152 cm)。

2. 经纬密度

经纬密度是用于表示机织物单位长度内纱线的根数,一般为 1 英寸或 10 cm 内纱线的根数,我国国家标准规定使用 10 cm 内纱线的根数表示密度,但纺织企业仍习惯沿用 1 英寸内纱线的根数来表示密度。机织物规格常用的表示法为:

$$N_T \times N_W \times P_T \times P_W（经纱线密度 \times 纬纱线密度 \times 经纱密度 \times 纬纱密度）$$

如通常见到的"45×45/108×58"表示经纱、纬纱的纱线支数(Yarn Count)分别为 45 支纱线,经纬密度分别为 108 和 58 根/英寸。

另外对于一些里布,行业内也会采用每英寸内经纬纱的和来表示,如 210T,表示的是每英寸经纬纱的数量的总和是 210。

4. 面密度(克重)

面料的面密度一般为平方米面料重量的克数,它是面料的一个重要技术指标。牛仔面料的克重一般用"盎司(oz)"来表达。

注:1 oz(盎司)=28.350 g=16 打兰(dram),16 oz=1 磅。

5. 色牢度

纺织品色牢度就是纺织品染色牢度(简称色牢度),它是模拟染色织物在使用过程中,经受外部因素(挤压、摩擦、水洗、雨淋、曝晒、光照、海水浸渍、唾液浸渍、水渍、汗渍等等)作用下的褪色程度,是织物的一项重要指标。

纺织品的色牢度,分为 9 级:1,1～2,2,2～3,3,3～4,4,4～5,5,其中 1 级最差,5 级最高。色牢度常规的检测项目有摩擦色牢度(Rubbing Fastness),日晒色牢度(Light Fastness) 水洗色牢度(Wash Fastness)等,不同类型的产品各国都有相关的标准,具体牢度指标和要求由客户指定。一般情况下,面料颜色越深,色牢度越差,另外牛仔面料的色牢度一般也较低。

6. 尺寸稳定性(缩水率)

尺寸稳定性是指面料在洗涤或浸水后,面料收缩的百分数。一般来说,缩水率最小的面料是合成纤维及其混纺织品,其次是毛织品、麻织品,棉织品居中,而缩水率最大的是黏胶纤维、人造棉、人造毛类织品等。

缩水率可分为水洗缩率(Washing Shrinkage)和干洗缩率(Dry Cleaning Shrinkage)两种。缩水的而一般规律为:吸湿性大的纤维,缩水率越大;经纬向密度相近,其经纬向缩水率也接近;经密度大的织品,经向缩水就大;纱支粗的布缩水率就大。

7. 织物的厚度

织物在一定压力下,正反两面之间的距离,单位为 mm。在制衣企业采购面料时,极少对面料的厚度有相关规定。

织物的匹长、幅宽、厚度和平方米重见表 1－7。

表 1－7　各类棉、毛织物的厚度(单位:mm)

织物类别	棉织物	毛织物		丝织物
		精梳毛织物	粗梳毛织物	
薄型	<0.25	<0.40	<1.10	<0.14
中厚型	0.25～0.40	0.40～0.60	1.10～1.60	0.14～0.28
厚型	>0.40	>0.60	>1.60	>0.28

(三) 面料正反面、经纬向辨别

作为印染、纺织品跟单员,在制单的时候,需要制作面料样卡,以便于各部门了解所加工服装的信息,如面料材质、生产加工时织物朝向(在印染加工中,面料正面朝下以防止织物被沾污)、裁剪的方向、服装各部分颜色搭配、印绣花颜色与面料颜色搭配等,尤其是某些客户对面料有特殊要求的,如个别客户为某些特殊效果,需要将面料的底面作为服装的正面等。因此跟单员需要掌握面料的正反面、顺逆方面和经纬方向的的区分方法,否则一旦面料样卡出错,面料在裁剪或进行印绣花加工后才发现问题的话,将会导致无法弥补的损失。

1. 面料的正反面区分

① 一般织物:布面光洁、毛羽少、结头杂质少的为正面。还可以借助整理拉幅的针眼来识别织物的正反面,一般针眼下凹的一面为正面。

② 平纹织物:从织物组织角度看,平纹是没有正反面的。因此,如不是经过其他如印花、染色、拉绒、扎光、烧毛等处理的平纹织物,一般可不区分正反面,但为美观可将结头、杂质少的一面作为正面。

③ 斜纹织物:斜纹织物应区分正反面,即使是正反两面组织点相同的双面斜纹,通常也按"线撇纱捺"的原则区分织物的正反面。我们可以先抽取1根纬纱和1根经纱,确定织物是全线、全纱还是半线,然后按"线撇纱捺"原则确定织物的正反面,如全线、半线织物,右斜的一面为正面;全纱织物,左斜的一面为正面。

④ 缎纹织物:缎纹织物是分正反面的,而且正反面区别较明显。缎纹织物的正面平整、光滑、紧密、亮丽,浮线长而多;反面则较稀松、暗淡、粗糙、光泽差。

⑤ 印花花纹:印花花纹一般正反面区别比较明显。染料大多是从织物的正面渗透至织物的反面的,因此,正面花纹图案清晰、色彩鲜艳、层次较清楚,而反面花纹比较暗淡、模糊;较厚的织物反面甚至不显花或花纹不连贯;部分印花织物只在正面显现花纹。

⑥ 轧花花纹:轧花花纹由布面的凸起形成,正反面不明显。一般图案完整、凸起的一面为正面,同时可结合面料印花或染色的正反面效果一起识别。

⑦ 烂花花纹:烂花花纹形成的是透明图案的织物,因此,正反面差异不大,但是仔细观察,烂花花纹的正面比反面的轮廓清晰。当烂花与印花结合在一起应用时,以印花图案、色彩的清晰程度来识别织物的正反面。

⑧ 剪花花纹:剪花花纹正反面区别比较明显。图案清晰、完整且浮线短的为正面,图案模糊、浮线长且留有剪断的纱线毛头的为反面。

⑨ 其他花纹类织物:如提花、凸条、凹凸花纹织物,其正面紧密细致,突出饱满,一般浮线较少,反面略粗,花纹不清晰,有较长浮线;一般其正面光泽较好,颜色匀净,反面质地不如正面光洁,疵点、杂质、纱结都留在反面。

⑩ 起绒织物:如平绒、灯芯绒、长毛绒等起绒织物的正反面区别十分明显。单面起绒织物一般以起绒的一面为正面,具有突出织物柔软、顺滑的绒毛、莹润的光泽和舒适的手感,而反面不起绒,大都比较粗糙,色泽也差,有的还涂有固绒物质;双面起绒织物则绒毛交紧密整齐为正面,光泽稍差一面为反面。

⑪ 起毛织物:起毛织物有单面起毛和双面起毛,一般单面起毛以拉有绒毛的一面为正面,双面起毛以绒毛短、密、齐的一面为正面。但也有例外,有些做服装里料的拉毛织物,为使衣服穿脱时摩擦力小而选用没有绒毛或绒毛少的一面为正面。

⑫ 毛圈类织物:一般以毛圈丰满面为正面。

对于某些布边印有或者织有文字的,有文字一面为正面。

对于某些布一面盖有印章文字的,该面为反面。外销产品相反,其商标和印章均在正面。

对于针织物,一般对于双面效应的织物,其正面一般是显露线圈纵行配置成一定角度的圈柱组成的纵行条纹(呈 V 型线圈),而反面会根据织物的类型有所差别,如纬平针显露线圈横列配置的圈弧组成的横向条纹(呈半圆形线圈),卫衣布显示鱼鳞状线圈。对于双面织物,如正反面一样,就按照布面光洁的一面为正面;一面是圈柱,另外一面是有立体外观的,一般是以立体感较强的一面为正面。

各种整理好的面料或成匹包装时,每匹布头朝外的一面为反面,双幅呢绒面料大多对折包装,里层为正面,外层为反面。

2. 织物倒顺的鉴别

① 印花类:并非所有印花布都有倒顺,而是要根据具体花纹确定,如有的花卉、几何图案等在面料设计时就不是定向的,因此在裁剪时可不必考虑面料的倒顺;而人物、塔、树木、轮船等有明显方向性的图案,就不能随意颠倒,否则就会影响服装的外观。

② 条格类:条格类织物有对称和不对称两种。对称织物的倒顺对花纹没有影响,排料可随意,只要按要求将条格对准即可;不对称的条格织物就要注意整件服装的统一性,不能随意颠倒排料,否则,影响条格的连续性和一致性。

③ 绒毛类织物:绒毛类织物表面都有一层较厚的绒毛,在织制生产和后整理过程中使绒毛产生倒顺。在光线下,由于反光角度的不同,会产生深浅不一的色光,平面时效果不明显,在立体服装中会产生像色差似的对比效果,因此,特别要注意绒毛类织物的倒顺。一般手感光滑的方向为顺毛,反光强,色光浅;手感较粗糙、有涩感的方向为倒毛,反光弱,色光深。在制作服装时一定要注意整件服装绒毛倒顺的一致性,一般取向以倒向为多,色泽显得浓郁、深沉、润泽。有些作为里料的绒毛类织物也要注意倒顺,应以服装穿脱方便为宜。

3. 织物经、纬向的鉴别(只针对机织物)

织物经纬向的鉴别对服装来说十分重要,经、纬向的不同,织物的伸缩率不同,而且牢度和色彩也会有差别。织物经、纬向对服装的造型、质量都有直接的影响(注:服装加工时,面料的经向与人体的长度方向一致)。织物经、纬向判别可有以下几种方法:

① 从布边看:依据布边识别经、纬向是最基本的方法。对织物来说,平行于布边并与布匹长度同向的为经向,与布边垂直并与幅宽同向的是纬向。

② 从上浆情况看:上浆的纱线为经向,无浆料的纱线为纬向。

③ 从伸缩情况看:对于没有布边的一小块样品,用手拉时,易延伸,手拉时略松而有变形的方向为纬向,经向基本不延伸,手拉时紧而不易变形。

④ 从原料看:对于不同原料的交织物,还可以通过经、纬向的不同原料加以鉴别。一般讲,棉/毛、棉/麻交织物,棉纱方向为经向;毛/丝、棉/绢丝交织物、丝/人造丝织物是以丝的方的方向为经向。

⑤ 从密度看:从织物的经、纬密度看,一般密度高的为经向,密度低的为纬向。但是也有少数除外,比如横贡缎织物、纬起绒织物等突出纬面效应的织物,纬密一般高于经密,此时可结合其他方法来鉴别。

印染·服装跟单实务

⑥ 从纱线看:对于织物中单纱与股线的交织物来说,股线的方向为经向,单纱的方向为纬向。如果织物某个系统的纱线粗细不一,另一个系统的纱线粗细一样的,前者一般为经向;如果两个方向纱线都只有一种类型,但是粗细不一样的,一般细的为经向。

⑦ 从捻度和捻向看:一般 Z 捻为经向,S 捻为纬向;一般加捻多为经向,加捻少为纬向(少数面料除外)。

⑧ 从纱线类型看:若两个系统的纱线条干均匀度不同,条干均匀、光泽好的为经向;有竹节纱的织物,有竹节的方向为纬向;毛圈面料,有毛圈的方向为经向;沙罗面料,有扭绞的为经向;起绒面料,沿绒条方向为经向,起绒一向为纬向;花式线类织物,花式纱多位于纬向。

⑨ 条子织物:一般条子织物以条纹的方向为经向,纬向的条纹较少。

⑩ 格子织物:格子织物一般条纹较复杂、平直而明显,并且一般以格子的长边为经向。

⑪ 弹性织物:一般情况下,有弹性的织物以纬向弹性居多。

⑫ 牛仔织物:一般情况下,牛仔面料的经纱是蓝色,纬纱是白色;对于一些套色的牛仔,经纱是蓝色加其他颜色,而纬纱只是一种颜色,并且颜色较浅。

⑬ 从筘路看:从织物表面看,有明显筘路条纹的方向为经向。

(四) 织物检验

织物一般根据质量分为一等品、二等品、三等品和等外品 4 个等级。一等品明显的、严重的疵点较少或者没有,等外品则疵点较多。

布匹检验要根据核准的颜色标准及 4 分制或 10 分制,由专职检验员在灯箱下和验布机上作检验,检验须在充足的光源下以适当的速度进行;至少抽齐色和齐缸验 10%,若最初 10% 验布结果不合格,则需加验 25%,若仍不合格,则要求全单退货。跟单员一定要落实验布报告情况,对面料质量问题必须在收布后三天之内进行处理。

面料检验包括布疵、色差、布纹弯曲、歪斜等;面料疵点板、色差板、手感板等均需送批,经批准的布板要保存好并送相关部门参考,以作为裁床查片、车缝中查及成衣终查的检验标准;验布报告需注明布的卷号、缸号、布长、布封、颜色及疵点类别等,以供大货生产参考;每缸都要测缩水,缩水率不能超过 5%;依据质量保证要求做相应的物理测试。

1. 评分的计算

原则上每卷布经检查后,便可将所得的分数加起来。然后按接受水平来评定等级,但由于不同的布封便须有不同的接受水平,所以,若用以下的公式计算出每卷布匹在每 100 平方码的分数,而只须制订一在 100 平方码下的指定分数,便能对不同布封布匹作出等级的评定(表 1-8)。

$$\frac{总分数 \times 36 \times 100}{受检码数 \times 可裁剪的布匹宽度} = 每 100 平方码的分数$$

2. 不同布种的接受水平

不同类型的布匹可分为以下四大类。超过指定分数的单卷布匹应被定为二等品。如果整批布匹的平均评分超过了指定的分数水平,则该批布匹应被视为未通过检验。

20

表 1-8　验布评分表

类型	类型	布匹种类	单卷	整批
机织布匹	全人造布匹	聚酯/尼龙/醋酸纤维制品：衬衫衣料、人造纤维织物、精纺毛料	20 点/100 平方码	16 点/100 平方码
	粗斜纹棉布	帆布、府绸/牛津条纹或方格纹棉布衬衫衣料、人造纤维织物、毛织品、条纹或格子花纹的布/染成的靛青纱、所有专用布匹，提花织物/多比灯芯绒/天鹅绒/伸展粗斜纹棉布/人造布匹/混纺	28 点/100 平方码	20 点/100 平方码
	亚麻布	薄细棉布	40 点/100 平方码	32 点/100 平方码
		多皮奥尼丝绸/轻丝绸	50 点/100 平方码	40 点/100 平方码
针织布匹	全人造布匹	聚酯/尼龙/醋酸纤维制品：人造丝精纺毛料、混纺丝绸	20 点/100 平方码	16 点/100 平方码
	全专业布匹	提花织物/多比灯芯绒、人造纤维织物、毛纺品、染成的靛青纱、丝绒/斯潘德克斯	25 点/100 平方码	20 点/100 平方码
	基本针织布匹	精梳棉布，混纺棉布	30 点/100 平方码	25 点/100 平方码
	基本针织布匹	经梳毛机梳理过的棉布	40 点/100 平方码	32 点/100 平方码

3. 抽样程序

选择待检卷完全是随机挑选。纺织厂的一批布匹中最少有 80％的卷已打包时，向检验员出示货物装包单，检验员将从中挑选受检卷。一旦检验员选定待检卷，不得再对待检卷数或已被挑选受检的卷数进行任何调整。检验期间，除了记录和核对颜色之外，不得从任何卷中截取任何码数的布匹。对接受检验的所有卷布匹都定等级，评定疵点分数。

4. 评定布匹等级的其他考虑因素

（1）屡犯的疵点

① 任何重复和/或不断出现的疵点都将构成屡犯的疵点。对每码布匹出现的屡犯的疵点都必须处以四分。

② 无论疵点分数是多少，任何有十码以上布匹含有屡犯的疵点的卷，都应当被定为不合格。

（2）全幅宽度疵点

① 每 100 平方码内含有多于四处全宽疵点的卷，不得被评定为一等品。

② 平均每 10 个直线码数内含有一个以上重大疵点的卷将被定为不合格，无论 100 码内含多少疵点。

③ 在头三码或末三码内含有一个重大的疵点的卷都应定为不合格。重大疵点将被视为三分或四分的疵点。

④ 如果布匹在一个织边上出现明显的松线或紧线，或在布匹主体上出现波纹、皱纹、折痕或折缝，这些情况导致在按一般方式展开布匹时，布匹不平整，这样的卷都不能被评为一等品。

（3）布匹宽度

① 检验一卷布匹时，对其宽度至少要在开始、中间和最后检查 3 次。

② 如果某卷布匹的宽度接近规定的最小宽度或布匹的宽度不均匀，那么就要增加对该卷宽度的检查次数。

③ 如果卷宽度少于规定的最低采购宽度，该卷将被定为不合格。

④ 对机织布而言，如果宽度比规定的采购宽度宽 1 寸，该卷将被定为不合格。但是对于

弹性的机织布匹来说,即使比规定的宽度宽 2 寸,也可以被定为合格。

⑤ 对针织布而言,如果宽度比规定的采购宽度宽 2 寸,该卷将被定为不合格。但是对于拉架针织布匹来说,即使比规定的宽度宽 3 寸,也可以被定为合格。(布匹的总体宽度是指从一端外部织边到另一端外部织边的距离。)

可剪裁的布匹宽度是指除去布匹织边和/或定型机针孔、布匹主体上未染印的、未上涂层的或其他未经过处理的表面部分而量度出的宽度。

(4)色差评定

① 卷与卷及批与批的色差不得低于 AATCC 灰度表中的四级。

② 在布匹检验过程中从每卷中取 6～10 寸宽的色差布板,检验员将使用这些布皮来比较同卷内的色差或不同卷之间的色差。

③ 同卷内边对边,边至中或布头对布尾的色差不得低于 AATCC 灰度表中的四级。对于受检的卷,出现这类色差疵点的每码布将被评为四分。

④ 如果接受检验的布料与事先提供的被认可样品不符,其色差必须低于灰度表中的 4—5 级,否则此批货物将被定为不合格。

(5)码长

① 如果卷的实际长度与标签上注明的长度偏差 2% 以上,该卷将被定为不合格。对于出现卷长度偏差的卷不再评定其疵点分数,但是须在检验报告上注明。

② 如果所有抽查样品的长度总和与标签注明的长度偏差 1% 或以上,整批货物将被定为不合格。

③ 对机织布匹而言,整卷布匹可以由多个部分连接而成,除非购买合同中另有规定,如果某卷布匹中含有长度低于 40 码的接合部分,该卷将被定为不合格。

④ 对针织布匹而言,整卷布匹可以由多个部分连接而成,除非购买合同中另有规定,如果某卷布匹中含有一个重量低于 30 磅的接合部分,该卷将被定为不合格。

(6)弓纬

① 对机织和针织布匹而言,出现大于 2% 弓纬和斜折的所有印花布匹或条纹布匹;和出现大于 3% 歪斜的所有灯芯布匹的卷都不能被定为一等品。

② 对于机织布匹而言,出现大于 2% 歪斜的所有印花布和条纹布匹,和出现大于 3% 歪斜的所有灯芯布匹的卷都不能被定为一等品。

③ 对于针织布匹而言,出现大于 5% 歪斜的所有灯芯布匹、印花布匹都不能被定为一等品。

(7)气味

所有散发出臭味的卷都不能通过检验。

(8)洞眼

通过导致布匹破损的疵点,无论破损尺寸的大小,都应被评为 4 分。一个洞眼应包括两根或两根以上的断纱。

(9)手感

通过与参照样品进行对比检验布匹的手感。如果出现明显的差异,该卷布匹将被定为二等品,每码评为 4 分。如果所有卷的手感都达不到参照样品的程度,将暂停检验,暂不评定分数。

对于经纬和其他方向的疵点将按以下标准评定疵点分数：

1分：疵点长度为3寸或低于3寸；

2分：疵点长度大于3寸、小于6寸；

3分：疵点长度大于6寸、小于9寸；

4分：疵点长度大于9寸。

对于严重的疵点，每码疵点将被评为4分。例如：无论直径大小，所有的洞眼都将被评为4分。对于连续出现的疵点，如：横档、边至边色差、窄封或不规则布宽、折痕、染色不均匀等的布匹，每码疵点应被评为4分。每码疵点的评分不得超过4分。

如某种成品织物的瑕疵多，无论是用作制衣、被服或其他日用品及装饰品，均会影响其美观，而降低其价值。就其外观特征与生成之原因分为：纤维原料、纱支原因、织造原因、印染整理原因和生成原因难以归属及操作人员操作原因。

模块二　印染产品跟单

　　织物的染整、印花加工，是纺织品生产的重要工序。高质量的印染加工是高品质服用面料的保证，它可以改善织物的外观和服用性能，提高织物的附加值，从而满足服装生产的要求，为人们提供各种色彩和功能的服装，提高人们的生活质量。

项目一 印染生产基本流程

任务一 染整印花基本流程

纺织品的印染加工工艺复杂、工序繁多,每一道工序的完成都涉及许多协调配合工作,如何有条理、有秩序地完成客户的订单,是跟单工作的主要内容。因此,印染加工过程中的跟单工作,是使纺织品在印染加工过程中的产量、质量能够得到保证,并能按期将产品交付客户的有效方法和手段。

1. 染整、印花跟单流程(图2-1)

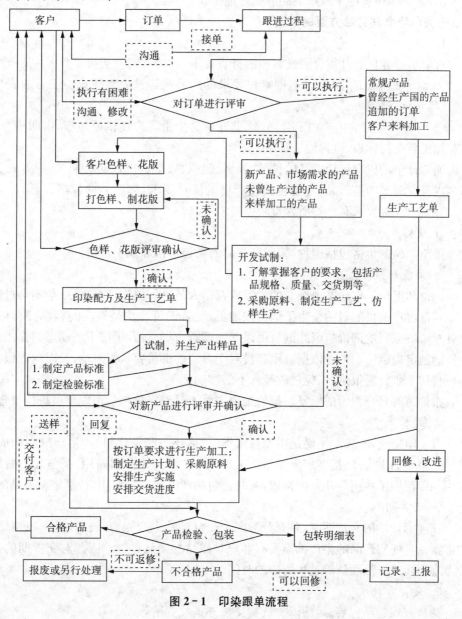

图2-1 印染跟单流程

染整、印花跟单流程为：接受询价→查询资料→报价→接受订单→订单评审→打样→生产加工→产品交付→售后服务

2. 跟单员工作内容

跟单员工作内容主要包括：函电的回复、计算报价单、验签订单、填对帐表、目录，样品的寄送与登记、客户档案的管理、客户来访接待、主管交办事项的处理和与相关部门的业务联系等。

任务二 印染生产过程中的基本概念及术语

印染加工生产过程中，跟单员除了要掌握必要的技术知识外，还要了解生产过程中有关概念术语，这些知识有助于跟单员能够更好地工作。

一、有关印染合同订单方面的术语

1. 订单

订单是指客户的订货合同或客户的订货要求，它的形式包括：

① 与客户签订的购买合同，即客户要求的产品是经过染整印花加工后的成品织物，也称销售（售布）订单。

② 与客户签订的生产加工合同，这类订单是指由客户提供原坯布，由印染企业进行染整印花加工后交付客户，也称加工订单。

通常订单的内容包括产品的种类、规格、颜色、数量、价格、交货期、交货方式、结算方式等基本内容。对于印染产品，还会包括较严格的质量要求，如产品的规格、印染色牢度、色差范围、缩水率、环保要求有害物质含量限制要求等。

2. 价格

染整产品的价格包括两种，即印染产品的销售价格和加工价格。

3. 询价和报价

询价和报价工作通常由企业的主管或营销人员进行操作，跟单员一般不会过多地参与。

通常客户询价的目的是为了购买或加工产品，询价者均是潜在的客户，而对于印染企业，也有对印染原料的询价。因此询价可以起到调查市场行情，了解市场动态的作用，为自身企业价格的制定提供一个参考依据。跟单员对于客户的询价要认真对待，及时向上级主管汇报，也不可自作主张轻易报价，以免造成经营上的被动。

报价是对客户询价的回复。报价是由主管人员确定价格后由跟单员进行整理报知客户。

4. 成本

对于印染企业，成本主要是由原料成本（包括坯布和染化料）和生产成本构成的。而对于单纯的印染加工生产（指客户来坯布加工），成本主要是染化料费用、染整加工费用、印花制版费用和印花加工费用等几方面构成，有时也包括产品的开发费用（特别是新产品的开发费用）。

5. 交货期

在确定订单的交货期时，要充分考虑企业自身的生产能力、技术水平、原料储备等多方面的因素。对任何产品的生产都需要有客户对样品的确认过程。因此对交货期的确定，还要充分考虑打样、送样、确认等过程所需的时间。

6. 交货方式

交货方式包括包装、运输以及货物交接方式及费用等。

运输方式可以由供需双方在协商订单时具体确定下来。

货物的交接,通常有送货和自提两种形式。

7. 确认

确认是指产品在加工生产过程中,对某些事物或问题的决定过程。

确认的结果是跟单工作的依据,特别是客户对样品、加工质量等方面的确认,是最终对产品进行验收的根据。

确认分为两类:

① 生产企业与客户之间对某些问题的决定结果;

② 企业内部各部门之间对某些问题的决策结果,对于这些确认结果跟单人员应进行记录和保存,以作为指导生产的评判依据。

8. 签收

签收是指对物品或单证交接的一种书面手续,它是对物品或单证的移交证明。签收是非常关键的一种手续,一旦签收后即表明移交过程的完成,同时也表明了责任的转移。因此跟单员要慎重对待,尤其是签收后的单据或物品要妥善保管,签收的凭证应作为跟单工作的依据。特别是产品交付后的客户签收单,更可以作为结算的依据,当出现争议时,可以作为证据材料,因此签收是跟单工作中的一个重要内容,同时也是企业管理的一个重要手段。

9. 质量标准

质量标准,是指对产品质量做出的要求和规范。包括产品标准和检验标准两部分。产品标准具体规定了产品质量指标所要达到的水平,检验标准是对产品标准中质量指标的确定方法和检验测试方法的具体规定。

产品标准分国际标准、国家标准、行业标准、企业标准等几大类。

经过印染加工后的纺织品,是用于服装生产的成品,相应的产品质量标准比较完善,尤其是对这类产品各项性能进行测试的检验标准,已相当完善,对各类成品面料的各项性能检测,都有可遵循的检验标准。

对于经印染加工后的纺织品,质量标准的制定通常从两个方面进行,一方面是织物成品的质量,通常包括色差、色牢度(包括洗水、沾色等各类的色牢度)、缩水率、尺寸、外观疵点(包括各类染色、印花、织造等方面的疵点)等方面的检测项目。另一方面是织物成品的内在质量,主要包括织物强力(强度)、纤维成分、有害物质含量等方面的检测项目。

10. 订单产品数量

订单产品数量是指客户订单中所订购产品的数量,一般对印染织物产品,是以长度或重量进行计量的。

在跟单过程中,应时刻注意客户订单要求的产品数量以及生产加工的进度,确保订单按期完成,这也是跟单员最重要的跟单工作。

二、生产中的技术和管理术语

1. 进度

进度是指按客户订单进行生产加工过程中的进展情况,主要的表现形式是产量的完成情况以及排缸情况,反映出生产、交付的进程。生产进度的跟进,是跟单工作的核心内容。

跟单员应及时了解生产进程,归纳整理进度表,是提高跟单效率最有效的方法。

订单完成的进度情况,既是客户同时也是企业最为关注的的信息,客户需要及时了解订单进度,而企业内部根据进度进行生产调整和安排,跟单员跟单的意义也就在于此。

2. 单号

单号通常是用数字或字母的排列组合,形成单号,以区别不同的客户和不同的订单。

在跟单过程中对于某一个订单所涉及的所有文字资料,均应以单号来进行标示。

3. 打样

打样也称为打板、打小样、打色样等。

印染加工生产,最终是使所加工的织物,达到客户所要求的颜色、规格、手感、风格、花型图案等,因此要达到要求,只有通过打样实验的过程,使客户进行样品确认后,才可以投入生产。

打样工作通常是由印染企业的实验(或化验)部门来完成的,根据客户来样(通常是指颜色样板和印花图案样板),进行化验分析,进行试染实验,总结出可用的工艺配方,并由此指导批量生产。

4. 颜色及花型图案

印染生产加工的最终目的,是赋予织物特定的颜色和花纹。实际上就是对坯布织物进行染色和印花加工,形成成品面料。

颜色和花型图案通常是由客户或市场来确定的。印染企业应根据客户的要求,进行打样批色,试制的样品经客户确认后方可进行大货生产。因此需要特别注意颜色或花型的准确程度,这个准确程度同时也是客户衡量产品能否达到要求的检验尺度。

客户的颜色和花型样板,同时也是成品织物的验收依据和标准,试验打样部门应严格按客户样板进行打样,争取客户的认可。

5. 样卡和色号

样卡是由印染生产企业根据客户的要求试验出来的样品进行装订整理后的标本,分为色卡和花型样卡两类,这两类样卡是报送给客户审批的样板。

产品样卡制作时一般是用白色硬纸板印制好格式,将试出的色样贴附在上面,色样要剪切整齐。印花样板通常是直接印制在客户要求的织物上面,形成印花布样,印花样板的花型和颜色效果要准确,至少要有一个完整的花型,布样的剪切要整齐。

色号在印染企业内部编制一个色号,即所谓的工厂色号,工厂色号是企业内部使用的,在编制时每一个颜色编制一个色号,并且不可有重复编号,以方便识别和管理。

6. 对色和批色

对色是指根据客户的要求而打出的样板与客户的标准样板进行比较对照的过程,通常是利用仪器(如对色灯箱或计算机测色系统),通过观察或测定,来评定颜色的差别。颜色包括色彩和色光,应与标准色样一致。

批色是指客户对色样进行批复的过程,通常印染厂打出的色样给内部对色后,制作好样卡,由跟单员交客户批核。

7. 对色灯箱

对色灯箱的作用是在不同的标准光源条件下,对印染纺织品的颜色与客户要求的颜色进行对色评判。通过标准光源照射到对色样品上的效果来观察颜色的差别,通常客户在下订单时,会说明对色光源的要求(即在何种光源条件下进行对色)。

对色灯箱装备的光源通常有以下几种:

① D65 光源;

②TL84 光源；

③CWF 光源；

④A 光源，即钨丝灯；

⑤UV 光源；

⑥U30 光源。

另外，还有 D75、D50、TL83 等不同的标准光源。

通常情况下，对于欧洲的客户要求用 D65 和 TL84 光源同时进行对色，美国的客户要求 D65 和 CWF 光源对色。大部分客户一般只指定用 D65 一种光源对色，因此在印染打样时一定要了解清楚客户的对色灯光要求，以避免对色的误差。

8. 工艺配方

工艺配方是指对纺织品进行印染加工时的染料、助剂、用水比例、染色温度、染色时间等各项工艺参数的组合。通常分为染色工艺配方、定形工艺、整理工艺、印花工艺等几方面。

9. 色差

色差是指印染产品相同颜色对比的差异程度。相同颜色才有可对比性，才会存在色差问题。样品与标准色样之间，不同批次生产的产品之间通常都存在着色差问题。

色差评定是通过"灰色样卡"对比观察，分出级别来进行评定。色差等级的划分为 9 级，即：1~5 级和每级之间的半级，共 9 个色差级，即：1~5 级和每级之间的半级，共 9 个色差等级，5 级为最高，表示颜色色差最小（或没有色差），1 级最低，即色差比较大。通常对色差的要求在 3 级以上，有些要求较高的产品在 4~5 级。

色差评定是在一定条件下利用"灰色样卡"按一定要求进行评定的，包含有一定的人为的因素。

在印染生产中出现色差，主要有以下几种情况：

①不同染色缸次或不同生产批次之间的色差，称为缸差；

②同缸染色的不同匹布之间的色差，称为匹差；

③同匹布不同位置的色差（即布头、布中、布尾之间的色差或整幅布面的左、中、右之间的色差），称为同匹色差；

④印花布的不同版次和不同匹次之间的色差。

10. 排缸

排缸是由跟单员依据生产计划来进行安排工作。跟单员需根据每台染缸的工作情况，将需要染色的坯布预先计算好数量，排列在相对应染缸的后面等待染色。在排缸的同时需要编列缸号，将染色有关内容如布种、单号、色号、缸号、数量等填制在排缸卡上，连同染色工艺单一同排在排缸表中，以使生产部门安排缸表进行生产操作。同时跟单员需做详细的排缸记录，以便随时跟进订单的进展情况。

11. 缸号

缸号是指每染一缸布的编号。

12. 进缸和出缸

进缸是指坯布装入染缸中进行染色加工，标志着此缸坯布染色生产的开始。出缸是指染色完成，将染好的色布从染缸中取出，进行后道工序的处理。

13. 出缸板

出缸板是指织物印染加工过程结束后,用于对比颜色和染色质量的样板。通常情况下,出缸板是指进行后续整理定形的染色布样,是织物染色后最原始的状态。

14. 中样

中样也称为头缸,是指所染布种(或颜色)的第一个缸次(批次)。通常新开发产品(或从未生产加工过的产品)应先做中样,经确认后再生产大货。

15. 大货样板

大货样板分为两种类型,一类是大货头缸样(俗称船头板),另一类是大货缸差样板(也称大货板)。大货样板是最终的成品面料样品。

大货头缸样是指正式大批量生产后的第一个缸次的样品,应交给客户进行批核确认。

大货缸差板是指生产的大货时每一缸次的成品样板。

16. 染料和助剂

染料是指对织物进行染色和印花用的化工原料;助剂是指在染色和印花过程中,帮助染料上染的中间体(载体)或整理用的辅助化学原料。染料和助剂是印染企业最主要同时也是最重要的生产原料。

17. 定形

定形是指利用定形设备将印染后的织物进行加热烘燥、拉伸扩幅处理,使织物的外观平整挺拔,规格尺寸稳定。最常见的定形方式是拉幅定形,对于机织物和针织物均适用。

18. 斜纹定形

斜纹定形是指定形后的织物纬向(横向)纹路与经向(纵向)纹路不垂直,有一定的斜度。斜纹定形常用于染色针织物的定形。对于针织物通常采用斜纹定形的工艺,使其扭度降至最低,经洗涤松弛,也不会产生变形现象。

斜纹定形时的纹路倾斜程度,应适当控制,如果倾斜过大,会对成衣生产的剪裁排版产生影响,因此通常是以控制扭度来决定斜纹定形时的纹路倾斜程度,扭度控制在 5% 以下为最佳。

19. 直纹定形

直纹定形是指定形后织物纬向(横向)纹路与经向(纵向)纹路是相互垂直,通常用于机织物的定形,由于机织物的织造是由经纱与纬纱相互垂直交织而形成织物,不存在纬斜现象,因此定形时要采用直纹定形工艺,保证织物外观平整,纹路清晰。

20. 定形规格

定形规格是指织物经过定形整理后的规格。包括织物的幅宽、面密度、纹路、缩水率、扭度等几方面指标的综合表现。

在实际生产实践中,跟单员应重点了解和掌握以下几方面定形规格的资料:

① 定前规格是指织物经印染加工处理后进行最后定形加工之前的规格;

② 定后规格是指织物经最后的定形加工成为成品织物的规格,即达到织物印染加工后的产品规格和质量要求,也是客户订单所要求的成品规格;

③ 洗后规格是指定形后的成品织物,通过洗涤测试,检验织物的缩水率和外观尺寸的变化情况,重点是检测织物的缩水率、扭度、纹路及每平方米克重的变化情况,尤其是对针织物的印染加工,一定要检测洗后规格,以检验织物的内在质量是否达到要求。

21. 主面料和辅料

主面料是指用于成衣生产的主要织物原料,是经印染加工后的成品面料。

辅料是指用于成衣生产的配料,这里是指配合主要衣身面料用于制作成衣的领口、袖口、衣领、下摆等不同于主面料组织结构的其他面料(也称下栏)。

22. 中检

中检,是指对织物进行加工过程中的每个工序完成后,所进行的抽验工作。

23. 染损

染损是指染色整理过程中的织物损耗,用染损率(损耗率)来表示的。其计算方式如下:

$$染损率(\%)=\frac{坯布数量(重量)-成品数量(重量)}{坯布数量(重量)}\times100$$

染损一定要控制在合理的范围之内,染损越小越好。不同的织物其染损的大小也不同,棉织物的染损通常在 $5\%\sim8\%$,纯涤织物的染损在 3% 左右。

24. 花版

花版是印花生产中最主要的印花工具,织物上的花纹经花版将印花糊料印制在织物上,形成印花织物。因此在印花生产中首先要制版。

花版的制作工艺和制作质量的好坏,会直接影响印花产品的质量。印花产品的印花颜色和效果是通过花版体现出来的,因此在花版的制作过程中,要注意控制花型尺寸的精确度,使印花时的套色准确、花型漂亮。

25. 套色和对花

套色是指印花颜色的数量和位置。通常在分色制版时,要将一个完整的花型单元分解为不同的颜色层次,印花时不同的颜色在相应的位置依次叠加嵌套,组成一个完整的花纹图案,组成一个花型所需颜色的数量即为套色数。在制版时,每一套色制作一个印花版,多套色花版,组成一个完整花纹图案的印花版。

对花是指在印花时,各种颜色的花纹印在其相应正确的位置,组成完整正确的花纹图案。因此两种及两种以上多色印花在生产过程中需进行对花检查(单色印花只需一个花版,无须对花)。

三、印染生产中常用俗语

打柴:绳状染色机内织物相互纠缠、打结,不能正常运行。

脚水:工厂里的染后废液。

烂棉:即 T/C 烧棉;

拉撕力:即撕破强力;

煮枧:广东一带称煮枧实则是后处理皂洗。

>>>>项目二 打样跟进<<<<

打样工作是印染生产过程中必不可少的环节。任何印染品在实施生产前,均需要进行打样确认。通过打样,归纳出染色、印花配方和生产工艺,用于指导大批量的生产。

打样过程的组织安排由跟单部门进行,打样的具体实施是由研发部门(或化验室)进行操作,如何能够快速准确打出客户满意的样品,需要两个部门协作配合才能够完成。

印染生产的打样工作,主要有打色样和打印花小样。新开发或特殊的印染产品,还需要做出中样(即小批量试生产),以验证生产工艺的可行性,从而保证大批量生产的正常进行。样品打好后需交客户进行评审确认,以客户确认的样品作为生产实施的依据,并且作为产品验收的标准。

在打样过程中,跟单人员作为客户与研发部之间沟通联系的桥梁起着重要的作用,既要与客户沟通,又需跟踪打样的进程。打好的小样由跟单员归纳整理报送客户,了解客户的批复意见并及时传达给研发部门。

任务一 打样跟单

一、打样跟单概述

(一)打样跟单的流程(图2-2)

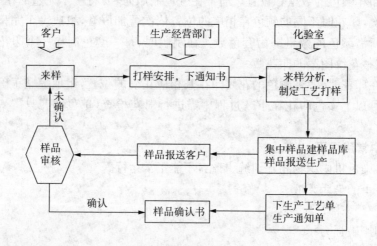

图2-2 打样操作流程图

(二)打样的目的

通过打样,探讨出新产品可行的染色印花生产工艺配方和工艺条件,以保证在大货生产中的工艺可行性、产品质量和生产效率;打出的样品要达到客户的要求,并能够得到客户的确认,以争取实质的生产(加工)订单;确保订单顺利完成,尤其是对于多品种、多颜色、多花型、小批量的订单,能够锻炼和提高生产企业的适应能力和应变能力,从而提高竞争能力。

（三）客户来样审核及来样的整理与保管

客户来样有两种情况，一种是跟随订单的来样，另一种是单纯来样。对于第一种情况，通常来样是针对订单的要求，以合同（订单）附件的形式一同下达给生产企业，打样的时间是包括在订单的交货期内。这就要求研发部门提高打样速度和效率，以尽可能短的时间打出样品并得到客户的确认，以争取更长的生产（加工）时间。对于第二种情况，通常客户出于试探性或技术储备的目的，交给生产（加工）企业进行打样，既可以考核和观察企业的技术水平和能力，又可以对以后的订单预先进行准备。因此在打样过程中，应优先保证打出样品的质量符合客户的要求，同时跟单员要提供优质的服务，表现出企业的技术、质量、服务水平，以达到争取客户订单的目的。

1. 来样审核要点

① 充分了解当前生产能力及原材料状况；

② 确认客户要求，包括来样种类、色牢度、染料种类及环保要求、样品规格及坯布品种成分、对色光源等；

③ 交货时间及数量；

④ 客户要求的货品的产品标准。

2. 来样的整理与保管

（1）来样分类

① 颜色样：对于需要染色的产品，客户提供的颜色样品，可称为标准原色样。原色样可以是色布样，也可能是标准颜色编号（如色卡编号）。通常面积比较小，客户提供标准原色样时，应注明颜色、名称、编号、布种、坯布成分。

② 手感风格样：手感风格样品，应能够体现出客户所要求的成品手感、风格和质量，通常面积比较大，应有整幅布面宽度，长度 0.5～1 m。

③ 印花样：印花样分为图纸样和成品样，图纸样通常是绘制的彩色图案，另附颜色原样或颜色说明。成品样是印制好的成品面料样品，可以表明最终成品要求的品质。印花样必须有完整的花型图案，能够表示出完整的花型循环。

（2）来样的整理与保管

① 色标准原样的整理和存档：客户的来样是产品最终验收的标准，是极其重要的技术资料，应做详细的登记和妥善的保管。

A. 色样记录应注明单号、色号、色名、坯布组织成分、对色光源以及其他要求。将客户原色样剪开两份。填制一式两份原色样卡，一份随打样通知交研发部门（或化验室）打样。一份存档备案。分剪原色样时，要注意存档色样应留有足够的大小，存放时应避免污浊、变色、潮湿，保持其标准性，以供内部对色使用，并可作为研发部门原样的参比样，从而使打样对色更准确。

B. 随同订单（或加工单）一同下达的针对此张订单的原色样，跟单员在登记整理过程中，应与订单进行核对，检查是否有遗漏的色样，或者客户提供的色样不全，发现问题应及时补齐。

C. 当客户以卡的编号指定颜色色样时（通常印染企业应备有色卡），应及时对照色卡中客户指定色号的颜色与色名是否一致（或接近），最好与客户直接沟通，以确定颜色的正确性，以免产生误解。

② 印花标准原样的整理和存档：印花样包含有印花图案和套色，分为图纸印花样和实物印花样。

A. 图纸花样应复制备份,复制图纸交研发部门打样使用,客户原样需妥善保存,以备内部评审做参比样,条件允许时,最好要求客户提供两份原样,一份用于打样,一份存档。

B. 实物原样,应要求客户提供至少有两个完整花型循环的实物样品,以方便打样和存档。

C. 填制一式两份印花原样资料卡,一份存档,一份打样使用。内容应包括单号(批号)、花型编号、套色数量、印花方式、坯布组织及成分等内容,印花原样资料卡格式见表2-1和表2-2。

D. 印花颜色样应贴附在资料卡上,并与印花图案对照,标注清楚套印的颜色。

表2-1 染色原样资料卡

客户		单号		来样时间	
使用坯布		坯布成分		使用染料	
对色光源		原样数量		建卡时间	
牢度要求					
原样颜色					
颜色名称		颜色名称		颜色名称	
客户色号		客户色号		客户色号	
打样色号		打样色号		打样色号	
备注		备注		备注	
色样		色样		色样	
原样颜色					
颜色名称		颜色名称		颜色名称	
客户色号		客户色号		客户色号	
打样色号		打样色号		打样色号	
备注		备注		备注	
色样		色样		色样	

表2-2 印花原样资料卡

印花原样资料卡					
客户		单号		来样时间	
花型编号		使用坯布		坯布成分	
印花方式		套色数量		建卡时间	
印花方法		使用染料			
备注					
颜色1					
色样					
颜色2					
色样					
颜色3		花型图案			
色样					
颜色4					
色样					
颜色5					
色样					

3. 打样安排

客户的样品,经由业务部门交给跟单部门,由跟单员安排打样进程。下达打样通知书,由研发部实施操作。打样安排过程中,跟单员应进行下列操作程序。

(1)打样通知书 跟单员整理客户样品后,应开具打样通知书随同色样交由研发部门(或化验室)进行打样。打样通知书应保留一份存档,作为跟单资料。

(2)制订和下达打样通知单要点

① 打样的质量要求,视客户的要求而定,仔细制订打样通知单,特别注明客户的特殊要求;

② 开具通知单时,应特别仔细核对客户的订单号、色号、颜色等资料,尤其是核对原样资料卡所列明的内容,不可出现差错,需要提醒或容易混淆的地方,应在备注栏中特别注明;

③ 谨慎确定时间期限,应明确规定打样完成时间,以促进打样效率的提高;

④ 特别注明坯布规格情况及对色光源要求;

⑤ 通常情况下需写明客户质量要求及检测所用标准,如果客户有其他特殊要求应特别注明。如关于生态纺织品检测的要求;

⑥ 了解客户习惯,在备注中注明;

⑦ 打样通知单需经主管认可签字后方可交付执行;

⑧ 打样通知单应与客户原样一同交研发部门,并进行登记和交接签字,正确处理和保管客户来样,以防止色样丢失。

案例分析:某服装公司意欲从某印染企业订购一批服装面料并与该企业确定购销意向,印染企业跟单员根据该购销意向书向小样员下达打样通知书(表2-3和表2-4)。

表2-3 购销意向书

甲方:＊＊服装集团公司			购销意向书编号:BT-0804-01-C		
乙方:			签订时间:2008-4-23		
			签订地点:		
现甲方向乙方意向订购下列产品,具体要求如下:					
品种	纯棉18.2tex单面平纹针织布			成分:100％棉	
成品规格:克重130 g/m²			幅宽:160 cm		
编号	色样	颜色	数量(kg)	单价	金额
BT-08401		粉红	200		
BT-08402		枣红	1 000		
BT-08403		栗色	1 000		
BT-08404		宝蓝	750		
BT-08405		桃肉色	120		
特别要求:1. 剖幅定形,浆切边。2. D65、CWF光源下对样,不能发生跳灯。3. 送样时要求牢度检测数据。4. 桃肉色用于内衣,要求测试布面pH值。					

（续　表）

| 克重范围:125~135 g/m² | | | | | | | | |

交易(意向)条款:

1. 交货(意向)时间:2008-5-7之前交付

2. 交货(意向)方式:自提

3. 包装要求:按批号分别包装,不可混批号包装

4. 质量要求:按 AATCC 标准进行验收

或下列质量进行验收:

(1) 色牢度

来样编号	来样色名	坯布型号 （规格/成分）	耐洗牢度	摩擦牢度 （干/湿）	日晒牢度	升华牢度	耐汗渍牢度	备注
BT-08401	粉红	纯棉 18.2tex 单面 平纹针织布	3~4	4	3~4	4	3~4	要求测试 pH
BT-08402	枣红	纯棉 18.2tex 单面 平纹针织布	3	3~4	3~4	4	3~4	要求测试 pH
BT-08403	栗红	纯棉 18.2tex 单面 平纹针织布	3	3~4	3~4	4	3~4	
BT-08404	宝蓝	纯棉 18.2tex 单面 平纹针织布	3~4	3~4	3~4	4	3~4	
BT-08405	桃肉色	纯棉 18.2tex 单面 平纹针织布	3~4	4	3~4	4	3~4	要求测试 pH

(2) 强力:顶破强力

(3) 环保要求:符合　　　　标准

(4) 缩水率:横向±7%,纵向:±7%

甲方:			乙方:		
地址			地址		
联系人		手机:	联系人		手机:
日期	2008-4-23		日期	2008-4-23	

表 2-4　染色打样通知书

客户	**服装集团公司	单号	BT-0804-01-C
接样时间	2008-4-24	订单交货期	初定 2008-5-7
打样完成时间	2008-4-26	染料要求	环保染料
色样数量	5	小样尺寸	5 cm×5 cm
染色机型	HR631 型高温喷射溢流染机	光源要求	D65、CMF

来样样品	来样编号	来样色名	坯布型号 （规格/成分）	耐洗牢度	摩擦牢度 （干/湿）	日晒牢度	升华牢度	耐汗渍牢度	备注
	BT-08401	粉红	纯棉 18.2tex 单面 平纹针织布	3~4	4	3~4	4	3~4	要求测试 pH
	BT-08402	枣红	纯棉 18.2tex 单面 平纹针织布	3	3~4	3~4	4	3~4	要求测试 pH
	BT-08403	栗色	纯棉 18.2tex 单面 平纹针织布	3~4	3~4	3~4	4	3~4	

（续 表）

来样样品	来样编号	来样色名	坯布型号（规格/成分）	耐洗牢度	摩擦牢度（干/湿）	日晒牢度	升华牢度	耐汗渍牢度	备注
	BT-08404	宝蓝	纯棉 18.2tex 单面平纹针织布	3～4	3～4	3～4	4	3～4	
	BT-08405	桃肉色	纯棉 18.2tex 单面平纹针织布	3～4	4	3～4	4	3～4	要求测试 pH
备注：客户要求1. D65、CWF 光源下对样，不能发生跳灯。2. 送样时要求牢度检测数据。3. 桃肉色用于内衣，要求测试布面 pH 值。									
主管批示：	签字： 年　月　日			签收	签字： 年　月　日				

二、打样跟单

打样工作是由印染企业研发部门（或化验室）进行。通常要经过来样分析、制定工艺及打样进程安排三个阶段，打好的样品还需要进行整理汇总，报送到跟单部门，由跟单部门交客户批核确认。客户认可的样品，可以根据打样工艺制定出批量生产工艺，同时尽快安排中样或大货头缸样的试生产。客户未确认的样品需重新打样，直到客户认可为止。

1. 来样分析

根据"打样通知单"及客户原样等技术资料，对客户原样进行分析，通过分析初步拟定打样工艺。来样分析应注意以下几个方面：

① 根据"打样通知单"的具体技术要求，应特别注意对色光源、色牢度、所用染化料的环保问题、打样版数、小样尺寸等；

② 分析坯布成分，确定使用坯布的规格品种。打样用坯布一定要与客户订货要求坯布的成分、品种、规格相一致；

③ 尽量使用将来做大货的坯布进行打样，以使打样准确度提高；

④ 要特别注意对色过程的环境条件对产品的色光、色彩的影响；

⑤ 对色光源的使用一定要正确，可以利用标准光源对色灯箱或计算机测配色系统将样品与标准原样在正确的光源下进行对色，判断样品的准确程度。

2. 制定打样工艺

打样工艺实际上也决定了将来大货的生产工艺。打样工艺，主要是指染料（或印花浆料）的配方以及印染过程的工艺流程、时间、温度、压力等生产工艺参数。确定工艺时应注意以下几方面。

① 染化料配方的确定要准确，以保证打出样品的效果符合客户的要求；

② 印染工艺的确定，要考虑印染过程中的浴比、温度、压力、时间以及整理工序的各种工艺参数对最终产品质量的影响。尤其是对特殊品种的坯布（如：高弹性、高变形性、特殊纤维成分、特殊风格手感要求等），应特别注意印染过程中的工艺参数的兼容性和合理性；

③ 打样过程的工艺配方和技术参数应进行详细记录，以方便将来生产大货时的工艺的制定。

3. 打样跟单要点

（1）颜色评核跟进

① 颜色目测评核：

A. 颜色评核环境要求:目测环境要求温度及湿度必须恒温恒湿,颜色评核要在暗房内进行,恒温恒湿的环境要求如下:温度(20℃±2℃)和湿度(65%±4%)。

B. 颜色评核灯箱:

a. 目测评核需在标准光源箱内进行;b. 不应有房间内的其它光源照射至灯箱或要评核的色办上,标准光源箱应放于有空调的暗房内;c. 标准光源箱只采用原生产商供应的光源灯,光源灯应按使用手册说明按时或每4 000使用小时后更换,供应商应保存这些更换记录以便日后检查;d. 标准光源箱应每年作维修或校正及应保存维修记录以便日后检查;e. 标准光源箱内除对色样及颜色标准外不应有其杂物,特别是颜色较刺眼的物体,灯箱内的油漆层应保持清洁干净。

C. 色样的要求:

a. 目测前,所有的布片必须于一个标准的环境下(温度20±2℃;湿度65±4%,比如置于空调房内的标准光源箱中以D65光源照射)放置最少30 min方可作颜色评核。位于全球各地的很多知名的纺织公司现都采用特别设计的调节箱(Vindon公司及Datacolor公司),这些调节箱可提供快速的调节到受控的温度及湿度以及D65日光灯暴露条件,精确的受控条件为温度20℃及湿度65%,这些调节箱对颜色评核至为重要;b. 色样必须是双层的,如发现双层有透光,需4层折叠才能作颜色评核;c. 色样必须是平直且是干净的,不能有皱纹及疵点影响颜色评核;d. 触摸色样之前必须保证手的洁净干燥,不能直接接触正面。

D. 目测者:

a. 颜色评核人员必须有一定的辨色能力及对色技巧,需通过专业测试,颜色评核人员(包括跟单员)需经过考核合格才能作颜色评核;b. 颜色评估人员(包括跟单员)不可以戴有色彩的眼镜或都擦亮指甲油,服装不宜是大红、杏黄、雪白等鲜艳颜色,最好是穿灰色或素色的衣服进行对色;c. 观测者应先用20 s时间适应灯箱所用的光源,当将D65日光灯转换至其他光源时亦应先用20 s时间适应才作评核。

E. 颜色评核要求:

a. 采用客户指定光源;b. 色样与客户提供的颜色标准在不同灯光下出现同光异普现象,最终应以D65光源作为最后评定光源;c. 客户提供颜色标准与色样应平衡左右放灯箱中心作评核;d. 应于双层状态下作颜色评核,调整色样与标准的纹路方向一致,纹路方向垂直于评核人员,对于较特殊的布类,例如带有绒毛的样品,应先用手拂一下,使其绒毛朝一个方向,颜色评核时只看表面;e. 颜色评核时的姿势对于颜色评核结果会有较大的影响,样品接受光和入眼观察方向的几何条件用X/Y来表示,其中X表示入射光与试样面法线的夹角,Y表示观察者目光与试样面法线的夹角。观察的几何条件有45/0、0/45、45/90。最佳的目测姿势是色办应放于45°角的平面上作目测并应每次目测都采用相同的角度(45°)。

② 仪器颜色测量:除目测外,亦采用仪器颜色测量来支援目测颜色评核,可靠的颜色仪器测量可提供以数字公差作为颜色核准的基础,此方法较有效率和绝对客观。

一般采用颜色度量委员会CMC(Color Measurement Committee,CMC是英国染料和颜料者协会的简称)2∶1颜色程式计算公差。采用电脑对色为辅的目的是要染整厂确保所提交的颜色有更高的准确性及一致性,目前仪器颜色测量仅作参考。建议以Datacolor公司的Spectraflash SF600X分光度计作仪器评核,测量仪器应置于干净及有空调(温度设定于20℃±2℃,仪器应带每年维修及校正合约。

作为目测评核时的参考,具体的格式如下:

CMC PASS/FAIL			CMC DE 值:0.9		
光源/观察者	DL	DC	DH	DE	评定
D65/10 度	0.5(较浅)	0.4(较鲜艳)	0.38(偏黄)	0.56	PASS
TL84/10 度	0.8(较浅)	0.9(较鲜艳)	0.59(偏黄)	1.08	FAIL
A 灯/10 度	0.79(较浅)	0.25(较鲜艳)	0.7(偏黄)	0.87	PASS

③ 仪器颜色测量技巧:对于染整厂来说,最理想的结果是所得出的颜色测量结果与客户的要求相若,色样测量时采用的方法对测量所得的结果有很大的影响。

A. 色样的调节:于测量前,所有的色样必须先于一个标准的环境下((温度 20℃±2℃;湿度 65％±5％,比如置于空调房内的颜色评核灯箱中以 D65 光源照射)放置最少 30 min,建议采用 Vindon 公司及 Datacolor 公司的调节箱;

B. 分光光度计的设定:样本必须以大测量孔(大面积测量/LAV,30 毫孔)作测量,此外,应设定"包含紫外线部份程式;

C. 用作仪器颜色测量的样本必须为双层状态,例如网格布等有透光的情况,应折叠 4 层测量;

D. 样本必须平直及不带折痕,测量时应以布面正面为准,样本不应申展到分光光度计的测量球体内,理想的测量方法应作 4 次测量,而每次测量时先将样本转移 90°,样本要根据布样的纹理,分别于 90°、180°、270°及 360°下测量,仪器软件会将 4 次测量的结果计算平均数。

4. 打样进度跟进要点

作为跟单员,随时掌握打样进度。在打样进度跟进的有以下两个要点:

① 如果每一批样品在第一次送样后客户的确认率低于 50％时,会极大影响客户对企业的信心,因此送样前一定要在内部反复审核样品的质量后再行送样,不可为了赶时间而仓促送样。

② 打样速度要快,效率要提高。通常打样的时间要求是:染色小样(烧杯样)数量在 5 个样以下,1~2 天内打好样品送交客户,5 个以上应在 3 天内交齐;印花样可依据数量的多少以及复杂程度,包括制版时间在内,应在 7~10 天内交齐。如遇特殊样品或比较难打的样品,应及时与客户沟通,争取客户的谅解,适当延长打样时间。送样前需进行牢度测试,注意结果的跟进;同时要注意原材料情况的跟进。

任务二　样品的整理报送及确认

一、样品整理报送及样品确认跟进要点

1. 样品整理及选样

① 染色样的整理:染色样应制做成样品卡,方便客户批色和保管。在样卡中应注明色号、色名、编号、送样日期、对色光源、色牢度等有关技术数据。色样剪裁要整齐平整,尺寸大小要符合客户要求,将裁剪好的色样牢固黏贴在色样卡上,以防脱落。

② 印花样品的整理:印花样品的大小,应视花型的大小而定,通常对于循环面积较小的花型(或小碎花型)至少应有 50 cm×50 cm 的面积;大花型应至少有一个完整花型循环面积。印制好的样品应注明花型编号、印版编号、客户名称、套色、订单号等内容。

2. 填写送板卡及贴样(见表2-5)

3. 样品的保管

4. 样品送出后,及时通知客户

5. 及时跟进样品的批核情况

一般大多数客户接受的仪器公差如下:

提交色样种类	CMC(2:1)可接受公差 (D65 日光灯及 TL84 灯下)			
LAB DIP	DL=0.8	DC=0.5	DH=0.5	DE≤0.8
大货头缸	DL=0.8	DC=0.6	DH=0.8	DE≤1

上述的可接受公差亦可作为所有的染整厂提交色样的一道"过滤",如果色样与客户颜色标准的差异较上述差距大,染整厂不应再提交给客户作颜色评核,请自行重新配色,以免浪费时间。

6. 颜色管理采用的颜色评语

在整个颜色评核程序中都会采用 CMC 颜色程式为基础的标准颜色词汇,颜色管理所作的评语会完整地向染整厂的染色员传达而不须作任何形式的翻译。

以下表格中的颜色描述评语只作说明用,客户会就亮度、彩度、色相三方面对色样作评核:

亮度	较深	较浅				
彩度	欠鲜艳	较鲜艳	较暗淡	较明亮		
色相	蓝	偏蓝	绿/青	偏绿/青	黄	偏黄

7. 后续处理

要求客户提供书面批核意见,否决的样品要及时安排重新打样。

【例】 如果一个 LAB DIP 样是较深和稍偏红,颜色评语将会是:

"所提交的色样颜色较深及偏红,请调至较浅及偏绿然后再提交"

一般情况下,客户对于所有的提交样的颜色批语有以下几种:

➤ 颜色差,不能接受,批语是"Reject"并加颜色评语。

➤ 颜色较好或很好,批语是"OK"。

➤ 颜色不太好,色差边缘接受的,批语为"M/A"(Marginal accepted)并加颜色评语。

➤ 颜色较差,但考虑技术上的因素及交期等因素,勉强接受,不能作标准,以后的大货必须要作改善,评语为"签 L/G"(Letter guarantee),由供应商写担保出货。

二、建立样品资料库

客户确认的样品应建立样品资料库,将客户的原样及打出经客户确认的样品,集中统一存放。可以建立资料夹,按客户、订单号、样品编号(色号、版号)进行汇集保管,同时将客户和样品确认书附在每一订单的样品资料中,以方便查询检索。

样品资料不只是颜色样和印花小样,同时包括客户提供的其他样品(如:大货质量样、大货手感样、大货风格、大货规格样等),应进行妥善保管,采取防潮、防变色、防霉变、防虫蛀等措施进行存放,专门建立样品存放室并设专人统一管理。将样品资料登记建卡,借阅查看要有相应的记录,从而达到统一管理、资源共享的目的。

表 2-5　Lab-dip 送板卡

光源：1st D65		;2nd		;3rd		
厂商：	季度：	颜色牢度等级要符合检验标准要求 （请签名确认）				
联络人：	颜色编号：	以下颜色要符合安踏内控检验标准要求 （请填写测试结果）				
联络方式：	颜色编号：	耐皂洗色牢度		耐摩擦色牢度	干擦	
					湿擦	
染厂：	颜色名称：	耐水色色牢度		耐水色牢度	沾色	
					变色	
送办日期：	染厂色号：	耐汗渍色牢度		耐光色牢度		
				拼接互染程度	沾色	
面料：						
打色编号：	（A）	（B）		（C）		

	色差评语		色差评语		色差评语	
深度	较深□　较浅□	深度	偏深□　偏浅□	深度	偏深□　偏浅□	
鲜度	较暗淡□　较明亮□ 欠鲜艳□　较鲜艳□	鲜度	较暗淡□　较明亮□ 欠鲜艳□　较鲜艳□	鲜度	较暗淡□　较明亮□ 欠鲜艳□　较鲜艳□	
色光	偏蓝□　欠蓝□ 偏绿□　欠绿□ 偏黄□　欠黄□ 偏红□　欠红□	色光	偏蓝□　欠蓝□ 偏绿□　欠绿□ 偏黄□　欠黄□ 偏红□　欠红□	色光	偏蓝□　欠蓝□ 偏绿□　欠绿□ 偏黄□　欠黄□ 偏红□　欠红□	
批语	OK　　　□ Reject　　□ M/A　　　□	批语	OK　　　□ Reject　　□ M/A　　　□	批语	OK　　　□ Reject　　□ M/A　　　□	
备注						

>>>> 项目三　染整、印花订单评审过程的跟单 <<<<

合同或订单是供货方和购买方的一种书面约定。其内容主要包括货物的名称、质量、数量、单价、交货期限、交货方式、付款方式、包装要求、商品检验和解决争议等条款。

对客户订单的评审,是进行印染加工生产之前必须做的工作,审单的目的就是要了解客户的要求是否能够实现。通常客户以合同的形式,提出所需产品应达到的技术和贸易两方面的要求,因此审单主要是围绕这两方面的要求进行。

任务一　订单评审的操作及结果跟单

一、订单的形式

订单是贸易双方就交易(或加工)印染产品所订立的生产加工合同,通常是由生产加工企业的经营部门通过与客户进行必要的沟通和营销工作后双方所签订的协议。

订单的形式分为两大类:正式文本合同订单和非正式合同订单。

(一) 正式文本合同订单

1. 正式文本合同订单形式

通常在下列情况下,对印染企业而言,贸易双方应该使用正式文本合同订单形式:

① 新开发的客户;

② 第一次进行产品交易或印染产品加工的客户;

③ 交易额或加工产品的数量较大的订单;

④ 涉及进出口贸易的产品交易或来料加工订单。

文本合同的格式,有国家公布的通用的合同文本格式,也有交易双方根据实际情况自行拟定的格式。对于印染生产企业,交易合同通常有购销合同和来料加工合同两种。购销合同文本格式见表2-6。

表2-6　购销合同文本

订 购 合 同

甲方:＊＊服装集团公司　合同编号:BT-0804-01-C
乙方:＊＊印染有限公司　签订时间:2008-4-23
现甲方向乙方订购下列产品,具体要求如下:

面料品名	规格	成分	面密度 (g/m²)	幅宽 (cm)	批号	颜色	色号	数量 (kg)	单价	金额	特别要求
单面针织平纹布	18.2tex	100%棉	125~135	160	BT-01	宝蓝	B0404	500			剖幅定形,浆切边
单面针织平纹布	18.2tex	100%棉	125~135	160	BT-02	枣红	R0405	800			剖幅定形,浆切边

(续　表)

面料品名	规格	成分	面密度 (g/m²)	幅宽 (cm)	批号	颜色	色号	数量 (kg)	单价	金额	特别要求
单面针织平纹布	18.2tex	100%棉	125~135	160	BT-03	浅黄	Y0406	1 000			剖幅定形,浆切边
罗纹布	18.2tex 精梳棉 +77dtex (70旦) 氨纶丝	95%棉,5%氨纶	245~255	70 (圆筒)	BT-04	漂白	W0401	500			圆筒定形
罗纹布	18.2tex 精梳棉 +77dtex (70旦) 氨纶丝	95%棉,5%氨纶	245~255	70 (圆筒)	BT-05	粉红	P0402	800			圆筒定形
罗纹布	18.2tex 精梳棉 +77dtex (70旦) 氨纶丝	95%棉,5%氨纶	245~255	70 (圆筒)	BT-06	果绿	G0403	1 000			圆筒定型

来样编号	来样色名	坯布型号 (规格/成分)	耐洗牢度	摩擦牢度 (干/湿)	日晒牢度	升华牢度	耐汗渍牢度	备注
BT-01	宝蓝	纯棉 18.2tex 单面平纹针织布	3	3~4	4	4	3~4	要求测试 pH
BT-02	枣红	纯棉 18.2tex 单面针织平纹布	3	3~4	4	4	3~4	要求测试 pH
BT-03	浅黄	纯棉 18.2tex 单面针织平纹布	4	4	3~4	4	3~4	
BT-04	漂白	精梳 18.2tex 棉 +77dtex(70旦) 氨纶丝罗纹布	4	4	3~4	4	3~4	
BT-05	粉红	精梳 18.2tex 棉 +77dtex(70旦) 氨纶丝罗纹布	4	4	3~4	4	3~4	要求测试 pH
BT-06	果绿	精梳 18.2tex 棉 +77dtex(70旦) 氨纶丝罗纹布	3~4	3~4	3~4	4	3~4	

（续　表）

交易条款：

一、交货时间：2008－5－7之前交付

二、包装要求：按批号分别包装，不可混批号包装

三、质量要求：按 AATCC 标准进行验收

四、按下列质量进行验收：

（1）色牢度要求

（2）强力：顶破强力 450 N/m²

（3）环保要求：符合 Oeko－Tex 100 标准

（4）缩水率：横向±7％，纵向：±7％

三、交（提）货地点及方式：甲方工厂交货。

四、运输及风险承担：乙方应负责到甲方工厂或甲方指定地点的运输及费用，并承担运输过程中的风险。

五、验收标准：由甲方对乙方商品的外观及物理性能进行检验，并出示检验报告单，检验合格后方可入库。检验报告单是乙方货物符合质量要求的表面证据。如甲方在使用乙方商品过程中发现质量问题，可依据本合同采取相应救济方式。检验报告单不能作为乙方抗辩的理由。

六、结算方式及期限：商品经甲方验收并入库后的第二个月 5 日前，乙方填好对账单，并与甲方财务部核对账目。在核对帐目后 60 天内，由需方通知供方前往需方财务部办理结帐手续。当月入库材料，必须当月开出税票。甲方可通过现金、银行承兑或转帐的方式向乙方付款。

七、违约责任：

1. 供方如果不按本合同约定的日期、数量交货的，逾期 4－7 天内，应按照逾期交付的货款总值的 5％向需方支付违约金；逾期 8－14 天交货的，供方应按照货款总值的 10％向需方支付违约金。逾期 15 天（含）以上交货的，需方有权解除本合同，拒收该批货物，供方还应按本合同总价款的 15％向需方承担违约责任。若该违约金不足以弥补需方因此所受损失的，需方仍可向供方追偿。

2. 如甲方采购的材料上带有甲方的商标标识，乙方应严格按照本合同约定的数量向甲方交付材料；未经甲方书面同意，乙方不得私自生产、销售或以其他方式处理带有甲方商标标识的产品。一经发现，甲方有权按本合同总金额的两倍向乙方收取违约金；如该违约金不足以弥补甲方因此而受到的损失，甲方仍有权进行追偿。

八、质量索赔：

需方收到货物后，经检测，如有不符合本合同质量标准的，需方有权退货，并可要求供方 7 天内补交质量合格的货物；如果供方 7 天内不能补足货物，需方有权拒收货物，供方还应按本合同总价款 10％向需方支付违约金。若该违约金不足以弥补需方因此所受损失的，需方仍可向供方追偿。如果需方让步接收，则该批商品只按货值的一定比例付给供方，但最高不超过原货物价值的 90％。

九、本合同附件，由双方签字确认生效，具有与本合同同等法律效力。本合同无效或被解除，不影响本合同争端解决条款的效力。

十、解决合同纠纷方式：本合同未尽事宜由双方协商解决，协商后达成的书面协议作为本合同的组成部分，与本合同具有同等的法律效力。本合同履行过程中产生的纠纷由合同签订地人民法院管辖。

十一、本合同一式二份，双方各执一份，自双方签字并盖章后生效。

甲　方：＊＊服装集团公司	乙　方：＊＊印染有限公司
地　址：＿＿＿＿＿＿＿＿	地　址：＿＿＿＿＿＿＿＿
联系人：＿＿＿＿＿＿＿＿	联系人：＿＿＿＿＿＿＿＿
手　机：＿＿＿＿＿＿＿＿	手　机：＿＿＿＿＿＿＿＿
日　期：2008－4－23	日　期：2008－4－23

2. 正式文本合同包含内容

交易条件：主要包括交易产品的名称、品种、规格、数量、单价、金额、交货时间、交货地点、结算方式、运输方式、保险、违约责任、交易双方代表签字确认等内容。

技术资料：主要包括印染颜色样品、色名、色号、印花图案、颜色数量、质量要求、检验内容及标准等。

作为跟单要注意，通常合同文本必须是原件且至少一式两份，甲乙双方各保存一份作为合同执行的依据。有时对于长期合作的稳定客户，有非常紧急的订单时，也可以通过传真或其他方式将合同文本传送给对方，并以此作为确认交易的凭证和依据以使印染加工尽快进行，为尽早完成订单争取时间。

（二）非正式文本合同订单

非正式文本合同与正式文本合同区别之处在于其表达方式不同。客户的订购（加工）合同不是用双方签署的正式文本合同格式，通常是客户单方面提出的订单（或加工单），采用传真、电子邮件或电话的方式表达其订购（加工）意向，也可称这种形式为客户下单。

采用非正式文本合同确定的订单，通常是在双方建立起的长期合作基础上所采用的方式。对于老客户的订单、客户追加的订单、来料加工订单、紧急订单等，经常采用非正式文本合同方式进行下单。这也说明，客户与生产企业之间形成长期稳定的合作关系，彼此之间建立起良好的信誉和融洽的合作模式，订单运行配合默契。

客户在采用这种方式下订单时，通常只列明所需产品的种类、规格、数量、交货期等内容，而对于费用金额、单价等关键内容，并未列出，尤其是对于追加的订单或特别紧急的订单，更加简明扼要（表 2-7）。

对于非正式文本合同的订单跟单要点如下：

① 对于染色颜色较多、印花品种较多的订单，跟单员应及时与客户联系沟通，落实客户所需要表达的含义，避免产生误解而造成损失。在客户最终确认无误后方可执行。

② 有时在特别紧急情况下，客户用手写笺的形式进行下单。生产企业可以先安排生产，同时跟单员应尽快与客户取得联系，以使其出具一份较正式的订单文本作为依据，以避免日后的纠纷。

③ 长期合作的客户，有时也采用电话下单的方式，这类情况经常出现。作为生产企业应处理好与客户的关系，不可盲目安排生产，可以先做一些必要的准备工作（如了解生产原料的情况及生产安排情况）。处理这类事情，跟单员应积极主动，及时与客户取得联系，争取客户提供准确完整的文字形式的订单，并以此作为执行订单的依据，保证双方的利益。

客户的订单无论是采用何种形式，跟单员均应安全妥善地保存，通常应复制订单的复本用于跟单过程，特别是随同订单的技术资料附件，如色板、花型图案资料、标准样板等更要安全妥善存放，样品一定要避免变色、损坏而失去样板的作用。这些技术资料在整个订单实施过程的跟单工作中经常使用，最好将这些资料复制多份复本用于跟单工作，以保证原件的标准性。

表 2-7 卖布单

头缸日期：　　年　　月　　日

客户名称：＊＊制衣有限公司 BUYER：Tommy Hilfiger　　交货日期：2008 年 04 月 10 日
生产单号：KH0801610　　染厂名称：※ ※印染厂　　发单日期：2008 年 03 月 06 日

		织厂名称	针/英寸	边至边门幅		实用门幅及克重	
布类 A	26S/2(夹纱)JC 自动间平纹	鸿兴				56″ 235 g/m²	
布类 B	26S/2(夹纱)JC 净色色纱平纹	鸿兴				74″ 235 g/m²	
布类 C	20S/1×3JC 横间扁机袖	鸿兴					
颜色及色号		布类 A	布类 B	32″×1～1/2″		总计	实磅
花灰 HAL680/B 米白 GreyHeather/Starfish/W0001		665				665	
褐色/B 天蓝 KensingtonBrown/Raindrop/W0001		555				555	
宝蓝/B 深宝蓝 Versaille Blue/Midnight/W0001		705				705	

（续　表）

宝蓝 Midnight WW00001		35		35	
红 Prue Red WW0001		35		35	
灰 HAL680 Grey Heather WW0001		35		35	
花灰 HAL680/B深宝蓝 Grey Heather/Midnight W0001		60 打			
褐色/B深宝蓝 Kensington Brown/MidnightW0001		59 打			
宝蓝/B深宝蓝 Versaille Blue/Midnight/W0001		70 打			
总计	1 925	105			2 030

染厂备注:落缸洗水小心,固色牢度要好,手感要软,客户要求斜度要好,大货定形斜度要小,扭度可接受5%内,此单客成衣普洗,A布洗后总循环:1R=3″。A布<褐色/天蓝组>抽 KH0701443 单成品布 80 磅,<宝蓝/深宝蓝组>抽 68 磅。

织厂备注:织法/间距及颜色排列跟 KH07011443 批,A布平均间(A=1−1/2′,B=1−1/2′)。横机圆筒位控制 3～4 毛口,要有弹性,织结较深。

基本加工说明 英文布名	A:W:7　L:7　N:5　制软　剪须　后整定形　成衣洗水　入双胶袋 英文布名:100% Cotton 26S/2 Jersey Auto Stripe
	B:W:7　L:7　N:5　制软　后整定型　成衣洗水　入双胶袋 英文布名:100% Cotton 26S/2 Jersey
	C:W:L:N:制软　拆领　成衣洗水　入双胶袋 英文布名:100% Cotton 20S/1×3 Flat Knit

送货地址:＊＊制衣厂	
客户 PO 编码及款号:FAB−0356/08 Liberty Stp Plol ss Fa'08	
印染加工费 A:	可接受走货比例(%):+5.00−5.00

二、订单评审的操作及结果

客户与生产企业之间经过商务谈判而签订的正式文本合同,在谈判过程中,实际上已完成了对订单的评审工作(图 2-3),以确定订单实施的可能性。

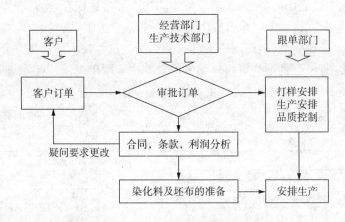

图 2-3　订单审核流程图

1. 订单评审的操作

订单评审由生产企业的经营部门及生产技术部门联合负责实施。审单过程中发现有疑问或无法实现的条款,需及时与客户沟通修改,同时应进行利润分析,最终确定是否实施。审单的目的主要如下:

① 评审订单执行的可能性。充分了解和预测实施过程中可能出现的困难并准备好应急措施;

② 分析订单所带来的短期效益和长远效益,同时也要充分考虑其中的风险;

③ 判断企业的生产能力、生产进程以及技术水平,可否能够保证完成订单;

④ 确定是否有足够的生产加工时间,在要求的交货期内完成订单;

⑤ 确定是否需要寻求协助单位进行外发加工,并且可以保证质量和交货期;

⑥ 确定是否需要与客户沟通,对订单中某些不合理的部分进行修改,如需修改应通知客户并得到确认。

2. 订单的评审结果

订单评审的结果,通常有下列三种情况:

① 可能实施的订单,要及时安排生产实施,并保证如期交付;

② 无法执行的订单,应及时通知客户,并解释其中的原因,避免产生误会,争取客户的谅解;

③ 需要做必要修订后可以实施的订单,应及时与客户协商,并提出修订后的建议,修订的内容必须得到客户的确认,直到对方均接受并认可后方可实施。

任务二　订单评审的内容及注意事项

订单评审的内容包括:产品品种及品质规格、价格、数量、交货期、付款方式、技术要求、附件和、其他条款等。

一、产品品种及品质规格

产品品种通常是指印染产品的织物组织结构、颜色、花型图案、规格、成分等内容。评审时要注意以下几方面:

① 内容是否明确、具体,避免空泛、笼统的规定。例如一般情况下,机织面料的名称用"材料＋名称"的方式表示,机织面料有许多传统的名称,如府绸(Poplin)、真丝斜纹绸(Silk Twill)、纯毛华达呢(Pure Wool Gabardine)等。在进出口交易中,尤其是在进口服装面料时,应尽可能地引用生产商的货号,如 Cotton Pooling Art. No. 1234。如果进出口双方对于这个货号下面料某些规格指标的含义具有共识,那么引用了货号后这些规格指标可以不再描述;

② 确认订单的交易方式;

③ 了解坯布原料的成分;

④ 印染企业本身的技术条件(工艺、设备条件)能否达到客户的质量要求;

⑤ 特殊织物组织结构的产品,应注意印染加工过程中工艺的合理性,尤其是需要特殊整理的产品,要考虑设备能力和可实现生产加工的可能性。

二、价格

价格审定应从以下几方面进行:

① 订单所列价格的含义,是否包括其他费用(如:运输、包装、保险等),合同中是否有明确的约定;

② 价格是否合理,是否达到交易双方的满意;

③ 价格和总金额的计算是否有误,结算用货币的种类是否有明确的说明,同一订单应采用同一币种进行计算。

三、数量

跟单员首先要审查自己企业是否能生产和提供合同中规定的货物数量,其次要审查合同中数量条款的规定是否合理。货物买卖合同中的数量条款包括数量和计量单位量部分内容。

1. 纺织品数量的计量

在纺织品国际贸易中，由于商品种类和特性的不同，计量方法和计量单位也多种多样。常见的有：①按重量（Weight）计量（针织物的计量）；②长度（Length）计量（机织物的计量）；③面积（Area）计量（地毯、皮革的计量）。

2. 纺织品重量的计量

在纺织贸易中，按重量计量的商品很多。根据一般商业习惯，重量的计算方法有下列几种：

① 按毛重计算：毛重是指商品本身的重量加包装物的重量。这种计重办法一般适用于低值商品。

② 按净重计算：净重是指商品本身的重量，即毛重减去包装物后的商品实际重量。在国际贸易中，以重量计算的商品，大部分都是按照净重计算的。

③ 按公量计算：公量是指用科学的方法抽去商品中的水分，再加上标准水分所求得的重量。有些商品，如棉花、羊毛、生丝等有较强的吸湿性，其所含的水分受客观环境的影响较大，故其重量很不稳定。为了准确计算这类商品的重量，国际上通常采用按公量计算的办法，计算公式如下：

$$公量＝干重＋标准含水量$$
$$＝干重×(1＋标准回潮率)$$
$$＝实际重量(1＋标准回潮率)/(1＋实际回潮率)$$

其中：实际回潮率＝实际含水量/干量。

3. 起订量

订购（或加工）数量的大小，对生产时间安排和生产效率有较大的影响。通常颜色少、印花花型少而数量较大的品种，生产排期容易、生产效率高，而颜色花型多、每一种颜色（花型）数量较少的订单，生产排期繁杂，生产效率低，速度慢。

因此审单时应注意以下几方面：

① 单一品种或单一颜色（花型）的订货数量是否达到起订生产量；

② 订单中的品种、颜色、花样较多而订量较少时，会严重影响生产效率和交货时间，因此要注意生产排期，应预先与客户充分沟通，争取充裕的生产时间，以免造成因推迟交货招致的损失；

③ 通常生产印花产品时，无论数量的多少，都有一定的制版费用，对此特殊情况，事先应与客户充分沟通商讨，达成明确的协议（如：可以要求客户担负网版费或适当提高价格等）。

四、交货期

交货期是订单完成并交付的最后期限，如果不能按期交货，会带来严重的后果，使企业遭受经济损失，因此审单时应注意以下几点：

① 交货期限要合理，大宗订单采用分期交付的方式；

② 在订单中应做出明确的规定，打样批复时间和生产加工时间及产品检测时间；

③ 对于特殊产品需要一定的时间进行开发、试制，因此对于特殊产品的生产加工，一定要争取充裕的时间，要求客户适当延长交货期；

④ 交货日期的确定，应尽量避开节假日。通常在交货的同时，有一个货物交接签收查验

等办理手续过程。因此应在订单中做出明确的说明和规定,以避免出现误解;

⑤ 来料加工的订单还需明确规定坯布到厂期限及首批、尾批到厂时间,首批坯布到厂时间应安排在大货生产前,并应预留充分时间进行坯布检验;

五、付款方式

跟单员应主要审查客户所提出的付款方式是否能尽可能地保证货款的顺利(安全、及时)收回、企业是否可以接受。如果接到企业不能接受的付款方式,应尽快与客户联系,并协商确定出企业可以接受的付款方式。在支付条款中要明确规定结算方式,是汇付、托收、信用证还是某几种的结合方式等。

六、技术要求

订单中的技术要求部分,是对产品质量做出的明确说明,包括质量标准和验收标准,审单时应注意以下几点:

① 要结合现有的技术水平和技术储备状况,合理地规定技术要求;

② 特殊的产品,双方应协商确定可行的标准作为产品验收的依据;

③ 当某些对印染专业技术知识缺乏了解的客户提出一些无法实现或超常规的不合理要求时,应及时与客户沟通并耐心解释,消除误解,并使其更改;

④ 技术要求应明确规定所执行的技术标准,内销产品应以国家标准为依据,外销产品应说明使用标准的类别,无标准可依时,双方应协商制定可行的企业标准,作为针对某一产品品种的执行技术标准。

七、附件

附件通常是客户针对订单所提供的技术资料。附件通常包括标准色样、花型图案、成品面料样品、特别说明的技术要求等。

审核附件时要注意以下几点:

① 要核对附件与订单明细表中的品种是否对应,尤其是颜色、花型的名称、标志、编号是否一致,出现错误或不相符的标志应及时咨询客户更正或确认;

② 客户提供的附件是否全面,尤其是颜色、花型图案的样板数量应与订单要求的品种数量相一致,如有缺失,应要求客户及时补充;

③ 附件的准确性要进行确认,特别是色样、花型图案是否准确,有无污浊、陈旧、变色等情况,客户的保留样品与提供的样品是否一致。因此在评审附件时,应与客户逐一核对,以避免出现误差,造成不必要的损失;

④ 附件应妥善保管,色样和花型样板在生产加工过程中会经常使用,应采取措施,防止样品变色、污浊从而失去标准性。

八、其他条款

主要是指订单中双方约定的交货地点、结算方式、运输包装、违约责任等条款,其要求为:

① 交货地点要明确;

② 结算方式应明确规定结算的时间、币种和方式;

③ 违约责任是规定双方因不能正常履约而所应担负的责任。应具体说明和界定双方的责任,避免以后的纠纷;

④ 运输包装条款,应具体说明运输包装的方式,以保证产品的安全。包装方式尤其重要,应既要方便搬运和装卸,又可起到保护产品的作用。

>>>> 项目四　原料跟进 <<<<

印染生产加工的原料就是坯布,无论是客户来料加工还是生产销售,均要保证坯布的及时供应,跟单员接到订单后,首先要跟进坯布的进度,安排坯布收取,核对坯布到厂数量,到厂后的坯布及时投入加工生产,从而为印染生产加工做好前期准备工作。

任务一　坯布采购跟单

一、坯布采购跟单内容

坯布采购跟单主要包括制作采购订单、选择供应商、签订采购合同、采购合同跟踪、原料检验、原料接收、付款操作、供应评估等几方面的内容。在此过程中的具体跟单操作应从以下几个方面展开。

1. 制定采购计划

跟单员接到订单后,首先要跟进坯布的情况。详细计算坯布用量,跟进坯布到货进度坯布使用量应根据客户订单要求分品种详细计算,将同一订单的不同品种的坯布用量计算出来,将不同订单相同品种坯布数量累加,可得出某一品种坯布的总用量,在计算用量时要认真仔细,特别是要考虑生产工艺不同所产生的损耗不同,应分别计算才能得出准确数据,避免出现因计算不准而造成坯布不足或超出的情况。根据坯布需求量尽快制定坯布购买计划,对坯布到货的进度进行规划,这是因为坯布到货的进度直接影响到印染加工的时间安排,进而影响成品的交付期。因此在跟进坯布进度时应尽量提前,以留有足够的时间保证印染生产。对于交货期紧急的订单,要特别跟进坯布的进度,定时督促、催问供应商以使坯布能够尽快到货。

2. 选择坯布供应商

生产跟单员要做好坯布购买跟单工作,首先需进行坯布供应商的选择工作。合适的坯布供应商能提供合适质量、足够数量、合理价格的坯布产品,并能准时地交货以及提供良好的售后服务。

3. 签订采购合同及坯布进度的跟进

联系坯布供应厂商,落实坯布供应计划订单确定实施后,跟单员应立即着手跟进坯布的到货进程。

(1) 来料加工坯布到货进度的跟进　通常对于来料加工订单,客户会安排坯布供应的事宜,但有时具体的操作,需由跟单员协助完成。客户会将坯布供应计划安排资料交给跟单员,由跟单员具体跟进。

(2) 采购坯布到货进度跟进　对于生产销售的订单,跟单员要与坯布供应商进行协调,具体跟进和了解掌握坯布的生产供应进度。跟单员应建立坯布跟进联系资料档案,便于催问、了解、跟进坯布供应事宜,制定坯布供应计划,使坯布到货后,有人管理,存放安全。跟单员可采用表格形式,将坯布供应商的有关资料列入其中方便查阅、联系、沟通,从而提高工作效率,可参考表格式填制,报送有关主管人员,并坯布供应计划可采用表提前通知坯布仓库管理人员,使其做好接收存放坯布的准备工作。

跟单员可采用坯布进度表的形式,随时了解掌握坯布到货进度,通过表格的形式,反映出坯布的的供货信息,方便于快捷查询和发现异常情况,提高跟单的工作效率。

(3)及时跟进坯布的供应进度 坯布供应商交付坯布的进度延误有多方面的原因,作为跟单员应及时跟进,保持经常联络,按计划进行有效的督促、催问。坯布供应计划及订购单下达后,跟单员应定期定时了解坯布的生产进度,如果是客户来坯加工的订单,应及时通报给客户,要求客户尽快解决坯布的供应问题。定时了解、记录坯布的到厂情况,按原生产计划和坯布供应进度,核查坯布的供应量。通常在制定坯布供应计划时,其供应速度应大于印染生产的速度,以保持有一定的坯布储备量,不会导致印染生产进度的延误。

了解造成坯布延迟交付的原因,如有必要可直接到供应商处了解情况,催办交付。如果确因供应商生产能力有限而无法按计划交付坯布时,应及时调整供应渠道,寻求其他的坯布供应商,力求补回延误的时间。坯布订购数量较大时,应寻求多个供应商同时供应坯布,以保证坯布供应量的正常。但应注意同一个品种的坯布尽量安排同一个供应商生产,以使坯布的质量、规格保持稳定。如果多个供应商同时供应同一个品种的坯布,印染生产时要分批次进行管理和使用,禁止混批使用,避免成品规格和质量的差异。

【例】 备坯订单

致＊＊＊公司:
　　为确保我司大货面料能够及时满足成衣生产需求,现要求贵公司提前预备以下坯布:

预胚厂家	编号	主身面料名称	规格	成份	备坯数量(t)
＊＊＊＊	K0046	全棉鱼鳞双卫衣	70″＊320g/m²	100％COTTON	25
＊＊＊＊	K0221	全棉珠地布	70″＊195g/m²	100％COTTON	10

1. 交期要求:7月20日前完成;
2. 品质要求:按＊＊服装公司针织面料质量检测标准;
3. 质地风格要求:按＊＊服装公司开发正式核可样标准;
4. ＊＊服装公司保证以上备坯面料有100％的坯布使用量;
注:贵公司如未能在要求交期内完成或坯布品质不能满足面料成品质量需求,我公司将不对此备坯布订单负责。

＊＊服装公司

4. 坯布的检验

为了加强坯布品质控制,在染色之前对坯布品质进行抽检是非常必要的。通过抽检可以对布品质有一个大概的了解。如果抽检时发现坯布品质存在大量问题,必须和纺织厂及时取得联系找到解决问题的方法并寻求补救措施,否则就无法保证产品交货期。为了提高检验效率,以匹为单位,坯布抽检的数量可以控制在5％以内,即100匹织物抽检5匹以下。如果抽检的5匹当中有4匹合格,就可基本判定该批号坯布质量合格。如果5匹中有3匹合格,就必须再抽检5匹。再次抽检的5匹中有4匹合格,则视为整批合格。5匹中有3匹合格则视为整批不合格。抽检的内容主要包括坯布门幅、坯布密度、坯布厚度、坯布长度、原料质量、织造质量和色装质量等诸方面。

为了加强坯布品质检验,可采取染整加工20 m样布的检验方式,充分检验坯布质量。20 m样布染整检验时可采取带入到其他在线加工的染色产品中一起加工的方式进行,这样的加工方法叫做带样。带样的颜色以中浅色为主,带样产品的检验必须在定型以后进行。这样才能全面地检验坯布的各种质量指标。

5. 协助运输部门,坯布接收的跟进

首先跟单员要与客户或坯布生产商联系,了解每天的坯布生产量及需要收取的数量。通常跟单员可以要求客户或坯布生产商定时(1~2天)提供文字性的收坯布通知,作为收取坯布的凭证。通知时中应列有单号、坯布品种、规格、数量、收取地点等资料,以便于安排运输工具和时间顺序。对于长期稳定的客户(或坯布供应商),可以事先安排好顺序,定时上门收取(表2-8)。

其次,跟单员在掌握坯布进度的基础上,应根据印染加工进度分出先后顺序,协同运输部门合理安排运输收取工作。原则上交货期紧急的订单应优先收取,计算每天的应收取量,合理选择恰当的运输工具(运输能力),尽量避免运输工具(车辆)空驶空载现象,科学安排运输线路和先后顺序,避免无故增加行程,以达到尽量降低运输成本的目的。特殊情况下(如遇有特别紧急的订单),可临时增加运输能力以使坯布尽快到厂,保证印染加工的生产时间(表2-9)。

跟单员应在当天安排好第二天的运输工作,并开列出坯布收取通知单,交运输部门实施。通知单中应列明客户、单号、收坯地点、坯布品种、数量等内容。运输部门应按照通知单的要求执行,避免出现因错收坯布而影响印染进程的情况。

6. 跟进坯布进度

坯布到厂的进度是影响印染生产进度的关键因素。对于订货数量大的订单,坯布用量较大,坯布供应往往是分批到厂。通常坯布第一批次到厂后,应立即投入印染生产。为保证生产的连续性,坯布分批次到厂的速度应比印染生产的速度快,而且时间要提前。因此坯布进度的掌握是跟单员必须重视的工作。

坯布的入库情况,应由仓库管理人员定时报出入库报表,以使跟单员随时了解坯布进程,合理安排印染计划。跟单员应根据入坯报表,填制坯布进度表,以提高跟单工作效率。坯布入库报表格式参见表。

随同坯布入库报表,仓库管理员应附有坯布明细单(俗称细码单)的副本。坯布明细单通常是由各个不同的坯布生产厂商提供的,其格式肯定不统一,但其中的内容应包括客户、单号、品种、规格、成分、数量、生产批次等,这其中"生产批次"是一个非常重要的信息。跟单员安排印染缸次时应特别注意,应尽量安排批次同一。

每个订单的坯布进度表,跟单员可以要求坯布生产商提供,也可以根据每天的坯布入库报表和坯布供应计划表了解坯布供应进度。

表2-8 坯布供应计划表

客户	单号	品种及规格	价格	成品数量	订货时间	规定时间	坯布交付进度						检测、生产出现的问题及原因
							时间	数量	时间	数量	时间	数量	
							年月日		年月日		年月日		
							年月日		年月日		年月日		
							年月日		年月日		年月日		

表 2-9　坏布收取通知单

请于　年　月　日　到下述地点收取坏布							
客户	单号	坏布品种	坏布规格	预计数量	收取数量	收取地点	备注
合计							

主管：　　　　　　　　　跟单：　　　　　　　　　收取人：

7. 科学调用坏布投入印染生产

坏布管理应以仓库为主,跟单员因安排印染生产而调用坏布,应经过仓库办理必要的手续方可调用。未安排印染加工的坏布,不可随意调入生产车间,应暂存在仓库,以保证安全,尤其是对客户来料加工的坏布,属客户的财产,需更加注意安全保管,避免因人为的管理失误造成丢失或损坏。

8. 供应商评估

根据坏布购买计划及坏布接收通知,评估供应商运行过程中的技术、质量、货期、服务,由此确定供应商的整体素质,从而保护有价值的制造商且持续合作,促使不理想的供应商做出改善,淘汰不合格的供应商,以保证公司的品牌价值得到稳定且升值的实现。

跟单员按订单号收集相关资料,如成品入库凭证、质量检查报告、订单汇总表、生产逾期统计分析表、服装成品入库及抽检情况表、内部联络单等资料文件,采用逐单评价方式,评估各项指标(技术、产能、进度、异常处理、质量合格率、货期准时率、配合力度)等,如合格则评定级别;如不合格则放弃;如有改善空间,则要求其做出改进。要求改善的供应商跟单员报生产部经理审批,按公司的标准,向表现欠佳的供应商发出通知,要求供应商按照公司的要求做出相关改进,并在接到改善通知 1 周内提供改善报告,跟单员对供应商的改善做出评估,判定是否符合公司要求。如不符合要求,则放弃。最后由跟单组长评定供应商级别,报生产部经理审批(表 2-10 至表 2-13)。

表 2-10　坏布供应商交货考核表

交货期情况	扣分标准	总分数(月度或季度)
交货期延迟 3 天以内	每延迟一天扣 1 分	
交货期延迟 5 天以内	每延迟一天扣 2 分	100
交货期延迟 5 天以上	每延迟一天扣 3 分	
实际交货延迟____天	扣分:　　分	得分:　　分

表 2-11 坯布供应商表现考核评分表

部门：＿＿＿＿＿＿＿＿			编　号：＿＿＿＿＿＿	
坯布供应企业：＿＿＿＿＿＿＿＿			坯布供应商编号：＿＿＿＿＿＿	
供应商品：				

序号	坯布供应商交货期表现			坯布供应商交货质量表现
	计划交货日期	实际交货日期	扣分	
1				□合格接收　□让步接收　□批退拒收
2				□合格接收　□让步接收　□批退拒收
3				□合格接收　□让步接收　□批退拒收
4				□合格接收　□让步接收　□批退拒收
5				□合格接收　□让步接收　□批退拒收
6				□合格接收　□让步接收　□批退拒收
7				□合格接收　□让步接收　□批退拒收
合计	累计扣分：			一次检验合格率＝（累计合格接收批次/合计交货批次）×100％

交货期表现分数＝100－累计扣分＝　　　（分）

交货质量分数＝（一次检验合格率×200）－100＝　　　（分）

综合表现分数＝交货期表现分数×40％＋交货质量分数×60％＝　　　（分）

跟单员		日期	

表 2-12 坯布供应商考核评分明细

坯布厂商类别	坯布工厂			交货准时率（占40％）		退货率（占30％）		坯布检测（占10％）		配合度（20％）		坯布生产难度系数（附加5分）	
	供应商	总评分	排名	准时交货率	评分A	退货率	评分B	坯布检测合格率	评分C	异常处理及配合度15％	整体配合度5％	加分值	加分项目

表 2-13 坯布供应商分级管理表

综合分数	评价	级别	措　施
＞95	优秀	A	与可靠的坯布供应商来往,建立长期伙伴关系,必要时可在价格、付款等方面采取优惠政策
85～95	优良		
75～84	良好	B	督导改善,限量采购
60～74	及格	C	督导改善,改善前仅在紧急采购时采用,选择后备坯布供应商
＜60	差	D	取消坯布供应商资格,选择新的坯布供应商

考核评审结果：

1. 对定为 A. B. C. 级的坯布供应商继续采用,保留合格坯布供应商资格

2. 对 B. C 级坯布供应商,采购主管及质检部主管共同负责对其提出改善要求,并督导及追踪,查核

3. 对 D 及、级坯布供应商,取消合格坯布供应商资格,由坯布供应商评审委员会负责将其从"合格坯布供应商资格"中删除

4. 对多次要求改善而没回复,没行动的坯布供应商,坯布供应商评审委员会可考虑取消其合格坯布供应商资格

跟单员：	日期：

二、坯布的使用

1. 坯布信息统计

坯布是印染生产的主要原料，其供应、使用、库存情况是保证印染生产能否正常进行的重要信息。坯布信息的统计是否及时准确，是跟单人员在订单的执行和实施过程中重要的信息保证。通过信息的统计整理，可使跟单人员便于随时查阅，及时跟进坯布的订购（或来坯加工）、调用、库存信息，以确保印染订单所需坯布能够及时供应，使订单的实施顺利进行。

坯布的信息统计工作一定要严谨认真，以保证数据的准确及时，坯布台账、库存、使用记录应与各订单的坯布配缸明细表、出入库单等资料吻合，账目与实物相吻合，避免出现错漏。坯布信息可以通过统计整理坯布管理台账的数据，定期（通常是每月一次）对坯布进行盘存，以反映坯布使用情况记录，从而及时准确把握坯布的使用信息（表2－14和表2－15）。

（1）坯布的日常管理信息 坯布的日常管理信息的统计通常是利用进、销、存台账，即利用统一格式的账本进行登记。登记的内容包括品种、规格、购进时间、出库时间、出库数量、单价、余额等。坯布台账是坯布使用管理的基础信息。

（2）坯布的盘存 坯布的盘存是对坯布仓库中的存储数量进行统计和清点，目的是统计分析坯布的使用和备存的情况。印染生产加工企业坯布分为两大类：一类是用于成品销售订单企业自己购买的作为印染生产原料的坯布，通过盘存可以为坯布的订购决策提供依据，使主管人员及时调整坯布的储备数量和品种，以适应市场的变化；另一类是用于来料加工订单客户提供的坯布，是属于客户的财产，通过盘存可以更好地为客户管理好财产，提供更多的优质服务，取得客户更大的信赖程度，达到维持客户的目的，提高企业的竞争力。因此进行坯布盘存时，应分成两类分别盘存，分别填制盘存表，不可相互混淆。

坯布盘存通常是按月份进行，每月的固定时间进行盘存，做好盘存报表，以方便企业财务部门的统一结算工作（表2－16）。对客户的坯布盘存报表应定期报送给客户，以使客户了解掌握现存坯布的状况，方便客户决策存坯的使用方向。

盘存表与坯布台账应该是相互吻合的，即坯布台账中记录的坯布进、销、存，尤其是结存数，应与盘存表中的库存数相符合的。如果出现不符情况应及时查找原因，弄清坯布的去向，以免造成损失。

表2－14　坯布使用记录报表

日期	坯布品种	坯布规格	坯布批号	供应商	库存数量	使用情况记录								使用数量	结余数量	备注
						单号	用量	单号	用量	单号	用量	单号	用量			

制表：　　　　　　　　　　　　　　　　　　　　　　　　　跟单员：

注：表格中的"库存数量"是指上一次报表中的"结余数量"是下一次的报表的"库存数量"。

表 2-15　坯布进仓库报表

客户	单号	坯布品种	坯布规格	计划数量	累计入库的数量	差数	存放地	入库日期	备注

仓库管理：　　　　　　　　　　　　　　　　　　　　　　　　　跟单：

表 2-16　坯布(客户坯布)数量盘存表

填报日期:截止　　年　　月　　日

坯布品种	规格	批号	供应商	曾用过的订单号	结存数量		存放地	备注
					匹数	数量		
合计								

盘存：　　　　　　制表：　　　　　　仓管：　　　　　　跟单：

2. 科学调用坯布投入印染生产

坯布管理应以仓库为主，跟单员因安排印染生产而调用坯布,应经过仓库办理必要的手续方可调用。未安排印染加工的坯布不可随意调入生产车间,应暂存在仓库以保证安全。尤其是客户来料加工的坯布属客户财产,需更加注意安全保管,避免因人为的管理失误造成丢失或损坏。

登记以先进先出为原则,即先收进的坯布优先安排使用,尽量避免长时间的存放。尤其是天然纤维成分的坯布(如棉、毛类)对环境比较敏感,温、湿度的变化往往会对坯布质量产生影响,进而影响印染质量。所以应分批使用,避免混批。

不同批次的纱线原料在织造时应分批使用,生产出的坯布应做出明确的标志,特别是化纤类坯布批差较大,应严格禁止混批情况。坯布混批染色会出现染色色差的问题,特别是化纤类产品,因批差问题造成的染色色差会更加严重。即使是客户的同一订单、同一坯布品种,而不同供应商生产的坯布也应严格区分,从坯布织造至验收入库,应建立科学的制度,避免出现混批情况,特别是仓库管理中,要严格区分、分别存放、标志明显,在坯布收取、入库环节及装卸、清点、搬运、存放等操作过程中,要严格把关。跟单员在安排印染生产缸次(批次)时,要注意坯布的批次问题,根据坯布明细单,分清坯布的批次、供应商、到厂时间,保证同缸染色的坯布是一个批次,杜绝人为造成同缸色差的情况。有时为了赶交货期,将收取回来的坯布直接调入生产车间而没有存入仓库,此时跟单员应与仓库管理人员密切协调配合,及时快速办理有关的坯布调用交接手续,填制必要的单证,完成管理程序。

3. 利用好库存坯布

印染企业无论是生产销售还是客户来料加工,都会有部分的坯布的结余,如何利用这些剩余的坯布,跟单员可按下列原则处理:随时掌握库存坯布的情况。可将定期盘存记录和坯布使用记录进行整理,便于随时查阅。跟单员安排印染生产前应认真分析订单中所列的品种和数量,排缸前先查看库存记录,如果有合适的库存坯布应充分利用,以达到减少库存的目的。

建立详细的库存坯布质量资料档案,有些库存坯布有可能是在当时因不符合质量要求而存留下来的,而对某些订单中质量要求不高能达标的坯布可以利用。因此跟单员接单后要分析订单,充分了解客户的质量要求,根据库存坯布的质量情况有选择地加以利用。

常规品种的库存坯布,其利用价值较高;而某些特殊品种的坯布,因订单量较少,有可能造成存放时间过长而不能利用,造成资金的积压和损失。因此在坯布的采购环节要计算准确、合理订购,用量和采购量要相符,不可盲目地大量订购和储存特殊的坯布品种,以免造成库存积压。还可适当增加成品的交付数量。通常客户的订货数量允许有一定数量偏差,尤其是用于服装生产的订单,往往要求成品交付数量应稍多于订数。

三、原料跟单的要点

1. 事前规划

① 确定交货日期及数量;

② 了解供货商生产设备利用率;

③ 供应商提供生产计划表或交货日程表;

④ 提升供应商的原料及生产管理效率;

⑤ 准备替代来源。

2. 事中执行

① 了解供应商备料情况;

② 企业提供必要材料或技术支援;

③ 了解供应商生产效率;

④ 企业加强交货前的稽催工作;

⑤ 交货期及数量变更的通知;

⑥ 企业尽量减少规格变更。

3. 事后考核

① 对交货延迟的原因分析和对策;

② 分析是否必须转移订单,更换供应商;

③ 执行供应商的奖惩办法;

④ 完成交易后剩料等的收回。

四、物料进度落后的对策

物料进度落后时,会影响生产计划的排期,此时应采取以下措施:

① 与供应商协调,并得到确定的进货时间;

② 通知物料控制人员,告知准确的进货时间;

③ 与技术和物料人员进行协商,有无替代品;

④ 在必要时间变更生产计划。

五、物控中常用的措施

① 罚款;

② 住厂跟踪;

③ 调整供货份额;

④ 激励法。

六、有效处理异常物料

① 退货处理；

② 申请特采；

③ 挑选使用；

④ 加工使用；

⑤ 现况使用；

⑥ 要求紧急放行。

任务二 供应商资质调查

一、坯布供应商调查

为了做好坯布供应的管理,生产跟单员应先进行坯布供应商的调查和选择工作。坯布供应商调查是坯布购买工作的第一步。生产跟单员对坯布供应商了解越多,越有利于跟单工作的顺利进行。

第一,坯布供应商调查的内容主要包括:企业管理水平、专业技术能力及水平、机器设备情况、材料供应状况、质量控制体系及能力、财务及信用状况及管理规范制度等。

第二,坯布供应商调查的方法可以采取发放问卷、面谈、要求坯布供应商提供相关资料、对坯布供应商工厂进行实地考察等方式。在实际操作中,往往把这些方法结合起来使用。

1. 问卷调查法

在设计调查问卷表时,跟单员应注意设计的问题的相关性、问题的形式、问题的用词表达和问题的次序等。表2-17为某纺织集团公司坯布供应商调查问卷表,仅供跟单员调查研究过程中参考。

表2-17 坯布供应商基本情况调查表

	公司全称			创建时间		
	联系人			企业性质		
	资本结构	注册资本: 万元		万元 流动资金:		万元
认证情况	认证种类		证件名称		发证机关	获证时间
	管理体系					
	产品					
人力资源情况	专业人员总数			人	技术人员总数	人
	专业人员学历结构	博士:	人,硕士:	人,本科:	人,专科:	人
	从事质量管理专业(管理)人员			人	从事质量控制员工	人
主要产品情况	产品名称	生产能力		产品名称		生产能力
主要供应商情况	原料名称			供应商名称		
	棉纱					
	合成纤维					
	助剂					

（续　表）

新产品开发能力：	□ 能自行设计开发新产品		□不能自行设计开发	
供应商付款资料：				
供应商全称		开户银行		
帐号		税号		
地址		电话		

我公司保证以上内容的正确性，并对由此产生的后果负责。
供应商负责人确认：　　　　　　　　　　　　　　　　　　年 月 日

生产部意见：　　　　　　　　　　　　　　　　　　　　　年 月 日

产品部意见：　　　　　　　　年 月 日	公司审批意见：　　　　　　　　年 月 日

A. 工厂资料

工厂		地址	
城市		省份	
联系人		职位	
电话		传真	
建厂时间		手机	
最近的港口/机场			
工厂性质	□ 100%自营　　　□ 合股_____ %　　　□ 无投资		
工厂是否有合作加工厂	□ 有 □ 无　　　如有：请列出加工厂资料		

加工厂名称	地址	加工类别	机器数量	月产能力
1.				
2.				

B. 客户资料

客户(合作品牌)	年限	现在是否合作	客户(合作品牌)	年限	现在是否合作
	___年	□ 是 □ 否		___年	□ 是 □ 否
	___年	□ 是 □ 否		___年	□ 是 □ 否
	___年	□ 是 □ 否		___年	□ 是 □ 否

C. 工厂建筑资料

工厂建筑面积	平方米	原料仓库面积	平方米
产品检验面积	平方米	车间面积	平方米
成品仓库面积	平方米	织机机台	台
生产线	条	生产能力	万米/月

D. 生产能力(技术能力)

织机	□ 喷气织机　□ 喷水织机　□ 自动化　软件类型			
工厂基本设备(类别)			数量	使用时间
				年
				年
				年
特殊机器	品牌	数量	生产能力	特殊机器　品牌　数量　生产能力

请附上如下资料(电子档、扫描件)：工商营业执照、税务登记证(国税、地税)、企业代码证、

61

一般纳税人资格证、银行开户证明和供应商(工厂)照片 4～6 张(分别从公司展厅、办公室、工厂外景和各车间的情况分别提供有特点的照片备存)。

2. 实地考察法

生产跟单员在实地考察时主要通过"望"、"闻"、"问"、"阅"等方法获取相关资料和信息,需收集和观察的信息主要包括:设施和关键设备的使用年限、研发系统及设施、员工水平和经验、技术流程与控制、全面质量管理原则及贯彻情况、进度安排和优先排序系统的自动化程度、工厂作业管理、订单处理流程和进度安排、环保设施、质量检测手段等。

3. 其他调查法

对坯布供应商的调查方法还有很多,如同行交流获取信息;问询客户或客户自我介绍;客户自行上门寻求合作时及时了解相关信息;国内外展览会、展销会、订货会等收集信息;案头调研,包括查阅国内外贸易指南、浏览国内外新闻媒体(财经媒体)、查阅行业协会的会员名录或产业公报和查阅有关统计年鉴或调研报告等。

二、坯布供应商评审

生产跟单员调查收集了坯布供应商的资料之后,就必须对这些坯布供应商进行评审,以利于对坯布供应的管理。

1. 成立评审小组

坯布供应商的评审,第一步应该是成立评审小组,对合格坯布供应商的各项资格或条件进行分析及审议(表 2-18 和表 2-19)。

表 2-18　坯布供应商名录

类型	厂商	主要产品	本公司所占比例	备注	主要合作品牌

表 2-19　坯布供应商基本情况评估表

一、公司基本资料			
公司名称:			
成立年份:	合作年期:		年
注册资金:			(请注明货币种类)
公司负责人:	职位:		
公司联络人1:	职位		
联系人电话:	电子邮箱地址:		
公司联络人2:	职位		
联系人电话:	电子邮箱地址:		
公司地址:			
二、工厂资料			
总面积:	织造厂面积		
工人总人数:	织造车间人数 技术人员人数	织前准备车间人数 技术人员人数	质检人数

（续　表）

| 品质认证或奖项： | ISO 9001:2000 族群质量认证 |
| | 其他认证或奖项(请注明) |

全年外发加工比例：□无　　　％

每月总产量评估：

月份	坯布成份类别	织物结构	总数量(吨)	月份	坯布成份类别	织物结构	总数量(吨)
1				7			
2				8			
3				9			
4				10			
5				11			
6				12			

三、每月可安排给本公司预留生产数量

月份	坯布成份类别	织物结构	总数量(吨)	月份	坯布成份类别	织物结构	总数量(吨)
1				7			
2				8			
3				9			
4				10			
5				11			
6				12			

四、工厂各部门资料(以下资料为属公司资产)

部门/工序	人数	职务	工作范围	备注
跟单部				

部门/工序	人数	机台机型	台数量	日单台产量	日总产量
织造厂					
检验					

五、自我综合评定及生产优劣势介绍

　　　　　　　　　　　　　　　　　　　填表人　　　　职位　　　　日期

评价(本公司专用)

以往合作记录评定：

总体评估：

　　　　　　　　　　　　　　　　　　　评估人：　　　　日期

2. 决定评审的项目

由于坯布供应商之间的条件可能互有雷同,因此必须有客观的评审项目作为选拔合格坯布供应商的依据。评审项目通常包括一般经营情况、供应能力与协调、技术水平、物料质量与价格情况、管理制度、质量保障与控制能力、后续服务能力等。

3. 合格坯布供应商的分类分级

合格坯布供应商应按各供应的专业程度予以分类,分级是将各类的合格坯布供应商按其能力划分等级。分类的目的是避免坯布供应商包办各种采购物件,预防外行人做内行事;分级的目的是防止坯布供应商大小通吃,便于配合采购的需求,选择适当的坯布供应商。

通常生产跟单员最不欢迎"什么都能交,什么都能做"的坯布供应商。因为他们通常并非专业坯布供应商,对物品的性质或施工技术并不十分熟悉,且多在拿到订单后才寻找加工来源。一旦交货有问题或质量出错,一般缺乏能力解决且极力逃避责任。换言之,在高度分工专业化的时代,每一个坯布供应商应有其"定位"——最专精的产品或服务。因此坯布供应商的分类及分级可以避免"鱼目混珠",达到寻求最适当供应源的目的。

>>>> 项目五　生产加工过程的跟单实践 <<<<

　　订单的生产实施通常是由跟单部门的主管人员进行安排,并指定跟单人员对订单进行跟进。大部分印染企业是采用指定跟单员专门跟进某一客户订单的方法,即某一客户的所有订单中的打样、生产、交货等跟单工作均由一人负责,从而划分清楚跟单责任,方便跟单管理,提高工作效率。在这一过程中是整个订单生产实施和成品交付的关键过程,跟单工作在这一过程中起到了非常必要和重要的作用,需要跟单员进行实际的操作、协调、管理、汇总,最终能够使订单顺利完成。

任务一　生产加工过程跟单与建立资料档案

一、生产过程跟单流程、目的及注意事项

　　生产过程跟单主要是了解企业的生产进度能否满足订单的交货期,产品是否按订单质量要求进行生产。如果跟单员发现生产没有按照预定计划进行或者有可能出现不能按期进行的情况,跟单员要采取适当措施防止延迟交货的发生。生产过程跟单的基本要求如下:

　　按时交货:要使生产进度与合同的交货期相吻合,做到不提前也不推迟。

　　按质交货:生产出来的产品符合合同的质量要求。

(一) 生产过程的跟单流程

　　跟单员进行生产流程跟进,就必须了解产品的生产流程(图 2 - 4)。虽然各种产品的生产具体形式不同,但是生产型企业的生产流程主要包括以下步骤:

　　1. 制定生产计划

　　加工企业生产管理部门接到客户订单后,应根据合同编制生产计划。生产计划就是企业为了生产出符合市场需要或顾客要求的产品,所确定的在什么时候生产、在哪个车间生产以及如何生产的总体计划。企业的生产计划主要是根据销售计划制定的,它又是企业制订物资供应计划、设备管理计划以及生产作业计划的主要依据。

　　制定生产计划指标是企业生产计划的重要内容之一。

　　2. 下达生产通知单

　　生产部门将生产计划转化为生产通知单。生产通知单非常详细地列明了将要生产的产品具体内容,包括合同号、产品名称、规格、数量、所耗材料数量、交货期、对产品的质量要求、后加工要求等。具体生产部门接到生产通知单后根据此安排生产。

　　3. 安排生产进度

　　生产部门接到生产通知单后,要按照既定的生产周期、批量和交货期限的要求,在生产能力平衡和资源落实的基础上,确定每种产品的投入与产出日期和每道工序完成的日程。

　　4. 生产作业控制

　　生产作业控制包括生产调度、生产进度控制和在制品占用量控制等工作。其中最关键的是生产进度控制。生产进度控制是指从投产准备到成品入库为止的全程所进行的控制。进度控制的最终目标是要求准时交货。

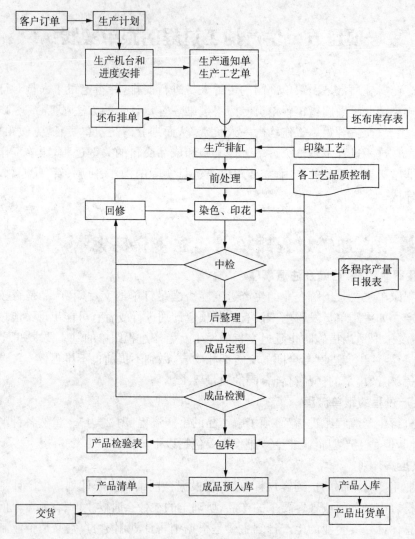

图 2-4　生产过程的跟单流程

（二）生产过程中跟单工作的目的

生产过程中跟单工作的目的如下：

① 根据坯布库存状况、坯布数量以及客户批复样板等情况，安排订单的生产；

② 依据订货的数量和产品的质量要求，按照坯布种类、印染单号、色号、质量要求等内容开出不同的工艺单；

③ 根据生产单、工艺单进行印染生产加工，完成坯布、染化料的领取和成品预入库工作；

④ 根据工艺单进行生产进度统计跟进工作以及产量统计、质量分析工作；

⑤ 及时汇总整理生产进度，方便企业管理人员、客户随时查询单号、缸号、色号、订单进度等有关信息；

⑥ 进行半成品、成品质量检验的跟进工作，要及时整理疵点分析和品质分析报告；

⑦ 根据工艺单要求，安排成品包装工作，列出包装明细表；

⑧ 及时统计整理生产加工损耗率、返修数量、返修率等数据资料，作为生产管理分析改进

的基础资料。

（三）订单的生产实施过程的跟单工作内容

进入实质的印染生产加工阶段，根据订货产品的具体要求跟单工作以及跟单程序，通常有下列两种情况：

第一，对于新产品、以前未曾生产过的产品、来样加工产品，需要经过打样、试染、试中样过程，客户最终确认样品后，才可进入大货的生产实施。跟单员应进行全过程的跟进工作。

第二，对于常规品种、以前生产过的品种、客户的翻单、加单等情况，不需要再进行打样确认的过程，可直接从跟单资料库调阅参考已有的资料，直接进入实质的大货生产阶段。跟单员只需进行部分的跟单工作，相对第一种情形，可以简化跟单工作。

订单的生产实施过程的跟单工作，包括以下几个方面：订单资料档案的建立、小样试制及批复、生产计划安排、生产计划跟进、产品检验标准及方法的制定（协助技术、研发部门进行标准方法的制定、执行）、生产加工过程的跟单操作和仓库管理跟单操作。

二、生产过程跟单工作应注意要点

① 根据坯布库存状况、坯布数量以及客户批复样板等情况，安排订单的生产；

② 依据订货的数量和产品的质量要求，按照坯布种类、印染单号、色号、质量要求等内容开出不同的工艺单；

③ 根据生产单、工艺单进行印染生产加工，完成坯布、染化料的领取和成品预入库工作；

④ 根据工艺单进行生产进度统计跟进工作以及产量统计、质量分析工作；及时汇总整理生产进度，方便企业管理人员、客户随时查询单号、缸号、色号、订单进度等有关信息；

⑤ 进行半成品、成品质量检验的跟进工作，要及时整理疵点分析和品质分析报告；

⑥ 根据工艺单要求，安排成品包装工作，列出包装明细表。及时统计整理生产加工损耗率、返修数量、返修率等数据资料，作为生产管理分析改进的基础资料。

三、企业生产进度控制内容

生产进度控制贯穿整个生产过程，从生产技术准备开始到成品入库为止的全部生产活动都与生产进度有关。进度控制的目标是将进度计划对照实际生产进度，若发现生产进度延误，实时采取行动。控制内容包括投入进度控制、工序进度控制和出产进度控制、在制品占用量控制。其基本过程主要包括：分配作业、测定差距、处理差距、提出报告等。

1. 投入进度控制

指对生产原料的投入日期、投入数量、原料投入提前期的控制。它是保证生产进行的第一步，它可以避免造成计划外生产和产品积压现象，保持在制品正常流转，保证生产的均衡性和成套性。

2. 出产进度控制

指对产品的出产日期、出产提前期、出产量的控制。保证按时、按量均衡地完成生产计划，保持生产过程各环节的紧密衔接和密切配合。要根据每天统计的生产报表进行检查分析，如果发现有差错，要找出原因，进行解决。

3. 工序进度控制

工序进度控制是对产品在生产过程中经过的每道加工工序所进行的控制，是对原材料投入生产到成品入库为止的全过程所进行的控制，特别是对那些周期长、工序多的产品生产必须进行工序控制。其目的在于通过控制采取有效措施，预防可能发生的偏差，纠正已经发生的偏差,保证计划的实现。要依照每一工序的进度计划比较实际进度,并每日跟进。

4．在制品占用量控制

通过分析对比在制品实际占用量和在制品定额之间的偏差,及时采取纠偏措施,保持在制品的实际占用量与在制品定额相符,以合理的最低占用量,保证生产正常进行。检查半制成品及制成品的数量、位置及情况。

四、跟单员生产进度控制的业务流程

跟单员进行生产进度跟踪的内容和企业生产管理的内容侧重点不同,具体差别如下:

1．加工企业的跟单员协助制订和下达生产通知单

跟单员要协助生产管理人员将订单及时转化为生产通知单,要明确客户所订产品的名称、规格型号、数量、包装要求、质量要求、交货期等。

2．跟进大货样品的生产

在合同签订时工厂制作的是小样,和在机器上大批量生产出来的产品有一定区别。所以大货生产前要使用大货原料按工艺要求进行大货样生产,以供客户确认。跟单员要保证大货样的及时送出。

3．跟进生产进度,了解每天或者某一阶段成品完成数量

跟单员可以通过生产管理部门的生产日报表统计每天完成的产量。对生产进度加以跟踪。

跟单员所跟踪的合同可能同时有几个,每一个合同处于不同的阶段,有的正在谈判,有的正在打样,有的正在生产中,有的正准备运输。作为跟单员要保证每一个合同有条不紊地执行。这就需要对每天的工作安排有具体的规划,以免遗漏其中某个环节。为了更好地规划自己的日常工作,跟单员跟进订单进程可以采取以下方式。

(1) 按订单跟催

按订单预定的进料日期提前一定时间进行跟催:

① 联单法:将订购单按日期顺序排列好,提前一定时间进行跟催;

② 统计法:将所有订购单统计成报表,提前一定时间进行跟催;

③ 跟催箱:按照每月的日期制作一个 31 格的跟催箱,将订购单依照日期顺序放入跟催箱,每天跟催相应的订单。

(2) 定期跟催

在每周固定时间,将要跟催的订单整理好,打印成报表定期统一跟催。以上方法可以混合使用。为了加强合同管理,外贸管理实践中,外贸经理应该定期召开跟单员会议,对每个订单的履行情况进行检查和总结。

4．产品质量的跟踪

在产成品出来之后,及时向品质管理部了解检验成品检验或测试情况,如果跟单员在工厂,要亲自进行质量检查,并对生产样进行比对或寄样给客户确认,保证每一个环节的质量都得到保证。

5．最终检验

虽然工厂有成品检验环节,但是跟单员在出货前要对货物进行抽样检验。如质量合格,达到客户要求方可接受货物。跟单员抽样检验是跟单的一个重要环节,有些复杂的产品比如面料等要求较高的产品,外贸公司会有专门的质检员做检验,而不是由跟单员负责。但是跟单员

的技能全面及专业化已成为一种趋势。

五、交期延误的原因及处理

1. 造成实际进度与计划进度发生差异的原因

① 原计划错误:这是因为在制订生产计划的时候考虑不周;

② 机器设备有故障或者发生停电等突发事件:由于我国电力供应较短缺,停电问题在夏季尤为严重,纺织品生产企业大多规模小、位于乡村,供电得不到保障;

③ 材料没跟上或前道工序没跟上:连续性生产会引发连锁反应,前道工序不及时完成会拖延整个生产时间;所以要特别保证关键流程的生产;

④ 不良率和报废率过高;

⑤ 临时订单插入的影响:在生产中非常常见,有些重要客户的订单或者高利润的订单会中途插入,造成拖延生产;

⑥ 员工工作情绪低落,缺勤率或流动率高。

2. 交期延误的处理

一旦可能产生交期延误,要及早通知客户,坦诚说明原因,争取取得客户谅解。通常有以下几种解决方法。

① 争取客户同意推迟交货时间,这是最好的结果;

② 改变运输方式:如改为空运,运费按照一定比例分摊;

③ 降价。

任务二 生产计划的制定和跟进

订单的完成,是在生产计划指导下实施的。对于印染生产企业,同时会面对多个客户、多个订单和多个品种的加工生产,如何有序高效地完成这些订单,应制定周密的生产计划。制定生产计划,应遵循以下几个原则:

① 依据业务部门的接单量以及每一张订单的交货期,合理配置产量及生产时间进度;

② 根据客户对小样的批复时间、安排大货投产进度;

③ 无论是销售订单或客户来坯布加工订单,均应考虑坯布的准备情况,坯布品种和数量是否备齐将直接影响印染生产的时间和进度;

④ 业务部门有时会依据市场的变化对订单的交货期进行调整,因此制定生产计划时要留有一定的余地,适应市场要求,方便及时灵活调整。

一、生产计划的制定

制定生产计划,通常由主管生产的管理人员,依据客户的订单数量、品种、交货期等情况,制定生产计划,并交由跟单员具体操作实施。生产计划一般分为两种,一种是生产总计划,是指在一定时间内(通常是一个月或一个季度)所应完成的生产数量。另一种是针对每一个订单的生产计划,是指依据总计划的要求,针对此订单的具体实施

1. 生产总计划

(1) 制定生产计划应遵循的原则及要考虑的因素

① 交货期先后原则:交期越短,交货时间越紧急,正常来说当然优先排产;

② 客户分类原则:客户有重点客户与一般客户之分,越重点的客户,其排产应越受到

重视；

③ 产能平衡原则：各生产线生产应顺畅，半成品生产线与成品生产线的生产速度应相同，机器负荷应考虑，不能产生生产瓶颈，出现停线待料事件；

④ 特别原则：工序瓶颈或机器负荷大的应予以特别注意，不可让其中间停产；

⑤ 工艺流程原则：工序越多的产品，制造时间愈长，应重点予以关注；

⑥ 工作部门因素：(车间、组、机器)的种类与名称

（2）生产管理功能及环节

表 2-20　生产管理功能及环节

协调销货计划	对销售部门接到的订单能协调出一个较为合理的年度、季度、月度销货计划；对销售部门随意变更生产计划、紧急加单或任意取消单能进行适当的限制、生产部门间的沟通与协调
制定生产计划	根据产能负荷分析资料，能制定出一个合理完善的生产计划，对生产订单的起伏、生产计划的变更有准备措施
控制生产进度	能准确地控制生产的进度，能对物料控制人员做好物料进度的督促，平衡、调整生产各车间生产计划
督促物料进度	当生产进度落后时，能及时主动地与有关部门商量对策，协商解决办法，并采取行动加以补救
分析产能负荷	进行产能负荷分析
生产数据统计	产能分析；销货计划的统计；物料进度的统计；物料进度的统计；出货的统计以及其他有关的统计
生产异常协调	对生产中产生的异常情况及时协调解决

（3）生产计划制定

① 生产管理的时间因素：a. 产品设计需要的时间(有的已提单设计好则不必考虑)；b. 接到订单到物料分析需要的时间；c. 采购物料需要的时间；d. 物料进货检验 需要的时间(包括等待处理宽裕的时间)；e. 生产需要的时间；f. 成品完成到出货准备时间；g. 周(日)出货计划与生产计划的协调

② 考虑因素：a. 人力负荷是否可以充分支持，加班、倒班是否可以解决；b. 机器设备是否准备好，其产能是否能达到预定产能，若人力或机器无法达到，发外包是否可以解决；c. 物料是否已到位，未到位是否完全有把握在规定的时间到位；d. 工艺流程是否有问题，问题能否在规定时间内解决；e. 环境是否适合生产产品环境的要求。

③ 生产准备：a. 人力负荷是否合理，人员是否符合需求数量；b. 机器是否够用，其产能是否很快提升，有无其他异常问题；c. 机台是否准备充分，其品质是否良好；d. 染化料、坯布是否准备充分，未准备充分的是否确定能按时归位，其品质是否有异常；e. 生产工艺、制造流程是否有问题；f. 品质控制方法、规程是否准备，各控制点是否准备妥当；g. 人员的培训是否到位，是否能熟悉本岗位的操作，速度如何，是否会影响生产效率。

如果出现生产能力不足的情况时，可以考虑通过其他企业的协作方式发外加工，以达到按期完成订单的目的。对于订货数量少(小订单)交货期紧急的订单，可优先安排。订货数量大、交货期长的订单，可以渐进安排，或采用分批生产分批交货的方式完成订单。对于产品数量很大，而且交货期短的订单，应考虑在保证产品质量的前提下集中生产、突击产量或发外加工的方式促使订单如期完成。

如果发外加工，应充分考虑外协企业的生产能力和产品质量的保证能力。在此之前应进行充分的了解和调查，使外加工产品质量得以保证。通常发外加工有可能会增加生产成本，因此应在充分发挥本企业生产能力的条件下，尽量减少外加工，以保证产品质量的一致性。

生产总计划表应一式多份,分别送交总经理、生产主管、财务部门、跟单部门等有关部门和有关人员。生产实施过程应按总计划的要求进行,计划的修改或调整应有明确的记录以保证生产的正常进行,避免差错和混乱,从而保证订单能够顺利完成。生产计划总表可参考表2-21。

2. 订单生产计划

订单生产计划,是针对某一订单的生产进度安排,通常是由跟单人员,依据总计划的安排制定。内容要明确清晰,既能够保证订单的顺利实施,又能够使跟单工作方便有序,要有很好的实用性和可操作性。通常采用订单计划表的形式,方便查阅、汇总、归类和跟进(表2-22)。订单计划表的主要内容应包括:

① 客户及订单号;

② 产品品种:明确表示出产品名称、颜色、花型、织物组织等;

③ 产品规格:使用坯布的规格以及印染加工后的成品规格;

④ 生产加工方式及使用染化料的种类;

⑤ 生产加工损耗;

⑥ 交货期:通常是按订单要求的期限,在实际操作中最好将期限提前少许,以防止有意外情况发生时有一定的补救时间。

二、生产计划实施过程的跟单操作

生产计划安排完毕后,应开展计划的实施工作。在这一过程中主要任务是将生产计划安排转变为实际的生产实施过程,并对生产实施过程加以监督和控制。跟单员需制定一系列的通知、操作、实施等方面的单证供有关人员执行,有计划、有目的地实施生产。

表2-21 生产计划总表

年 月(季)订单生产计划总表															
客户	单号	批号	品种名称	织物组织	成品规格	颜色(花型)	成品数量	短溢量	加工方式	环保要求	生产时间	完成时间	签单时间	交货时间	备注
合计															
制单:			审核:					跟单:							

表2-22 订单生产计划表

编号:												填表日期:				
单号	品名	面料	颜色	订单数量	坯布返布日期	齐布日期	坯布检测日期	打样检测日期	批色日期	上线日期	中检日期	后整理日期	成品检测日期	包装日期	总查日期	出货日期	合同交期
制单:			审核:					跟单:									

生产计划的实施,主要体现在印染加工排程计划表之中(俗称排缸大表)。通过排程计划表,可以直观地反映出每一生产机台正在生产和即将投产的产品品种、投产时间、加工数量、生产工艺等信息,可以很方便地进行操作管理。其核心就是将生产计划、机台安排、进度安排、生产通知单、生产工艺单、投染(印)坯布明细表等有关单证,集中在生产排程表中(表2-23)。

表2-23 某企业织染整通知单

TO:HK 营业都　　　　　　　　　　HK 会计部
澳门营业都　　　　　　　　　　　　Attn:收发部
针织部　　　　　　中央北室
漂染布　　　　　　品检部　　　　　公司批号:VC84945
整理部　　　　　　剪毛部　　　　　制单号/款号:A69781
会计部　　　　　　抓毛部　　　　　发单日期:2010/10/09　　　　客户批号:DO6056
客户:＊＊(0480)　　　　　　　　　改单日用:2010/10/09 10:07　　营业员:＊＊＊

	VC批号	单价	布　　　类	花号	后整	齐还期	交货期
1	84945A　00	HK$22LBS	26S/1 棉精梳＋40D 普通拉架单珠地	PL26C4D		10/25	11/08
2	84946B　00	HK$21.5LBS	32S/1 棉精梳＋40D 普通拉架双面布	DL 32C4D		10/25	11/08
3	84947C　00	HK$22LBS	32S/1 棉精梳＋70D 普通拉架单珠地罗纹布1×1	RL32C7D		10/25	11/18
4							

	客户包号	颜色	本厂色号	对色要求	布类1(磅)		布类2(磅)		布类3(磅)	
					浮	实	浮	实	浮	实
1		法式蓝:French Blue	VC140625		4710	80				
2		浅绿:Pale Green	VC140626		410		1460		420	
3										
	TOTAL:				5120		5140		420	

订单类型		耐洗牢度	3~4	门幅	72″(实用)	70″(实用)	65″(实用)
卖色布		耐干摩察	3~4	面密度	250	250	250
计实重√/计虚重		耐湿摩察	3	横缩%	5	5	5
付款方式	成品要求	耐日晒牢度	3	直缩%	6	6	6
60 天远期信用证		耐汗渍牢度	3~4	扭度			
送货单注明		耐氯漂牢度		植色/白			
1		耐氧漂牢度		磨面/底			
2		附洗涤次数		单/双摇			
3		其它		抓面/底			
				浆/切边			

备注:
　84945A:交货数量接受＋/－3%,织法及品质跟客质地板(9/10 收到,稍后交工艺);成份:棉占95%,拉架占5%。先安排还,船头板每包5码(请织部预损);测试板每色3码,跟"TR-013";克重要准;色牢度要好;9/10 更改备注;12/10 客人复回此质地板OK,请织坯做大货! 定坯。
　84945B:交货数量接受＋/－3%,织法及手感跟 VC84660B 单,成份:棉占95%,拉架占5%;颜色追衫身色;定坯
　84945C:交货数量接受＋/－3%,织法及品质参考 VC84660C 单,成份:棉占95%.拉架占5%;颜色追衫身色;拉罗粗身作面。

制单:　　　　　审核:　　　　　批准:　　　　　表单编号:YY/QR-0010B
列表时间:2010/10/12 上午08:46:00

1. 开列生产通知单

通常生产通知单是由跟单员依据订货量和生产状况拟定的。生产通知单必须附有所加工坯布的明细表,并一同发至生产部门,再由生产部门制定工艺单后一同下发生产岗位。通知单、生产工艺单和坯布明细表应跟随每个生产过程直到最后出成品,再回到跟单人员手中进行统计整理归档。此三张单证在各个工序流程的交接过程中,应有完善的交接手续,以便于对各个工序的产量、质量进行统计汇总,以使管理人员随时掌握全部的生产进程,方便随时调整协调各个部门之间的工作,使企业能够高效正常运转。生产通知单见表2-23。

在开列生产通知单时,有以下几个注意事项:①客户及订单号;②产品品种;③产品规格;④生产加工方式及使用染化料的种类;⑤生产加工损耗;⑥交货期。

2. 坯布准备的跟进

① 查询坯布的库存情况,包括客户的剩余坯布存量,了解库存坯布的品种、数量、规格。掌握库存坯布是否适合用于即将投入生产加工的品种、规格要求;

② 对于坯布数量不足的情况,应及时跟进坯布生产情况,追踪客户来坯的进度,尽快备齐所需的坯布;

③ 根据坯布的备存以及订单的具体要求,开列坯布配缸明细表,生产操作人员依据此表进行坯布的配缸、进缸、投染(印)生产(表2-24)。

表2-24 坯布配缸明细表

编号: 日期:

客户名称:					
客户单号:			生产单号:		
生产加工单位:					
产品名称					
使用坯布					
坯布规格	面密度	g/m^2	幅宽	cm	英寸
成品规格	面密度	g/m^2	幅宽	cm	英寸
缸号(批次)			缸号(批次)		
坯布明细					
编号	坯布号	数量(kg 或 m)	编号	坯布号	数量(kg 或 m)
1			1		
2			2		
3			3		
4			4		
5			5		
备注:					

制单: 审核: 跟单:

3. 生产工艺的制定的跟进

生产工艺是由研发部门根据试样结果总结出的工艺流程和工艺配方,最终形成指导生产的生产工艺单(表2-25)。

表 2 - 25 某公司生产工艺单

开单日期:2010/03/25	列印时间:2010/03/25 14:40	文员:＊＊＊	审核:	机号:F

缸号:075198　流水号:24806215　VC 号:Y12714A　色号:VW53720A　（浅）客户:中山☆☆　个数:44　重量:2668.5
颜色:漂白　客批号:SM00311101 款嘉莉　布类:20S/1 棉精梳平纹布(轻蚀毛)纱名:03590H20′全棉骏伟
成品规格:开定实用 68 成品 185G　合染缸号:
追色:对准 L/D 办留意缸差
备注:款号:DO7136 撞色 留意折痕 衫身用　不可多执或少执布因纱问题重蚀毛　pH 值4～7.5 内　扣除胶袋纸筒重量
骏伟纱

染色 A:N200　漂白　染程 A:950　96℃漂白煮布后洗水加　前处理:S090B　全棉普通　漂白
染色 B:N001 消毛处方　染程 B:

工序:	染色机速:752.29 m/min	米重:535.43 g/m		入布要求:	（染 A）	煮布机速:501.52 m/min

前处理	名称	克/升	用量(kg)	染色 B	名称		克/升	用量(kg)
	9277 低泡精炼剂 PC60:	1	12.104	染料:				
	9386 双氧水稳定剂 NF -	0.5	6.052					g
	9230 纯碱 99％	3	36.314					g
	9250 苟士的 98％	2	24.209					g
	9390 双氧水 50％	1	72.628					g
	9381 螯合分散剂 ED	1	12.104	助剂:				
备注:程序 014　洗水后才加白					9230 纯碱 99％			112.104
温度:96～0　时间:60～0					9881 消毛剂 E			112.104
	9170	HAC 98％	0.6　7.26		9170 HAC98％		0.4	4.841
					0023 58℃ ＊ 45′			
备注:				备注:消毛 58℃ ＊ 45′后煮熟水才染色				
温度:0～0			时间:0～0	水比:1：10　浴量:12104.78　温度:70℃　时间:10				
备注:过 HAC 后放水煮熟水				后整理				
温度:80～0			时间:10～0					kg
水比 1：10　浴量:12104.78								kg
染色 A	名称	百分比	用量(kg)					kg
6141 CIBA 黄 FN-2R		0.56	4507.561 g					kg
6350 CTBA 红 FN-2BL		0.927	405.280 g					kg
6600 CIBA 蓝 FN-R		1	8049.217 g	备注:测 PH 值<4.5　大货测色才能<7				kg
		0	0 g	温度:80～0			时间:20～0	
助剂:					9200 柠檬酸 99％	0.15		1.81 kg
9370 三聚磷酸钠 57％		1	14.841 kg		9618 不变色软油 TD-GA			12145.25 kg
			kg					0.00 kg
			kg	备注:出缸前必须加柠檬酸				
			kg	温度:0～0			时间:0	
			kg					kg
			kg	备注:				kg
备注:				温度:0～0			时间:0～0	
温度:96　时间:20				染色工艺流程图				
水比 1：4　浴量:4841.91				水比 1：10　浴量:12104.78				
后整备注:								
出缸日期:		领班:		表单号:PR/QR-0011				

生产工艺单是要经过技术主管批核的重要文件,一切生产过程和产品质量控制均是以生产工艺单作为依据。生产过程中的所有操作必须按工艺单的要求严格执行,工艺的落实是保证产品质量的重要前提。因此作为印染生产企业中的管理、跟单、技术、品质控制等部门,应严格把关,随时检查监督,从而保证所生产的产品达到客户的质量要求。

跟单人员应根据工艺单的要求,及时跟进各个工序过程的进度和质量情况。随时掌握订单的进展,并需做详细的统计记录。

4. 印染生产排程的跟进

前面的准备工作完成后,跟单员应配合生产部门的有关人员,依据订单要求的品种、数量、交货期等,根据生产机台的使用状态进行排程(图2-5)。

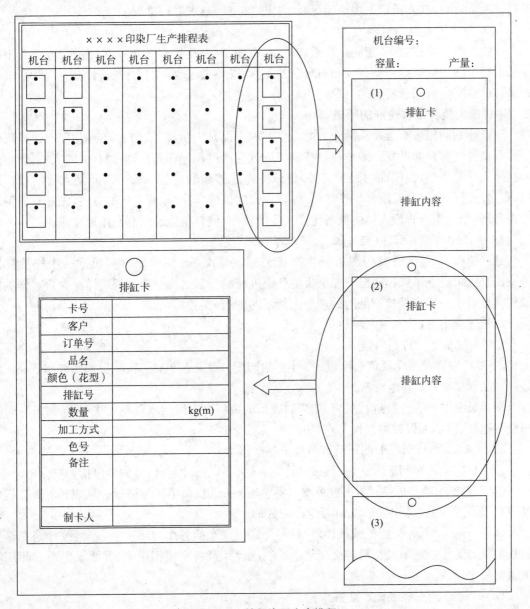

图 2-5 某印染厂生产排程

凭坯布入库单到生产管理部门安排生产计划,提出明确的质量要求,把每种颜色的加工数量明确地通知染厂的生产管理部门,这样的过程叫做点色。生产管理部门的值班人员根据客户来样的颜色特点和染厂的设备特点安排生产计划,这个过程叫做排缸。点色排缸是纺织品染整加工的开端。良好的开端对于一单纺织品的正常加工至关重要。生产计划可以全部安排下去,但是第一缸织物的出缸时间必须掌握。及时掌握第一缸产品的颜色准确性、染色质量、布面织造质量,对于控制这一单的产品质量至关重要。发现重大问题,及时向外贸公司汇报,是保证产品质量的前提。出现重大质量问题时隐瞒不报或者犹豫不决,后患无穷。重大质量问题主要包括坯布质量严重不合格、染色质量严重不合格等。

跟单员将生产通知单、坯布配缸明细表以及生产部制定的生产工艺单一同交由生产部门的排缸人员,由排缸人员依据生产情况及生产通知书的要求进行排程。

5. 印染生产排程的跟单

排缸人员开出排缸卡,随同生产通知单、坯布明细表、生产工艺单一起挂示于该机台下面空位进行排队。生产排程是一项相对复杂的工作,既要考虑生产能力和机台的生产状况,又要顾及订单的交货时间。特急的订单优先安排。

三、中样或大货头缸样生产的跟进

生产计划的跟进重点是从两个方面入手。一方面是大货样(头缸板)的试生产,通过跟单工作尽快得到客户的批复。跟单员要特别跟进试生产过程,全面记录整理有关的资料,为生产和技术人员的工作,做全面的配合服务,使试生产能够顺利进行。另一方面是大货的投产跟进,在这一过程中应及时配合生产部门,保证坯布的供应,同时随着生产的进展,做好有关资料汇集整理,配合生产管理人员协调各生产工序的操作,使订单能够顺利有序地完成。

1. 中样或大货头缸样(船头板)生产跟单要点设计

跟进流程:产品的研发的跟进→生产工艺制定情况 → 使用原材料跟进→中样放样跟进→出缸板跟进→出缸板送检→船头板生产跟进→船头板送检→船头板送样→客户对样品的批核进度跟进→客户批核意见的处理→大货板的生产

跟进过程中有以下一些要点:

(1)头缸板研发资料收集

① 客户来样及小样批色 OK 板;② 小样生产配方及工艺单;③ 头缸板调用坯布表;④ 头缸板成品规格表;⑤ 其他资料。

跟单员要对所有资料进行核查,如果对收到的资料存有疑问或资料残缺不全,需第一时间将资料退回,确认无误后再接收

(2)《头缸板试产计划》的下达和试产资料交接

跟单员向生产车间厂下达《头板试产计划》,《头板试产计划》具体内容包括:

① 工艺单编制完成期;② 头缸板技术要求;③ 头缸板调用坯布情况一览表;④ 头缸板成品规格表及质量验收标准;⑤ 头缸板生产完成期。

生产车间需根据《头缸板试产计划》制定头缸板试产的各个时间节点,严格按计划安排头缸板的试产工作。跟单员将资料交接给生产厂,填写《资料交接记录表》并要求生产车间厂相关人员签字确认。

(3)印染车间头缸板试产准备

印染车间进行头缸板生产前的准备工作,具体为:① 核查客户来样及小样批色 OK 板;

② 核查坯布到货情况及坯布质检结果；③ 核查机台运转状况；④ 核查染料及助剂情况。

（4）编制工艺单

① 收集由工艺员根据小样生产工艺配方和大生产机台状态编制生产工艺及工艺曲线；② 分析工艺节点及质量控制要点，编制跟单要点；③ 根据工艺要点，跟进工艺的落实情况并进行记录。

跟单人员应根据工艺单的要求，及时跟进各个工序过程的进度和质量情况。随时掌握订单的进展，并需做详细的统计记录。

（5）头缸板进度跟踪

跟单员要时刻了解试产进度的运行状况，掌握试产计划的每一个关键的时间节点，提前预知试产进度问题。问题发生时，跟单员必须要在第一时间向车间工艺员报告，以免浪费解决问题的黄金时间。绝对不能出现"事前不知不觉，事后大倒苦水"的做法。

跟单员需及时跟进进度，了解下列情况：① 头缸板入缸试产时间；② 出缸板对色情况；③ 出缸板牢度测试情况；④ 牢度测试结果达标后跟进后整理生产进度；不达标的要通知工艺员安排回修，并跟进回修结果；⑤ 后整理试产完成后头缸板作为船头板送检，结果达标要剪1 m布板寄送客户批核，并跟进批核结果；⑥ 船头板测试结果不达标，要通知工艺员安排回修，并跟进回修结果；⑦ 其他事宜。

跟单员需及时调整试产计划、及时解决问题，尽最大努力保证在可接受的时间内完成试产任务。

（6）船头板（头缸板）内部评审

船头板（头缸板）送客户批核前前要先进行内部评审，跟单员、工艺员、车间生产主任、小样员、质管部等必须全部参加。

具体细节和操作方式为：① 跟单员整理好相关的船头板（头缸板）试产资料并提前将会议的时间、地点等信息通知关人员；② 跟单员对船头板（头缸板）进行评审，参与评审会的其他成员在跟单员评审意见的基础之上，加以修正和补充；③ 跟单员负责记录和整理最终的评语。评审 OK 后的船头板才可以送客户批核，评审不 OK 的需改正后才可以参加评审。内部评审意见也将提供给客户，用于船头板（头缸板）批核。

（7）客户批核意见跟进和处理

① 客户批核 OK，通知工艺员进行大货生产；② 客户批核不 OK，通知工艺员根据客户意见调整工艺，重新进行头缸板的试产；③ 客户批核 OK 但有改进意见的，需将客户建议通知工艺员进行调整后进行大货生产。

2. 试生产样品报送的跟单要点

① 首先进行样品的剪取（采样）通常中试样品应剪取整幅布面宽度、1 m 长度（或按客户的要求而定），在样品上贴附样品的资料卡，同时填制送样记录和送样通知书，随同剪取好的样品，一同送交客户进行批复（表 2 - 26）。

② 客户对样品的批核进度跟进客户对于船头板的确认无论通过与否，均应有相应的书面答复材料。此书面资料是跟单和生产的重要依据，跟单员应妥善保管。

③ 客户批核意见的处理客户否决的样品，应由有关人员根据客户的否决理由（原因）进行研究改进，再进行试板生产，直至客户确认。客户确认以后的样品，可作为大货生产的标准对照样进行大货生产，同时技术和研发部门根据客户的质量要求，制定出产品质量标准和产品检

验标准,供生产质检和品质控制部门使用,以保证产品质量。跟单人员要存留样品,随同客户批复结果妥善保管,作为跟单依据。

表 2-26 成品送样通知单

客户:＿＿＿＿ 地址:＿＿＿＿ 编号:＿＿＿＿
兹将下列成品布样送交贵客,请即批核为盼!

送样时间: 年 月 日

编号	单号	成品品种	成品规格	颜色花型	色号花号	缸号批号	成品数量		备注
							匹数	重量	
合计送样数量									

批核: 跟单:

四、大货生产的跟进

1. 跟单要点

客户批板情况→坯布准备情况→订单的生产实施→产品排缸情况 →产品开始生产时间→产品完成时间 →产品缸差情况 → 产品中检→产品其他质量问题的跟进→产品回修情况→产品完成数量情况 →产品成检 →产品入仓→产品出货。

2. 大货生产的跟进

① 要统筹兼顾正在进行中的订单数量和生产进度,协调好生产能力和生产量的关系;

② 要及时了解客户对样品的批核进度和坯布准备情况;

③ 订单的生产实施,应以业务部门的合同条款为准则;

④ 安排生产进度时,要依据订单品种数量、交货时间、坯布准备情况和客户批板情况,分批次、分阶段进行(表 2-27)。

表 2-27 大货船头板(头缸)进度表

订单资料		前处理生产进度		坯布进度	
客户		坯布上机时间	备注:	坯布用量	备注:
单号		完成时间		坯布到厂时间	
品种		丝光时间		坯检时间	
规格		丝光完成时间		坯检完成时间	
颜色(花型)		磨毛时间		备布时间	
交货期		磨毛完成时间		备布完成时间	
下单时间		碱减量时间		坯布供应商	
		碱减量完成时间			
		半成品检测时间			
		检测完成时间			

78

（续　表）

染整生产进度			船头板送样核准	
染色或印花		后整理　定型	船头板(头缸)内部评审	
缸号(批号)		后整理、定型时间	内部评审意见整理时间	
排单时间		完成时间	船头板(头缸)送样时间	
排单顺序		定前时间	船头板(头缸)寄到时间	
进缸(开印)时间		定后规格	船头板(头缸)核准时间	
完成时间		定后数量	核准结果反馈时间	
损耗率		成品检测时间	船头板(头缸)工艺调整	
出缸板检测时间		成品检测完成时间	船头板(头缸)重试时间	
出缸板检测完成时间		缩率	核准结果：	
半成品中检质量：	备注：	纬斜		
		扭度		
		手感、风格：	备注：	

跟单员：　　　　　　　　　　　　　　　填表时间：　年　　月　　日至　年　　月　　日

任务三　生产加工过程跟单

生产加工过程的跟单操作，是跟单工作中的重点工作，也是印染生产跟单的核心工作。在这一过程中跟单工作的效率和质量，直接影响到生产能否正常衔接有序地进行，影响生产效率和产量。

印染产品的生产加工过程，工艺复杂、工序较多、流程较长，因此带来较多的管理和跟单工作，通常印染加工基本分为以下几个步骤：

坯布准备→坯布前处理→染色印花→后整理→定形→检验→包装

在生产过程中，跟单员要随时跟进和了解掌握产品在每一生产工序过程的进展情况，做好各类资料的收集整理，认真做好跟单记录，促使订单的顺利进行。

一、坯布准备及前处理的跟单

1. 备布

坯布准备主要是指生产操作人员根据生产通知单及坯布配缸明细表进行坯布的抽取和编排，并将坯布退卷或翻布，按缸号编排堆置。坯布准备包括检验、翻布（分批、分缸）、打印和缝接等工作。

备布的跟单要点：

① 核查坯布数量及坯布检验结果等情况；

② 监督是否已开出生产流转卡；

③ 核查备布组是否，按每缸的配缸数量要求配置进行拆卷、称重（或计量长度）；

④ 核查纬编圆筒状针织布是否进行翻面，使织物的反面向外，以避免染色过程中的损伤。

2. 前处理

前处理主要是指对坯布进行煮练，其目的是将去除了织物上的天然杂质和在纺织过程中附加的浆料、助剂及沾污物，包括去除化纤织物上的各种油剂及助剂，使织物具有良好的润湿性，均匀的白度、较好的清洁外观、光泽、手感和稳定的尺寸、强力，使织物在染色时能够保证质量。不同织物前处理工艺流程完全不同,不同的设备也会对工艺流程产生较大影响。棉织物的前处理过程包括坯布(绸)检验、烧毛、退浆、精练、漂白、丝光、水洗等,发生在染色之前的拉毛、磨毛、生物酶抛光处理加工也可以算作前处理范畴。其中拉毛、磨毛、减量、烂花、生物酶抛光等加工后织物的强力损伤是染整跟单员必须关心的重点内容。化纤织物的前处理相对简单,主要包括坯布(绸)检验、退浆、精练、增白、预定形。对于强捻涤纶织物、弹力织物等,预缩、预定形、碱减量等工序都属于前处理的范畴。

　　跟单员在坯布准备及前处理的整个过程中,要统计产量、记录生产时间,同时建立一个生产流程跟踪资料夹。此资料夹用于整个染色、印花生产过程中每一个工序的生产情况记录和工序之间交接传递记录,将生产工艺单、生产通知单(副本)、坯布明细表、客户批复的样品(用于对色)以及印染生产流程表放入其中,以便这些单证在传递时容易携带、便于保管、防止资料损坏或丢失。印染生产流程表可以记录整个染色、印花生产过程中各个工序的生产情况,跟单员在做跟单记录及整理有关的跟单资料时,可随时查阅流程记录中的内容,随时了解生产情况和进展。其格式可参考表 2-28。

表 2-28　印染生产流程表

客户名称:　　　　　　　　　客户单号:		
生产单号:　　　　　　　　　生产加工单位:		
标准色样(印花样)	技术资料	缸号(批号)
	产品种类:	
	成品规格:	
	坯布规格:	
	成品数量:　　　坯布数量:　　匹　　kg(m)	
	前处理工序 操作员:　　　　　　机台:	
	时间:　月　日　时　分至　日　时　分	
	备注:　　　　　　　　　　　　　　　组长:	
染色印花工序 操作员:　　　　机台:	整理及定形工序 操作组长:　　　　机型:	
时间:　月　日　时　分　至　日　时　分	时间:　月　日　时　分　至　日　时　分	
坯布数量:　　匹　　kg(m)	拉伸率:　横向:　　纵向:　　超喂率:	
颜色(花型):	定形数量:　　匹　　kg(m)	
色号(版号):	定前规格:	
备注:　　　　　　　　　组长:	定后规格:	
中检工序 检验员:	备注:　　　　　　　　定型主管:	
检验成品数量:　　匹　　kg(m)	成品检验 检验员:	
备注:　　　　　　品质控制主管:	检验成品数量:　　匹　　kg(m)	
	备注:　　　　　　品质控制主管:	
工艺员:　　　　生产技术主管:　　　　跟单员:		

二、染色、印花跟单操作

在染色、印花生产过程中，跟单员的重点工作是跟进生产进度和有关数据资料的汇集整理，填制订单实施进度记录。表中有关资料的收集可通过印染生产流程表查看流程记录，收集汇总有关数据后填入进度记录表中。此表作为跟单原始记录，可以及时了解客户多个订单的进展情况，同时对于客户查询了解订单进度有一个可靠准确的依据，从而使跟单工作更加便捷。

订单实施进度记录是整个印染生产过程中各个环节的进展情况汇总。可以提供给客户作为订单生产进度的报告，也可成为管理人员协调生产的依据，使其根据生产进度和交货期限，及时调整生产安排，保证准时交货。

跟单员填制进度表时一定要及时准确，同时结合进度情况提醒有关人员需要关注的问题，对于交货期迫在眉睫的订单，应要求主管人员及时调整计划并优先安排生产，尤其是客户临时增加订货数量或增加订单，更有必要提醒主管人员注意。填写进度表时应注意以下事宜：

1. 客户和单号

填写客户订单进度时，应将同一客户的不同订单列在一起，或者一张进度表只填写同一客户的不同订单。如果不同的客户交叉混列，容易使进度表混乱而且不明确，特别容易出现漏填订单的情况，会造成失误甚至较大的损失。

填列订单号时，应按订单号的顺序填制。这样查看方便，而且不易出现漏填的现象。有时客户的订单号按主料色布和辅料色布区分，造成同一系列的印染产品订单号不同，甚至排列顺序相差较远，跟单员可在备注栏中注明与相关单号的关系，以方便跟进。

2. 下单时间和交货期

这两项时间必须标注清楚，以便生产中及时督促进度。

3. 样品的批复进度

填制样品的批复进度时应注意与交货期比较，如果批复进度太慢而影响交货，应及时提醒客户和主管人员，采取相应的措施。因客户批复缓慢应联络客户催问结果，申请延期交货；因样品质量问题，应立即加以改进，提供合格的样品交客户批复，以争取较长的大货生产时间。

4. 坯布的进展情况

对坯布的数量与品种、进厂时间清楚填写，以确保生产正常进行。

5. 染色、印花加工进展情况

印染进度是跟单的核心工作，信息量较多，而且非常重要，是印染生产过程详细准确的记录，要反映出各个生产工序的进展情况和技术信息，其中缸号(批号)、颜色、花型、排序、生产时间、完成时间等信息应全面反映。

6. 产量和交货量

产量和交货量的统计数据一定要准确，要核查生产单位提供的数据，准确无误填写进度表，如果数据不准确，会产生误导，造成被动，给交货和结算带来不利甚至造成损失。因此要认真填写产量和交货量的统计数据，避免出现问题。

7. 损耗统计

超常损耗可能导致成品数量的不足而需要补染(印)，影响交货时间，因此跟单员应密切注意各个工序的损耗情况,及时发现问题,及早采取措施,保证成品交货数量的准确和充足。

三、中检工序的跟单工作

所谓中检,即是生产过程中间对产品的质量检验,也是指对半成品的检验。坯布经染色或印花加工后应对半成品进行检验,通过检验进行判断和筛选合格的产品进行下道工序的加工,不合格的产品需进行回修处理。因此中检工作是印染产品质量监检的一个非常重要的手段,也是必不可少的程序(表2-29至表2-31)。在中检过程中,跟单员的工作较多,主要进行以下几项工作。

1. 出缸板的收集整理工作

出缸板是指经染色后的织物样品,跟单员应及时跟进出缸板的剪取工作。技术和品质控制人员在进行中检的同时,对出缸板进行内在质量的检验,主要是进行核对色差、测试染色牢度、染后织物强度、手感、风格等指标,判断出是否达到客户要求。同时根据出现的质量问题决定是否回修,或采取措施进一步改善工艺。

表2-29 大货实施进度记录表

订单资料		前处理生产进度		备注	坯布进度		备注
客户		客户来样时间			坯布用量		
单号		送样时间			首批坯布到厂时间		
品种		色号			首批已收数量		
规格		客户批复时间			二批坯布到厂时间		
颜色花型		小样批复结果			二批已收数量		
交货期		船头板生产时间			尾批坯布到厂时间		
下单时间		船头板送检时间			尾批已收数量		
		船头板批核时间			差额		
		船头板批核结果			坯布供应商		

印染生产进度					交付进度	
染色	印花		后整理	回修	订货数量	
缸号(批号)		后整理时间		回修原因		
排单时间		完成时间			成品数量	
进缸开印时间		定前规格				
完成时间		定后规格			交付时间	
损耗率		定后数量		回修数量	交付数量	
缸差板收集		成品检测时间			差额	
缸差评定		成品检测完成时间				
出缸板板检测时间		缩率				
出缸板检测完成时间		纬斜		回修结果	备注	
半成品中检质量	备注	扭度				
		手感、风格:	备注:			

跟单员:　　　　　　　　　　　填表时间:　年　月　日至　年　月　日

表 2-30   生产进度统计表

编号：   日期：

客户	订单号	批号	品种	成品规格	数量	交货期	打样	坯布		前处理车间		染色车间		后整理车间		成品检验	包装	成品入库	交付		备注
								订购	入库	A组	B组	A组	B组	A组	B组				数量	时间	

制单：   审核：   跟单：

表 2-31   产量统计表

客户	单号	品种	缸号批次	颜色	花型	投产时间	完成时间	投坯数量		半成品数量		成品数量		检查结果	损耗	备注
								匹数	重量	匹数	重量	匹数	重量			
合计：																

制单：   统计：   跟单：

出缸板需分类整理，并要留样存档以备核对查验，尤其对于多缸次染色的品种（或颜色），每一缸次的出缸样都是控制缸差（色差）的重要依据，将这些样板剪取适当的大小，排列整齐贴附在一起制成缸差板，方便对色和核对缸差。缸差板要妥善保管，它是跟单的重要资料。

2. 中检质量统计

中检质量统计是指中检过程对产品的染色质量进行全面的记录，主要是通过产品质量检验报告来体现。跟单员应及时收集整理此张表格，使主管人员及时了解掌握染色生产的质量情况，从中可以发现生产管理和技术管理的问题，进而可以及时改善，使生产加工正常顺利进行。

中检工作通常是由质量检验部门（或品质控制部门）安排质检人员进行操作。中检操作应逐匹检验，并做出详细的检验报告（即验布表）。跟单员应保留一份检验报告，归入跟单档案中。产品质量检验报告的格式可参考表 2-32，此表也可用于量检验报告的格式可参考表。生产流程最后工序的成品质量检验工作，依据检验记录，跟单员也可以进行产量统计，挑出合格产品进行后续加工，不合格产品进行回修。

表 2 – 32   染色半成品质量检测报告表

客户：   送检日期
订单号   检测时间
生产单号   颜色
品种   克重
规格

质量检测项目		缸号（批号）							备注
		1	2	3	4	5	6	7	
耐皂洗色牢度	变色								
	沾色								
耐摩擦色牢度	干摩擦								
	湿摩擦								
耐汗渍色牢度	耐酸汗渍								
	耐碱汗渍								
耐熨烫色牢度									
耐日晒色牢度									
耐水色牢度	变色								
	沾色								
耐氯色牢度									
色花									
缸差									
左中右色差									
前后色差									
污点									
色点									
横档									
折痕									
白斑									
破洞									
色斑或色渍									
数量									

送检人：   检测员：   跟单员：

3. 印染生产量统计工作

印染加工生产量是衡量生产效率，控制协调生产进度的重要依据。跟单员可以依据印染生产流程表的内容定时抄录有关资料，统计出产量数据，并以统计表的形式报送有关人员，从而对生产车间的质量和进度进行监控和调整。

产量统计要内容全面、数据准确，能够直观反映出生产情况，这其中应包括损耗率、回修量、回修率等数据。由于印染生产不易做到产品质量的实时监控，有可能出现产品质量问题，印花生产通常可以在生产过程中对产品质量进行控制和消除，因此染色的质量问题只有通过回修（回染）工作消除或改善产品的质量问题。

进行产量统计，同时也可以根据需要回修数量的多少安排好回修进程，以保证产品的交货时间。根据产量统计表，统计出需要回修的数量，并列出回修的原因以及所占比例，以便于管理人员安排回修进程,分析造成回修的原因,进一步改善生产管理和工艺,从而提高生产效率。

四、回修进程的跟单工作

产品的回修是任何企业都不希望发生的问题。回修量少(甚至没有回修情况)是比较理想的状态,也是企业的管理和技术水平比较高的表现。回修是一种重复性生产的过程,这一过程等同于前面所进行的工作,但其内容略有不同,跟单人员主要进行下面的几项操作:

1. 回修准备工作

准备回修资料和开具单证,主要包括统计回修数量,开具回修通知单,制定回修工艺。

统计回修数量,跟单员可参考产量统计单和生产流程单的有关记录进行统计,需填制产品回修明细表。

2. 回修进程安排

跟单员将回修资料和单证交生产排缸人员,排缸时应尽量优先排列,对于交货期紧急的订单,应立即抽出生产机台将需回修的布匹进行回修。

3. 回修跟进

主要包括回修的进度跟进、统计回修后的产量、回修产品质量跟踪和安排补染事宜。

回修工艺需要研发部门制定。回修工艺是针对染后色布出现的质量问题而采取的改善措施,有时也可能采取剥色重染的方式,但容易对布匹的性能(如强度)产生较大的影响。因此,回修措施和方法要正确有效,如果改进措施和工艺不准确,有可能进行多次回修,造成布匹的质量严重下降而无法使用,从而带来损失。

表 2-33 至 2-42 为相关工作表格。

表 2-33 半成品中检质量检测报告及统计表

订 单 号:_____ 检验时间:_____ 客户:_____
生产单号:_____ 布类品种:_____ 规格:_____
产品幅宽:_____ 花型颜色:_____ 色号:_____ 缸号:_____

布号						
数量						
疵点项目						
飞花						
烂边						
坏针						
破洞						
断纱						
针路						
纱节、粗结						
接头、勾纱						
错花						
折痕						
水渍、污渍						
油渍						
纹斜						
花型尺寸						
棉结						

(续　表)

毛头、毛粒	
幅宽	
白度	
定形前规格	
定形后规格	
缩水率%	
扭度%	
强度	
手感	
光泽	
毛细管效应值	
评语	
备注：	

品质控制主管：　　　　检验员：　　　　复检：　　　　　　　　跟单员：

表 2-34　大货质量跟踪表

日期：　　年　　月　　日

客户	单号	品种	成品数量	颜色（花型）	色号（版号）	缸号（批号）	规格	定后规格	洗水前规格	洗水前规格	缩水率（%）	扭度%	色牢度（级）						强度
									W	L			水洗		摩擦		日晒	汗渍	
													变色	沾色	干摩	湿摩			

制单：　　　　　　　　统计：　　　　　　　　　　　　跟单：

表 2-35　质量异常反馈表

面料厂：	※※	季度：		大货头缸	发单日期：		3月12日
面料厂负责人：		问题类别：			要求完成日期：		3月19日

问题描述：K0690厚鱼鳞卫衣布，头缸批核过程发现，来样布面纹路不够均匀，大货并注意控制顶破、针路、毛圈逆毛。

记录人：

问题原因分析：造成布面不均匀及针路感觉的原因：1.布面太密，收得太紧，容易造成不平整；2.深浅色的视觉效果差异，看上去白浅色会明显些；3.同一克重，浅色的胚布也比深色，要织得更密才能达到同样克重。

负责人：

问题改善具体措施：1.现在的布全部过缩水机，经压过都有所改善，没问题；2.将来的布，建议还是不能织到尽密，因为每一种密到极限都会有些问题出来，如布面起皱，暴孔等.以后可以将面稍微调疏点，底面毛圈稍微放长点.3.顶破强力及底面毛圈后面大货都没问题。

跟进责任人

客户意见：	
	审核人：

86

表2-36　面料品质整改通知

染整厂：		品种：		发单日期：	
染整厂负责人：		规格：		要求完成日期：	
问题类别：		色号：		跟单员	
问题描述：					记录人：
问题原因分析：					负责人：
问题改善具体措施：					跟进责任人：
客户意见：					审核人：

表2-37　产品回修配缸明细表

客户名称： 客户单号： 回修单位：				生产单号： 回修日期：	
产品名称：					
使用坯布：					
坯布规格：	面密度		g/m²	幅宽	cm　英寸
成品规格：	面密度		g/m²	幅宽	cm　英寸
缸号(批号)：			缸次		
回修原因及说明：					
回修布明细表					
编号	布号	数量(kg/m)	编号	布号	数量(kg/m)
备注：					
跟单：　　　　　　日期：					

表2-38 异常处理记录表

文档编号:＿＿＿＿＿＿＿＿＿＿　　　　　　　　　　　　　附件资料:无□／有□ 共＿＿页

三不放过原则	1. 原因没查清不放过;	发生次数		时间	年 月 日	
	2. 对策措施不明确不放过;	初次□　再次□	次	发生部门		
	3. 相关人员没有受到教育不放过;	当事人		责任人		

发生状况	异常状况(时间、地点、产品编号、数量、或其他异常情况等等)	纠正——不合格品处置(实施日期,结果确认等)
		有何先兆(事后的推测)

问题和对策	问题和原因(制造原因、流出原因)	纠正措施——对策及控制计划(暂定、永久)

防止再发生	预防措施——防止办法(标准作业,点检改进,管理方法,教育训练,防差错措施等)

表2-39 产品回修统计表

客户	单号	品种	颜色(花型)	缸号(批号)	加工数量	回修数量	回修原因	回修率	处理措施	回修结果	备注

主管:　　　　　　　制单:　　　　　　　跟单:

表 2－40　产品质量检验统计表

编号：　　　　　　　　　　　　　　　　日期：

成品名称	成品规格	批次	检验项目	检验方法	检验标准编号	抽样办法	产品标准	不合格处置方法	备注

制单：　　　　　　　　　　审核：　　　　　　　　　　　　跟单：

表 2－41　成品质量检测报告

客户名称＿＿＿＿＿＿＿＿＿＿　订单号＿＿＿＿＿＿＿＿＿＿　订单数量
生产部门＿＿＿＿＿＿＿　规格＿＿＿＿＿＿　生产日期＿＿＿＿＿　验货日期

编号	布号	产品名称	颜色（花型）	色号（缸号）	总数量	出货数量	抽检数量	及格数量	及格率	疵点项目	不良原因	备注
1												
2												
3												
4												
5												
6												
7												
8												

品检员：　　　　　　　　　　　　　日期：

表 2－42　印染成品产量月报表

填报日期：截止　　月　　日

客户	单号	品种	规格	缸号批次	颜色花型	当月产量						工艺	损耗	备注
						投胚数量		半成品数量		成品数量				
						匹数	重量	匹数	重量	匹数	重量			
使计：														

主管：　　　　　　　　　制表：　　　　　　　　　跟单员：

89

五、后整理定形过程的跟单工作

1. 后整理定形的进度跟进

跟单员依据生产进度安排,将半成品的统计资料报送生产部门主管,参考试样的技术资料进行后整理定形加工,特别要注意协调好生产时间和交货时间的关系。后工序生产是最终决定交货期的重要过程,是产品完成最终加工的关键工序。如果因为后续没有按时完成生产,而延误交货时间,等于前面所做的一切工作前功尽弃。因此跟单员应有序地进行下列操作:

① 准备资料工作:跟单员应及时将半成品的有关资料交后工序生产部门以便安排生产。资料应包括:半成品明细单、生产工艺单、生产流程单、产品质量标准等。

② 确定生产时间:根据各个订单的交货期,合理安排后工序生产进度,原则上是先进先出。对于特别紧急的订单可优先安排。分批分期交付的订单,可灵活穿插安排,最终目的是能够保证所有订单按期交付。

③ 跟进生产进度:跟单员要随时了解统计生产量,掌握生产进度,对于出现的问题(主要是生产进度和质量问题),应及时向主管人员汇报,协助生产车间人员做好半成品布匹的调配工作,保持生产的连续进行。同时要做好跟单记录。

2. 成品产量汇总统计

后工序生产是形成最终成品的过程,其产量实质上表示整个企业的生产数量和生产能力。后工序的产量数据是企业核算成本、考核业绩的重要依据,因此后工序的产量统计工作非常重要,也是订单实际完成的具体表现。通过产量统计,跟单员应核对客户订单的数量与实际生产量的差异,通常最终产品数在 $\pm 3\% \sim \pm 5\%$ 范围内,如果超出范围,应及时与客户沟通。如果最终成品数量不足应及时补染(印)以补足差额,如果数量超出,应征求客户的意见再决定交付的数量。

坯布的印染加工,因工艺流程很长且影响因素较多,安排生产之前要充分考虑造成损耗的影响因素,并精确计算坯布的投入量。特别是后工序的定形过程对布匹的长度和重量影响很大,机织布通常以长度为数量的计量标准。定形时的拉伸率既会影响成品的长度数量,也会影响成品布的尺寸稳定性(缩水率);而针织布通常以重量为数量的计量标准,定形时的干燥程度和织物的回潮率,均会对成品数量产生影响。某些针织布所特有的卷边性,要求在整理定形时做浆切边处理,以使布边平整,便于服装生产使用(其原因是服装裁剪要要求铺布平整,以保证剪裁质量,保证衣片的尺寸正确),这样会增加的 $2\% \sim 3\%$ 损耗。另外,有时客户可能会要求每一匹成品布的布头布尾有一定长度(通常是 0.5 m)的数量不计入成品数量。因此在成品检验和成品数量统计时要考虑这些因素,最终统计的结果应该是能够交付给客户的实际数量。从另一方面看,在计算坯布投入量时,应充分了解生产加工工艺和客户的要求,并具备较丰富的实践经验,以使最终成品数量更加准确。

生产量的统计可以用生产日报表的形式,将有关的数据填入并统计出有关指标,使每天的生产量可以直观地表示出来。这样可方便有关主管人员及时了解掌握企业的运作情况,有助于提高企业的管理水平。报表可以按客户或按单号分别统计填写,统计核算部门通过此表可以汇总出企业的总产量。

3. 成品质量统计

成品质量统计,是指将成品质量检验的结果进行汇总,其目的是为有关主管人员提供企业产品质量水平的情况,对人为造成的质量问题进行有效地追究责任,对技术水平和生产工艺进行有目的的改进提高,并且可以总结出针对不同的客户要求、不同的产品品种所应注意的问题和提高完善产品质量的措施。

成品质量资料的来源,主要依靠质检和品质控制部门的质量检验资料,成品质量主要从外观质量和内在质量两个方面进行考核。生产品种的不同,要求的质量指标和内容有所差别。跟单员在工作中,要有意识地收集有关的资料,可以通过质检人员、化验室、检验室的检验记录进行统计。统计后的资料可供内部参考使用,有时客户会要求成品交付时随带有成品质量检验报告,跟单员应从统计资料中,摘录出有关的内容,填制成品质量报告,作为产品出厂的合格凭证。

成品的外观质量,包括手感、风格、光光泽等指标,通常会与客户提供的样品进行比照,客观进行评判合格与否。外观质量主要看布匹表面外观疵点情况,疵点的评定应按照标准(现成的标准或新制定的标准)进行评判做出产品质量检验报告。外观质量检验应逐匹检验并记录结果。

成品的内在质量检验通常是由企业的检验室(或化验室)根据客户要求的指标进行逐项检验,检验结果与客户的要求逐项对照,从而判定产品质量是否合格。一些重要的质量项目中如果某一项不合格,即可判定产品不符合要求,应进行相应的回修处理。内在质量应逐批次(或逐缸次)进行抽验,即在每一批次中随机抽取一定匹数的成品进行检验,抽取量可视实际情况而定,通常应不低于一个批次(或缸次)的15%。

>>>>项目六　染整印花产品外包加工<<<<

一、合约控制

1. 质量保证协议

企业应与外包企业达成明确的质量保证协议,以明确规定外包企业应负的质量保证责任。协议可包括下列一项或多项内容:

① 信任外包企业的质量体系;

② 随发运的货物提交规定的检验试验数据以及过程控制记录;

③ 由外包企业进行100％的检验试验;

④ 由外包企业进行批次接收后抽样检验试验;

⑤ 实施本企业规定的正式质量体系;

⑥ 对本企业或第三方外包企业的质量体系进行定期评价;

⑦ 内部接收检验或筛选。

2. 验证方法协议

与外包企业就验证方法达成明确的协议,以验证是否符合要求。

3. 解决争端协议

应制订有关制度和程序,以解决外包企业和本企业之间的质量争端或争议。

二、发料管理

① 明确物料损耗率;

② 编制标准材料表;

③ 根据规定的损耗率及标准用料发料(表2-43);

④ 领用、发料及余料、不良品退还应根据企业相关制度进行;

⑤ 及时回收多余的物料及退回的物料。

表2-43　领(发)料单

编号		日期			
序号	外包(协)加工合同号	品名	规格	计量单位	数量
加工企业			签收人		

本表一式五联(仓库留存联、财务联、随货同行联、统计联、收货人联)

外包企业领料人签字:　　　　　　　　　　　　　发包企业发料人签字:

三、验收

要建立一个中心验收点,所有收货都应通过这个点办理。验收部门应独立于采购、发运、财务和存货控制等职能之外,所有产品收货都要有已经批准的购货订单副本作凭证,任何在购货订单内的来货应有适当高一级管理人员的书面批准为准。收货应由质量检验部门检查、点数、称量或度量,至少必须抽查试验或检验合格。在验收时发生存货拒收,应清楚地持签表明并分隔储藏于仓库,在财务报告中恰当记录。凡发生应由运输人或销售人员负责的材料短缺、材料损坏或退货等情况,应立即办理追索。

① 明确标准:将技术标准和管理标准转化为明确的质量检验标准,使检验人员知道什么是合格、什么是不合格。

② 度量:要对产品的一个或多个质量特性,通过物理的、化学的和其他科学技术手段和方法进行观察、测量、试验,取得产品质量的客观数据。

③ 对比:将实际度量结果与质量标准相对比,以检验质量特性是否符合要求。

④ 判定:根据对比结果,判断单件产品或一批产品是否合格。

⑤ 处理:对于不同的检验类型采用不同的处理方式;对单件产品经检验合格则放行,不合格的则做出标记店隔离存放;对工序检验不合格的,则决定停产或调整;对原材料检验不合格的,则不能入库,需退回。

⑥ 记录:每次检验,都要有记录,并出具"验货报告",同时要求外包企业的负责人签字确认,以便在下一次复检中,作为凭据。

⑦ 结算(表2-44)。

表2-44 外发加工结算报表

( )月外发加工结算报表													年 月 日
加工单位	单号	交付时间	成品品种及规格	投坯坯布品种及规格	投坯数量	加工方式	计算方式	成品数量	单价	金额	已付金额	差额	备注
合计	总加工金额:			已付金额:			差额:						
制表:		账务审核:							跟单员:				

>>>>项目七　染整印花品质控制<<<<

任务一　纺织品质量控制基本流程

一、产品质量的概念

1. 产品质量的含义

ISO 9000：2000 国际标准中对质量描述为："质量是指产品、体系或过程的一组固有的特性满足顾客和其他相关方要求的能力。"质量可用形容词"差"、"好"或"优秀"来修饰。

通常，狭义的产品质量亦称为品质，它指产品本身所具有的特性，一般表现为产品的美观性、适用性、可靠性、安全性和使用寿命等。广义的产品质量则是指产品能够完成其使用价值的性能，即产品能够满足用户和社会的要求。由此可见，广义的产品质量不仅是指产品本身的质量特性，而且包括产品设计的质量、原材料的质量、计量仪器的质量、对用户服务的质量等要求，这些统称为"综合质量"。

纺织品质量（品质）是用来评价纺织品优劣程度的多种有用属性的综合，是衡量纺织品使用价值的尺度。

2. 质量检验的含义

世界著名的质量管理专家朱兰（Joseph M . Juran）认为："所谓检验，就是这样的业务活动，决定产品是否在下道工序使用时适合要求，或是在出厂检验场合，决定能否向消费者提供。""检验"定义为"通过观察和判断，适当时结合测量、实验所进行的符合性评价"。对纺织产品而言，检验就是用一定的方法和手段测定原材料、半成品、成品等的质量特性，并将测得的结果同该特性的规定标准相比较，从而判断其合格与否的过程。

二、纺织品检测标准

产品质量控制，不仅仅是从工艺、技术、设备等方面进行把关，同时也包含对员工的工作质量进行检查和监督，落实质量责任，使全体员工在生产工作中，通过高质量的工作确保产品质量的稳定和提高。而纺织品检验是其中最为有效的质量控制手段。

纺织品检验：主要是运用各种检验手段对纺织品的品质、规格、等级等检验内容进行检验，以确定其是否符合标准或贸易合同的规定。

纺织品检测：是按规定程序确定一种或多种特性或性能的技术操作。也就是说纺织品检测是一种按纺织品检测标准的规定对纺织品的性能进行测试的技术操作过程。

纺织标准以纺织科学技术和纺织生产实践的综合成果为基础，经有关方面协商一致，由主管机构批准并以特定的形式发布，作为纺织生产、纺织品流通领域共同遵守的准则和依据。

1. 纺织标准的种类

纺织标准大多为技术标准，按其内容可分为纺织基础标准和纺织产品标准。其中基础标准包括基础性技术标准（如各类纺织品的名词术语、图形、符号、代号及通用性法则等）和检测方法标准。

纺织检测标准是对各种纺织产品结构、性能、质量的检测方法所作的统一规定。具体内容包括检测的类别、原理、取样、操作步骤、数据分析、结果计算、评定及复验规则等。对使用的仪器、设备及试验条件(包括试验参数和试验用大气条件)也做了规定。各种纺织检测方法一般单独列为一项标准,有时(少数)也会被列入纺织产品标准的检验方法中。

纺织产品标准是对纺织产品的品种、规格、技术要求、评定规则、试验方法、检验规则、包装、贮藏、运输等所做的统一规定。纺织产品标准是纺织品生产、检验、验收、商贸交易的技术依据。

2. 纺织标准的表现形式

纺织标准按其表现形式可分为两种,一种是仅以文字形式表达的标准,即"标准文件";另一种是以实物标准为主,并附有文字说明的标准,即"标准样品",简称"标样"。标样由指定机构按一定技术要求制作成"实物样品"或"样照",如棉花分级标样、棉纱黑板条干样照、织物起毛起球样照、色牢度评定用变色和沾色分级卡等。这些"实物样品"和"样照"是检验纤维及其制品外观质量的重要依据。

随着测试技术的进步,某些用目光检验,对照"标样"评定其优劣的方法,将逐渐向先进的计算机视觉检验方法的方向发展。

3. 纺织标准的执行方式

纺织标准按执行方式分为强制性标准和推荐性标准。为保障人体健康、人身财产安全所制定的标准及法律、行政法规规定强制性执行的标准是强制性标准,其他标准为推荐性标准。

强制性标准必须严格强制执行,违反强制性标准的,要由法律、行政法规规定的行政主管部门或工商行政管理部门依法处理。而推荐性标准虽然没有规定强制执行,是有关各方自愿采用的标准,但现行的国家或行业标准,不管是强制性的,还是推荐性的,一般都等同或等效采用国际标准,具有国际先进性和科学性。积极采用推荐性标准,有利于提高纺织产品质量,增强产品的市场竞争力。

4. 纺织标准的级别

按照纺织标准制定和发布机构的级别、适用范围可分为国际标准、区域标准、国家标准、行业标准、地方标准及企业标准。我国的《标准化法》中规定:我国标准分为国家标准、行业标准、地方标准和企业标准。其中适用于全国范围纺织行业的有国家标准和行业标准。

三、纺织品试样准备和测试环境

1. 标准大气

纺织材料大多具有一定的吸湿性,其吸湿量的大小主要取决于纤维的内部结构,同时大气条件对吸湿量也有一定影响。在不同大气条件下,特别是在不同相对湿度下,其平衡回潮率不同。环境相对湿度增高会使材料吸湿量增加而引起一系列性能变化,如:质量(重量)增加,纤维截面积膨胀加大,纱线变粗,织物厚度增加、长度缩短,纤维绝缘性能下降,静电现象减弱等。为使纺织材料在不同时间、不同地点测得的结果具有可比性,必须统一规定测试时的大气条件,即标准大气条件。标准大气亦称大气的标准状态,有三个基本参数:温度、相对湿度和大气压力。国际标准中规定的标准大气条件为:湿度(T)为 20℃(热带地域为 27℃),相对湿度(RH)为 65%,大气压力规定在 86～106 kPa 范围内,视各国地理环境而定(温带标准大气与热带标准大气的差异在于温度,其他条件均相同)。我国规定大气压力为 1 个标准大气压,即101.3 kPa(760 mm 汞柱)。在温湿度的规定上,考虑要保持温湿度无波动是不现实的,故标准规定了允许波动的范围:温度 20±2℃,相对湿度 65±4%。

2. 调湿

纺织材料的吸湿或放湿平衡需要一定时间,同样条件下由放湿达到平衡较由吸湿达到平衡时的平衡回潮率要高,这种因吸湿滞后现象带来的平衡回潮率误差,会影响纺织材料性能的测试结果。因此,在测定纺织品的物理力学性能之前,检测样品必须在标准大气下放置一定时间,并使其由吸湿达到平衡回潮率,这个过程称为调湿处理。

3. 预调湿

当样品在调湿前比较潮湿时(实际回潮率接近或高于标准大气的平衡回潮率),为了确保样品能在吸湿状态下达到调湿平衡,需要进行预调湿。

预调湿的目的是降低样品的实际回潮率,通常规定预调湿的大气条件为:温度不超过50℃,相对湿度为25%～100%。

4. 试样的剪取

对于织物来说,试样剪取是否有代表性,关系到检测结果的准确程度。试验室样品的剪取应避开布端(匹头),一般要求在距布端2 m以上的部位取样(如果是开匹可以不受此限),所取样品应平整、无皱、无明显疵点,其长度能保证试样的合理排列。

在样品上剪取试样时,试样距布边150 mm以上。为了在有限的样品上取得尽可能多的信息,通常试样的排列要呈阶梯形,即经向或纬向的各试样均不含有相同的经纬纱线,至少保证其试验方向不得含有相同经纬纱线,而非试验方向不含完全相同的经纬纱线。在试验要求不太高的情况下,也要保证试验方向不含相同经纬纱线,而另一方向可以相同,这称为平行排列法。但应注意试样横向为试验方向时(如舌形撕破强力),不能采用竖向的平行排列法。

由于吸湿会导致纱线变粗,织物变形,为了保证试样的尺寸精度,织物要在调湿平衡后才能剪取试样。

四、纺织品质量检验和抽样方法

1. 抽样方法

对于纺织品的各种检测,实际上只能限于全部产品中的极小一部分。一般情况下被测对象的总体总是比较大的,且检测大多数是破坏性的,不可能对它全部进行检测。因此,通常都是从被测对象总体中抽取子样进行检测。

具体来说,抽样方法主要有以下四种:

① 纯随机取样:从总体中抽取若干个样品(子样),使总体中每个单位产品被抽到的机会相等,这种取样就称为纯随机取样,也称简单随机取样;

② 等距取样:先把总体按一定的标志排队,然后按相等的距离抽取;

③ 代表性取样:运用统计分组法,把总体划分成若干个代表性类型组,然后在组内用纯随机取样或等距取样法分别从各组中取样,再把各部分子样合并成一个子样;

④ 阶段性随机取样:从总体中取出一部分子样,再从这部分子样中抽取试样。从一批货物中取得试样可分为三个阶段,即批样、样品、试样。

进行相关检测的纺织品,首先要取成批样或试验室样品,进而再制成试样。

2. 检验方法

(1)按检验内容区分 按检验内容区分从纺织品的检验内容来看,其检验可分为品质检验、规格检验、数量检验、包装检验等。

① 品质检验：影响纺织品品质的因素概括起来可以分为内在质量和外观质量两个方面。因此，纺织品品质检验大体上也可以划分为内在质量检验和外观质量检验两个方面。内在质量检验是指借助仪器设备对产品物理力学性能的测定和化学性质的分析，如回潮率、线密度、强伸度、静电、保暖性、阻燃性、纤维含量的测定等。外观质量检验大多采用感官检验法，如纱的条干均匀度（黑板条干）、杂质、疵点；织物经纬向疵点、纬斜、破洞等检验。由于感官检验带有较多的人为影响因素，所以已有一些外观质量检验项目用仪器检验替代了感官检验，如纱的条干均匀度（条干均匀度仪）、纱疵分级（纱疵仪）、毛羽检验（毛羽仪）、白度检验（白度仪）等。

② 规格检验：纺织品的规格一般是指按各类纺织品的外形、尺寸（如织物的匹长、框宽）、花色（如织物的组织、图案、配色）、式样（如服装造型、形态）和标准量（如织物面密度）等属性划分的类别。

③ 数量检验：各种不同类型纺织品的计量方法和计量单位不同，机织物通常按长度计量，纺织纤维、纱线按重量计量，服装按数量计量。若按重量计量，则应考虑包装材料重量和水分等其他物质对重量的影响。重量主要有以下几种计量表述：毛重、净重和公量。

④ 包装检验：纺织品包装检验是根据贸易合同、标准或其他有关规定，对纺织品的外包装（又称运输包装或大包装）、内包装（又称销售包装或小包装）以及包装标志进行检验。纺织品包装既要保证纺织品质量、数量完好无损，又要使用户和消费者便于识别。

（2）按检验数量区分　从被检验产品的数量上来区分，纺织品检验分为全数检验和抽样检验两种。

全数检验是对批（总体）中的所有个体进行检验；抽样检验则是按照规定的抽样方案，随机地在一批中抽取少量个体进行检验，并以抽样检验的结果来推断总体的质量。纺织检验中，织物外观疵点一般采用全数检验方式，而纺织品内在质量检验大多采用抽样检验方式。

（3）按纺织品的生产工艺流程区分　按纺织品的生产工艺流程纺织品检验可分为预先检验（投产原料检验）、工序检验（中间检验）、最后检验（成品检验）、出厂检验、库存检验、监督检验、第三者检验等。

五、成品织物质量检验的内容

成品织物的检验，因种类的不同，其检验内容有所区别，但基本上是从外观质量和内质量两方面入手，对成品织物的质量进行评定。通常服用类成品织物分为印染布、色织布、丝织物、毛织品和针织布几大类。

1. 印染布、色织布

质量检验内容包括：外观质量检验、内在质量检验、规格检验、数量和包装检验。

（1）外观质量检验项目　外观疵点：色光、手感、皱痕、土污迹、搭色、油迹、蜡斑、擦伤、纬斜、扭力、月牙、起绒过度、起绒不匀、起绒不足、褶印、起球、折痕、荷叶边、极光、卷边、脱边、坏边、人为污迹等。

（2）内在质量检验项目

① 密度：经纬密度（按 GB4668 试验标准）；断裂强度（按 GB3923 试验标准）；

② 尺寸变化率（包括缩水率，按 GB8628—GB8630 试验标准）；

③ 染色牢度：包括耐洗色牢度（按 GB3921 试验标准）、耐摩擦色牢度（按试验标 GB3920 试验标准）、耐汗渍色牢度（按 GB3922 试验标准）、耐熨烫色牢度（按 GB6152 试验标准）、耐刷

洗色牢度(按 GB/T420 试验标准)、色差(变色按 GB250 评定,沾色按 GB251 评定)。

(3) 规格检验　幅宽、匹长、纱线线密度、经纬纱密度、重量(包括:长度重量、面密度)。

(4) 数量和包装标志检验　数量核对(包括长度和重量)、包装花色搭配比例、包装标识与标志核对。

2. 丝织物

丝织物检验包括外观质量检验、内在质量检验两大方面。

(1) 外观质量检验项目

① 手感、花型、色泽、色差检验,通常要求色差(与原样比较)不低于 4 级;

② 匹长、幅宽、经纬密度检验;

③ 外观疵点检验。

(2) 内在质量检验项目

① 面密度(按 GB4669 试验标准方法 4);

② 尺寸变化率,主要是指缩水率(按 GB8628—GB8630 试验标准);

③ 断裂强力(按 GB3923 试验标准);

④ 染色牢度包括耐洗色牢度(按 GB3921 试验标准)、耐摩擦色牢度(按试验标 GB3920 试验标准)、耐汗渍色牢度(按 GB3922 试验标准)、耐熨烫色牢度(按 GB6152 试验标准)、耐水洗色牢度(按 GB5317 试验标准)、耐干洗色牢度(按 GB5711 试验标准)、色差(变色按 GB250 评定,沾色按 GB251 评定)。

3. 毛织品

毛织品质量检验包括外观质量和内在质量检验。

(1) 外观质量检验项目　局部性外观疵点和散布性外观疵点。

(2) 内在质量检验项目

① 毛织物的呢面、手感、光泽;

② 幅宽、面密度、尺寸变化率;

③ 纤维含量(即纤维成分,按 GB2910、GB2911 试验标准);

④ 起球性(按 GB4801.1 试验标准);

⑤ 断裂强力(按 GB3923 试验标准);

⑥ 汽蒸收缩(按 GB8691 试验标准);

⑦ 撕破强力(按 GB3917 试验标准);

⑧ 含油脂率(按 FZ20002 试验标准);

⑨ 染色牢度:包括耐光色牢度(按 GB8427 试验标准)、耐洗色牢度(按 GB3921 试验标准)、耐摩擦色牢度(按试验标 GB3920 试验标准)、耐汗渍色牢度(按 GB3922 试验标准)、耐热压色牢度(按 GB6512 验标准)、耐水洗色牢度(按 GB5317 试验标准)、耐干洗色牢度(按 GB5711 试验标准)、色差(变色按 GB250 评定,沾色按 GB251 评定)。

4. 针织布

针织布检验包括外观质量和内在质量检验。

① 外观质量检验项目:幅宽、匹重、表面外观疵点;

② 内在质量检验项目:平方米干燥质量(按 GB8878 试验标准)、尺寸变化率(按 GB8628—GB8630 试验标准)、弹子顶破强力(按 8878 试验标准)。

六、织物的环保要求与绿色纺织品

国际生态纺织品标准的颁布实施,使人们认识到纺织品中所含的有害物质对人体的危害性,特别是用于生产纺织品的原料以及生产加工过程中所使用的化学物质,对人体及环境的危害性越来越受到重视。随着技术的发展,纺织原料的生产及织物的印染加工过程中,含有有害物质的化学物品逐步由环保或天然的物质所代替。是由国际纺织品生态学研究与检测协会制定并实施的《生态纺织品标准 100》(Oeko-Tex Standard 100),以及我国同步实行的国家标准 GB18401—2010《国家纺织产品基本安全技术规范》,明确规定了纺织品中有害物质的种类、残余量等指标的限度值,从而对纺织品中所含的对人体有害物质的含量限定了范围,以保障消费者的身体健康。在制定检验标准及方法时应要特别注意客户对此方面的要求。

纺织品中有害物质主要有:

① 来自纺织品印染加工过程中的偶氮染料、甲醛、荧光增白剂和柔软剂;

② 天然纤维如棉、毛纤维上残留的杀虫剂、防腐剂、防霉剂等;

③ 残留在纺织品中的重金属;

④ 棉花种植时喷洒的农药、施用的人造肥料等;

⑤ 残留在化学纤维中的可诱发癌变的偶氮染料单体、甲醛、卤化物载体;

⑥ 合成染料。

有关生态纺织品技术要求的有关内容摘录在表 2 – 45 中。

表 2 – 45　纺织产品的基本安全技术要求指标(GB18401—2010《国家纺织产品基本安全技术规范》)

项　目		A 类	B 类	C 类	测试方法
甲醛含量(mg/kg)≤		20	75	300	GB/T 2912.1
pH 值		4.0~7.5	4.0~8.5	4.0~9.0	GB/T 7573
色牢度(级)≥	耐水(变色、沾色)	3~4	3	3	GB/T 5713
	耐酸汗渍(变色、沾色)	3~4	3	3	GB/T 3922
	耐碱汗渍(变色、沾色)	3~4	3	3	GB/T 3922
	耐干摩擦	4	3	3	GB/T 3920
	耐唾液(变色、沾色)	4	—	—	GB/T 18886
异味		无			GB 184016.7
可分解芳香胺染料(mg/kg)		禁用			GB/T 17592 GB/T 23344

a) 后续加工工艺中必须要经过湿处理的非最终产品,pH 值可放宽至 4.0~10.5 之间。b)对需经洗涤褪色工艺的非最终产品、本色及漂白产品不要求;扎染、蜡染等传统的手工着色产品不要求;耐唾液色牢度仅考核婴幼儿纺织产品。婴幼儿纺织产品应符合 A 类要求,直接接触皮肤的产品至少应符合 B 类要求;非直接接触皮肤的产品至少应符合 C 类要求,其中窗帘等悬挂类装饰产品不考核耐汗渍色牢度。婴幼儿纺织产品必须在使用说明上标明"婴幼儿用品"字样。

七、染整加工品质监控

要对影响纺织品染整加工的各种因素进行分析整理,从生产设备、技术条件、工人操作水平以及坯布质量、练漂质量、染化料质量、半成品质量、成品质量等几方面着手,落实质量责任,对各道生产工序进行检验和敦促工作,直至成品出厂,以保证染整加工后纺织品的品质,所以若跟单员对产品质量控制的跟单工作,应从以下几方面开展。

1. 坯布质量的跟进

进厂的坯布,在投入印染加工之前应进行质量抽查,跟单员应协同品质控制部门进行抽查工作,并记录检验结果。坯布检验的目的是了解坯布在染整印花过程中可能对产品质量产生影响的因素。坯布本身的质量问题(如棉结、毛羽、油污、色渍、异形纤维等)均会对最终成品的质量造成影响。对于客户来坯进行印染加工的订单,通过检验发现质量问题严重的坯布,跟单员应及时与客户沟通,反馈坯布质量信息,说明可能产生的后果,征求客户的处理意见。跟单员应熟悉和了解客户对成品质量要求的标准,根据坯布情况尽量给予可行或可用的建议。另外如果抽检时发现坯布品质存在大量问题,必须和纺织厂及时取得联系,找到解决问题的方法,寻求补救措施,否则就无法保证产品交货期。抽检的内容主要包括坯布门幅、坯布密度、坯布厚度、坯布长度、原料质量、织造质量和包装质量等方面。

2. 染化料质量跟进

染化料质量控制和使用应由技术部门具体操作,跟单员应将客户对成品质量要求内容中涉及有关染化料的要求内容通报技术部门,特别是有关色牢度和环保方面的要求应详细列明,从而使技术部门在制定印染工艺时,有针对性地选择染化料,以保证成品的质量达到要求。

3. 半成品质量跟进

生产过程每一个环节的质量控制,是最终产品质量的有效保证,跟单员重点应跟进中检环节的半成品质量,收集、汇总、传递质量信息,及时调整改进生产工艺,保证成品质量。

4. 成品质量跟进

成品质量检验是生产过程的最后一个环节,应严格把关重点跟进。成品检验操作应准确客观,真实记录产品质量结果。应要求质检人员按客户的质量要求(或质量标准)逐匹检验,不合格的产品绝不能出厂交付。同时,跟单员应做好成品质量情况的统计整理工作并上报有关人员。

成品质量的检验,应注意所使用的检验标准、检验程序、检验条件(设备、光源)、检验方法等是否与客户(或标准)的要求相一致,以保证结果的客观性和准确性。通常客户会指派质检人员(QC)到厂抽检成品,跟单员应积极配合,相互交流,以保证产品能够顺利交付。

任务二 染整生产过程质量控制

染整生产过程质量控制主要包括前处理过程质量控制、染色产品质量控制、印花产品质量控制和整理过程质量控制等内容。

一、前处理过程质量控制

前处理(也叫练漂)是织物染整加工的第一道工序,也是染整加工中的主要工序之一,几乎所有的纺织制品都要经过练漂才能加工成最终产品。

前处理半制品质量的好坏不仅直接影响成品的质量,而且也影响到后面染整加工的工艺和质量。例如:练漂时工艺或操作不当使纤维素氧化,会造成织物的脆损,使强力下降,严重时使产品无法进行后续加工或使用;丝光不足,不仅影响纤维的光泽、手感、强力,对染料的吸收也有影响,所以说丝光质量也影响染色工艺;漂白白度如果不够,产品的白度就不达标,染色印花产品的鲜艳度也会受到影响;毛效如果不好,不仅会影响吸湿透气服用性能,而且严重影响染色印花的工艺和质量。如果蚕丝绸精练脱胶不匀,会导致织物光泽性变差,更严重的是会带来染色不匀。因此,控制练漂成品及半制品的质量是保证印染成品质量的前提,对印染产品品质控制的跟单工作具有非常重要的意义。

前处理产品是洁白、柔软且具有良好的润湿渗透性,能满足服用要求和染色、印花、整理后加工要求的成品或半成品。织物品种不同前处理产品的质量要求有所差异,其质量监控通常包括外观质量监控和内在质量监控两个方面。外观质量监控的主要内容包括烧毛质量、白度、光泽和皱条、疵点等符合质量要求;内在质量监控内容包括毛效、强力、pH 值、织物缩水率等。

(一) 外观质量指标

织物经练漂处理后,所含的杂质基本去除干净,其外观形状与原坯布(绸)相比有很大变化。不同织物的外观质量检测指标是有差异的,但总体要求基本一致。合格的练漂半制品外观应是光洁、亮泽、洁白、匀净的。

1. 棉及棉型织物的外观质量要求

① 烧毛质量要求:普通棉织物烧毛质量要达到 3 级以上,即基本上没有长纤毛;斜纹、纱卡其、纱华达呢、纱哔叽等应达 3~4 级,即基本上无长纤毛,仅有短毛,且较整齐;涤纶、维纶与棉的混纺布、涤黏中长纤维混纺布按同类棉布产品要求降低 1/2 级;

② 白度要求:客户对漂白产品的白度有一定的要求,染色、印花加工对练漂半成品的白度也有一定的要求;经前处理后,织物的白度一般要求达到 85%(以 $BaSO_4$ 作为 100% 计)以上,白度的具体要求视纤维及织物的品种、用途、印染加工色彩的不同而略有不同;

③ 手感的要求:纺织品经过前处理加工后,所有杂质基本去除,织物的手感在滑爽、柔软等方面应该有较大的提高;

④ 光泽的要求:目前棉织物除少数漂白或浅色品种外,一般均要进行丝光处理,使织物获得丝一般的、耐久性的光泽;

⑤ 外观疵点:前处理质量检验的外观疵点包括织造疵病和练漂加工疵病两方面。无论哪方面的疵病都将直接影响织物的质量等级和后加工质量。常见的织造疵病有:稀密路、断经、纬纱不匀、蛛网百脚等。常见的练漂加工疵病有卷边、破损、纬斜、各类斑渍、门幅大小等诸多种类。对练漂半制品的检验而言,重点是检验和控制前处理加工产生的疵病。

2. 毛及毛型织物的外观质量要求

毛织物的外观质量主要包括呢面的光泽性、白度及光洁性能、外观疵点等。其中前 3 项与棉织物类似,只是程度有所不同。外观疵点主要有:精梳毛织品中的经向粗纱、细纱、双纱、松纱、紧纱、错纱,呢面局部狭窄;油纱、污纱、异色纱、磨白纱、边撑痕、剪毛痕;缺经、死折痕,经档、经向换纱印,边深浅、呢匹两端深浅,条花、色花;刺毛痕、边上破洞、破边、刺毛边、边上磨损、边字发毛、边字残缺、边字严重沾色、漂白织品的边上针锈、针眼、荷叶边、边上稀密;纬向粗纱、细纱、双纱、松纱、紧纱、错纱、换纱印,缺纬、油纱、污纱、异色纱、小辫子纱、稀缝;经纬向的厚段、纬影、严重搭头印、条干不匀,薄段、纬档、织纹错误、蛛网、织稀、斑疵、补洞痕、轧梭痕、大肚纱、吊经条,破洞、严重磨损,毛粒、小粗节、草屑、死毛、小跳花、稀隙,呢面歪斜等。

3. 丝织物的外观质量要求

丝织物的外观质量要求不同于短纤维织物,主要包括以下 3 个方面。

① 白度与光泽要求:采用白度仪测定,练后蚕丝的织物白度要求达到 80% 以上。双绉类

产品的白度要求达到80%以上,电力纺、斜纹绸可达85%以上,但用白度仪测出的白度往往与肉眼评定有差距。织物的光泽也会影响白度,光泽好的织物的白度也高,因此白度的评定要结合光泽来进行。

② 手感的要求:桑蚕丝织物脱胶后柔软、滑爽,具有独特丝鸣特征的手感是其被称为纤维皇后的重要原因。

③ 绸面疵点:包括织造疵点和精练疵点两方面,可根据其种类、数量、程度对织物质量评定等级。常见的练疵有:纤维损伤(擦毛、灰伤、轧伤)、皱印、色泽深浅、破损、边不齐、有渍印(色渍、锈渍、油污渍、霉渍、蜡渍、皂渍、白雾、搭开)等。

(二) 内在质量指标

纺织品的内在质量一般是指其物理机械性能及相关的加工性能,它包括织物的润湿渗透性指标,如毛细管效应值、织物的物理指标,如幅宽、密度、重量、缩水率及有关机械性能指标,如断裂强力、纤维聚合度等。其中与前处理加工过程关系密切或对产品质量和后加工工艺影响较大的质量指标有3项。

1. 毛细管效应值

毛细管效应值是衡量织物被水润湿渗透效果的物理量,织物的毛细管效应值大,织物吸水、透汗性好,穿着舒适精练之后织物的毛细管效应值应达到8 cm/30 min以上,具体数值因织物类型不同略有差异。

2. 强度指标

练漂加工过程中使用的许多化学试剂都会对纤维强度有一定影响。例如,棉织物漂白用的氧化剂、退浆用的碱剂、蚕丝织物精练用的碱剂、还原剂等,它们在对织物练漂去杂的同时,也会不同程度地损伤纤维,造成纤维强度的降低。如果工艺控制不当,会造成纤维强力明显下降,影响后加工的进行和纤维的使用价值,所以纤维的强度也是练漂产品的重要指标之一。不同纤维类别和织物类型的织物,其强度指标大小是不同的。

3. 织物缩水率

前处理半制品,尤其是练漂产品的缩水率是决定纺织品质量等级的重要指标之一。纤维原料种类不同、织物类型不同,对缩水率的要求是有差异的,但总体要求是织物的尺寸稳定性要高,缩水率必须低。织物缩水率的大小除取决于纤维和织物类别外,还与印染加工的许多工序的工艺控制有关。

企业会根据本公司的质量要求进行产品的品质控制。产品标准的使用,是针对印染生产过程中对所加工产品的质量进行评判的依据,以保证生产过程中的质量控制,最终保证产品质量达到客户的要求。制定标准时,要充分了解客户对产品质量的具体要求,尤其是销售到其他国家和地区的外贸产品,要特别注意和了解其对产品质量、环保要求,甚至产品包装物的特殊规定,以使产品质量能够符合这些规定,在生产过程中针对这些特殊要求采取相应的措施,保证产品质量。

订单正式实施投产之前,应制定好相应的产品标准,以方便生产操作人员的使用,同时,也是跟单员必须保存的跟单资料,从而在跟单工作中,能够有效监督和控制产品质量,保证生产的正常进行。

跟单员的质量跟进,重点是把握几个质量监控点,并对这几个控制点进行有目的的跟进。使生产全过程各环节的质量处于有效的控制之中,最终保证出厂成品的质量。

生产过程每一个环节的质量控制,是最终产品质量的有效保证,跟单员重点应跟进中检环节的半成品质量,收集、汇总、传递质量信息,及时调整改进生产工艺,保证成品质量。

其中跟单员在前处理产品品质控制中所要汇总的信息包括坯布质量检测结果、半成品中检质量检测报告及统计表、半成品回修统计表等(表2-46和表2-47)。

二、染色产品质量控制

对染色产品质量提出明确具体要求是对染色产品质量进行有效控制的前提。只有明确了质量标准和要求,才能正确地评价产品质量,才能对产品染整加工的各个环节提出具体的要求和措施,使染色产品质量得以保证,以满足客户的要求。染色质量指标分为外观质量指标和内在质量指标。

(一) 外观质量指标

外观质量指标主要包括色泽和匀染性。

1. 色泽

色泽均匀一致是对染色产品质量最主要、最基本的评价要求。在染整企业的实际生产中,色泽要求在一定的条件下(标准对色光源)与来样色泽对比一致,即可认为符合要求。但要求高的,要将生产样在测色仪下测定,只有其数值与客户来样一致或相近(在允许误差范围内),才能认为符合客户要求。

2. 匀染性

匀染性又称匀染度,指染色产品的各个部位颜色均匀一致的程度,它包括染色产品表面色泽的均匀一致和染色产品内外色泽的均匀一致(通常称之为透染)。染色产品不仅要求色泽对样,而且要求染色产品颜色均匀一致,无色差、色渍、色花、条花、色点、深浅边等疵病,且外观均匀,色光柔和一致。

(二) 内在质量指标

1. 透染性

所谓透染性是指织物内外、纱线内外、纤维内外颜色均匀一致,即内外达到颜色相同,达到匀染,无环染等现象。

2. 染色牢度

染色牢度是指染色制品在使用或在染后的加工过程中,染料(或颜料)在各种外界因素的影响下,保持原来色泽的能力(即不褪色、不变色的能力),它是衡量染色产品质量的重要指标。

染色牢度指标分为耐皂洗色牢度、耐摩擦色牢度、耐日晒色牢度、耐汗渍色牢度、耐氯漂牢度、耐升华牢度、耐水渍牢度等。有的染色制品在染后还要经过其他加工处理,如色纱织好以后,还要经过复漂,所用染料就要具有耐漂牢度。对染色产品的染色牢度要求依染色产品的用途不同而有所不同。我国国家标准将耐日晒牢度分为1~8级,8级最高,而将皂洗、汗渍、摩擦等色牢度分为1~5级,5级最高。

总之,染色产品的色泽必须与来样一致,色泽要匀、透,染色牢度要达标。最大限度地满足客户的要求已成为印染企业指导生产的宗旨之一。

表 2 - 46　半成品质量检测报告

客户名称＿＿＿＿＿＿　订单号＿＿＿＿＿＿＿　订单数量＿＿＿＿＿
生产部门＿＿＿＿＿＿　规格＿＿＿＿＿
生产日期＿＿＿＿＿＿　验货日期＿＿＿＿＿

编号	布号	产品名称	颜色(花型)	色号	总数量	生产数量	抽检数量	及格数量	及格率	疵点项目	不良原因	备注
1												
2												
3												
4												
5												
6												
7												
8												
9												
10												

品检员：　　　　　　　　　　　　　　　　　　　　　　　日期：

表 2 - 47　前处理半成品回修统计表

客户	单号	品种	颜色(花型)	批号	回修数量	回修原因	回修率	回修方法	回修结果	备注

主管：　　　　　　　制单：　　　　　　　　　　　　　　跟单：

　　染色疵病种类繁多，一般分为外观疵病和内在疵病。外观染疵如：色泽不符标样、色点、色差、色花、色柳、色档、皱印、纬斜、极光、污渍、风印等；内在染疵主要有：色牢度不符合要求、缩水变形、脆损等。染色疵病的产生与多种因素有关，如：坯布质量、前处理质量、染料助剂的选择和使用、染色设备、染色工艺、染色操作以及后处理操作等。染色产品质量控制的跟单工作主要在于颜色控制、染色牢度控制、染色匀染性控制三部分。其中颜色控制包括批色颜色控制、大小样色差控制、缸差控制、辅料与主面料色差控制等几方面内容。染色牢度控制包括出缸板染色牢度控制和成品染色牢度控制。跟单员的染色质量控制跟进，重点是把握几个质量监控点，并对这几个控制点进行有目的的跟进。质量监控点包括：

　　① 小样批色过程的跟进：跟进批色结果，样板保存及及时将批色结果反馈给生产车间及小样员，收集有关信息并留档；

　　② 头缸样板的色差及匀染性、染色牢度跟进：收集头缸样布板及大小样色差评定结果；将头缸样板送检并跟进检测结果。如果打小样色差及匀染性、染色牢度不能达到要求，及时传递质量信息，跟进调整改进生产工艺进行回修的结果。寄送头缸布板给客户进行批核并跟进

结果；

③ 缸差控制的跟进：收集缸差样板并存档，对缸差不能达标的布样进行记录，及时通知车间进行回修并跟进回修结果；

④ 成品染色质量跟进：成品送检及结果跟进；寄送成品及缸差板给客户进行批核及结果跟进；

⑤ 染色牢度测试的跟进：染色牢度的测试一定要根据纺织品检测标准的规定进行，否则测试结果无效。贸易双方对测试结果发生争执时，需进行第三方认证。所谓第三方认证即国际贸易的主流形式，第三方作为"独立的检测机构（实验室）"能够客观地反映产品的质量内容，能够公平、公正地对待贸易双方；

⑥ 成品质量检验：生产过程的最后一个环节，应严格把关重点跟进。成品检验操作应准确客观，真实记录产品质量结果。应要求质检人员按客户的质量要求（或标准）逐匹检验，不合格的产品绝不能出厂交付。同时跟单员应做好成品质量情况的统计整理工作，上报有关人员。

三、印花产品质量控制

织物印花产品的一般加工工艺流程为：

图案设计→制版
仿色打样→调制色浆 }→印花→烘干→蒸化→水洗→整理→成品→成品检验
织物半制品准备

织物印花涉及纤维种类、织物组织、花型特点、印花方法、设备性能及前处理、制版、仿色、印制、蒸化、水洗等诸多方面，是染整加工产品中质量问题最多、质量控制难度最大、许多疵病难以修复的一个加工过程。织物印花总的目的是使织物获得鲜艳、清晰且具有一定色泽坚牢度的花型图案。印花产品的质量控制就是围绕实现这一目的而进行的。

印花产品同练漂、染色产品一样，其质量有外观质量和内在质量两个方面。

（一）外观质量指标

外观质量指标一般包括：幅宽、长度、质量、密度、手感、图案清晰、色彩鲜艳、整体对样无疵点。其中，与印花加工有直接关系的是图案清晰、色彩鲜艳、整体对样无疵点。

印花疵点种类繁多，不同的加工织物、工艺方法、加工设备产生的疵点也不尽相同。平版筛网印花中的疵点有接版印、压糊；滚筒印花中的疵点有刮刀印、拖浆；圆网印花中的疵点有刀线、嵌圆网网孔；拔染印花中的疵点有眼圈、浮雕；涂料印花中的疵点有涂料脱落；各种印花疵点共有 40 余种。

图案对样是指印花产品图案的形状、大小、相对位置及色调、色泽的浓淡、色光等要符合原稿精神。当印制难以实现（如开路接版或色光难调等）设计要求需更改花样时，要征得客户或作者的同意。在实际生产中，大多数客户更注重印花产品的整体外观效果。

（二）内在质量指标

内在质量指标一般包括缩水率、色牢度、断裂强力、撕裂强力、甲醛含量、环保染料等项目。其中色牢度又包括日晒牢度、摩擦牢度、熨烫牢度、汗渍牢度、水浸牢度、耐洗牢度等。对于不同的印花产品，根据其用途和印花方法的不同，其内在质量的控制侧重点往往不尽相同。如涂料印花产品注重干、湿摩擦牢度、日晒牢度、皂洗牢度和手感；拔染印花产品除了注重色牢度外，还要控制好断裂强力；活性染料印花产品，注重日晒牢度、皂洗牢度、水洗牢度；分散染料印花产品，还应控制好分散染料的升华牢度。印花质量控制跟单员的关注重点包括：

① 制版是印花生产的第一个重要环节。如果所制花版与花稿精神不符,那么无论印花工艺如何控制,都无法实现对样准确的要求。因此,控制好制版过程的有关因素,是保证印花产品符合花稿精神的先决条件。所以在印花质量控制中,跟单员要特别跟进制版的进度及质量控制指标,发现花版不符合要求要立刻通知工艺员进行处理。

② 蒸化过程易产生搭色和色泽深浅的外观疵病,使得产品不对样,因此蒸化设备和工艺也是影响图案对样准确性的一项重要因素。所以在蒸化工序跟单员要特别跟进印花布面搭色和色泽深浅的疵病。

③ 图案的对样准确性是指经过印花加工在织物上获得的图案与原稿花型精神(花样形态、外观效果)有很好的符合性。图案的对样准确性如何,是影响印花产品质量的首要因素,也是印花产品质量检验中第一个要评定的内容。因此,对图案准确性的控制是印花生产中相当重要的一项任务。

④ 影响轮廓清晰度的因素是多方面的,主要有花版质量、原糊的性能、印制设备及工艺方法、织物的亲水性能及蒸化湿度等。

⑤ 色泽对样是要求织物上所印制的花型应在得色的深浅、浓淡、色光等方面与原稿相符合。其中主要控制因素有合理排版、科学确定工艺处方、防止传色、适当给浆、正确选择蒸化和水洗设备及工艺等。

⑥ 花色牢度的好坏是印花产品内在质量指标,也必须很好控制。染料种类、色浆处方、蒸化及水洗工艺等因素都对色牢度有影响。

⑦ 水洗主要是洗去浮色和糊料,水洗效果关系到印花织物的整体外观质量,尤其对花色鲜艳度、色牢度、白地纯洁度有很大影响。因此控制好水洗中的各有关因素,把好印花生产的最后一道质量关也是非常重要的。

⑧ 涂料印花产品的质量要求也包括图案的对样准确度、色泽对样准确度、图案清晰度、色泽各项牢度、块面的得色均匀度,另外还有图案处的手感。其中图案的对样准确度、色泽对样准确度、图案清晰度和块面的得色均匀度的影响因素和以上讨论的一般染料印花基本相同,而色泽各项牢度和图案处的手感影响因素则不同。

印花产品在印制过程中可以随时观察抽检,质检人员可以跟随机台实时检验,出现问题可以及时停机处理,同样起到质量控制的作用。通过中检可将有质量问题的印花布挑选出来,进行回修,避免造成后工序加工的浪费。

四、整理过程质量监控

织物整理,广义来讲包括织物自下织机后所进行的一切改善和提高品质的处理过程;但在实际生产中,常将织物的练漂、染色和印花加工以后进行的改善和提高织物品质的加工过程称为织物整理。

织物整理的要求不但因组成织物的纤维种类而异,而且即使是由相同纤维组成的织物,也因织物的组织类型和用途的不同,而有不同的要求。织物品种繁多,整理要求各不相同,但是,不管何种纤维、何种织物,其整理质量指标均分为外观质量指标、一般质量指标及特殊质量指标。下面就不同织物的各类指标及风格要求介绍如下。

(一) 外观质量指标

各类织物共有的外观质量要求包括:织物的布边整齐,门幅划一,布面平整,无纬纱歪斜,无极光,织物的白度、手感符合产品风格要求,无破边、破洞、披裂、沾污等外观疵点。具体到一类织物又根据其用途不同,在手感、光泽等外观性能方面有具体的要求。

1. 棉及棉型织物

内衣类织物或婴儿服装要求手感柔软。上浆织物要求手感平滑、硬挺、厚实、丰满。防皱防缩整理的织物要求具有良好的抗皱防缩性能,成衣洗涤后平整、挺括、不起皱。

2. 丝织物

丝织物的组织不同,质量及风格要求就不尽相同,不同品种的具体要求为:① 桑蚕丝平素织物要求光泽透亮,绸面平挺,手感柔软;② 绉类织物要求有绉缩均匀的绉效应,光泽柔和,手感柔软而有弹性;③ 提花织物要求织物的丝柳要直,花型要正,圆花要圆;④ 被面要求绸面平挺,色泽明亮,花型立体感强;⑤ 立绒织物要求手感柔软,绒面平整,绒丝挺立耐压,不暴露底组织;⑥ 素绒织物要求绒丝全部按纬向自然地紧贴在绒面上;⑦ 涤纶丝织物要求有稳定的尺寸,绸面平挺、滑爽。

3. 毛及毛型织物

这类织物包括纯纺或混纺的精纺和粗纺毛织物以及纯化纤中长纤维织物。精纺毛织物又分为精纺薄型织物和精纺厚型织物。精纺薄型织物是理想的夏季衣料,要求织物呢面平整、洁净、有光泽,手感具有滑、挺、爽的风格,如派立司、凡立丁、薄花呢等;精纺厚型织物一般用作秋季衣料,要求织物手感丰满、有弹性,光泽自然。具体品种不同,要求又有所不同,如华达呢要求织纹清晰饱满、呢面光洁;啥味呢要求呢面具有短齐绒毛;花呢织物的花型要清晰。粗纺织物要求弹性好,不板硬,不松烂,织物表面细洁、绒毛整齐、颜色鲜明、光泽好。其中纹面织物要求织纹清晰可见,保持一定的硬挺度且具有较好的手感;呢面织物要求织物表面覆盖毡状短绒,织纹模糊不清,呢面平整;立绒织物要求绒毛耸立整齐;顺毛织物要求绒毛顺伏整齐,有膘光;拷花织物要求绒毛耸立整齐,人字或斜纹花纹清晰。

低弹涤纶丝织物或中长纤维仿毛织物要求具有良好的毛型感。

(二) 一般内在质量指标

反映织物内在质量的性能指标相当广泛,在实际使用中往往根据纤维性能、织物品种及用途的不同,着重要求几项质量指标。

1. 棉织物

① 本色布、本色灯芯绒:密度、断裂强力;

② 印染布:密度、断裂强力、缩水率;

③ 色织布:纬密、断裂强力、缩水率;

④ 毛巾:长度、宽度、平方米质量、纬密、断裂强力。

2. 丝织物

① 桑蚕丝、黏胶长丝、合纤丝织物:幅宽、密度、断裂强力、面密度、缩水率及涤纶低弹丝织物的抗起球性、抗皱性;

② 锦缎类丝织物:幅宽、长度、密度、断裂强力、面密度、干洗缩率;

③ 丝绒织物:幅宽、密度、绒毛高度、面密度、断裂强力、撕破强力、缩水率、绒毛耐压恢复率。

3. 毛织物

① 精梳及粗梳纺织品:幅宽、面密度、断裂强力、缩水率、纤维含量、抗起球性能、密度、含油脂率、实物质量;

② 毛毯：单条质量、断裂强力、缩水率、长度、宽度、实物质量。

（三）特殊内在质量

赋予织物特殊性能的特殊整理的内容、技术和工艺正在日新月异的发展，所谓特殊内在质量指标是衡量纺织品进行特种整理后整理效果的性能指标。特殊用途纺织品的特殊性能主要有：抗皱性、防火（阻燃）性、防水性、防霉性、抗静电性、透湿性、耐低温性、耐高温性等几个方面。

（四）织物整理质量控制环节

1. 织物布面平整度、幅宽、伸长、缩水率控制的跟进

① 注意跟进烘燥时的张力、车速、温度、进布平整度、纬向的扩幅张力和经向张力、烘燥整平温度、织物的落布温度、堆放状态、时间等对布面平整度的影响。

② 跟进坯绸幅宽、烘燥过程中的经纬向张力、超喂率、落布温度等因素对成品幅宽的影响。

③ 关注织物的伸长对织物的纬密指标和伸缩率的大小的影响。

④ 跟进织物纤维自身的吸湿性及织物组织结构、整理设备的张力和加工温度对织物缩水率控制的影响。

2. 手感控制的跟进

张力较大、烘燥过度、烘燥温度过高及中途停车、表面树脂集聚或整理剂用量过多都会引起手感问题。

3. 抗静电性效果控制的跟进

织物纤维的吸湿性、环境温度、相对湿度、表面摩擦物质的种类对抗静电性效果的影响。

4. 抗皱性控制的跟进

吸温性、轧余率、预烘温度、催化剂的种类、用量、焙烘温度和焙烘时间、树脂整理剂的浓度对抗皱性的影响。

5. 拒防水性控制的跟进

半制品质量、拒水剂用量、轧余率及车速、焙烘温度对织物拒防水性的影响。

任务三 产品质量问题的统计分析

产品质量情况是从检验结果统计分析出来的，因此要求跟单员在工作中，注意收集记录和整理有关的资料，特别是中检、成品检验的质检报告。另外应每月进行一次质量分析，将影响产品质量的因素进行深入研究，提出改进措施，进一步提高产品质量。产品质量问题的统计分析，可采用统计表格的方式，分析产生成品质量异常的原因，统计回修量、退货回修量数据，追究造成质量问题的责任，从而达到质量考核、加强管理、提高产品质量的目的（表2-48）。

"厂内回修数量"是指产品未出厂之前厂内自检出的不合格产品进行回修的数量，如果此数量较多，说明技术工艺、生产管理存在较多的问题，企业内部应重点在提高技术水平、加强管理上采取措施进行改进，降低回修数量。"出厂退修数量"是指产品交付客户后，由客户检验出的不合格产品进行回修的数量，如果这一项统计数量较多，不但说明技术管理水平出现问题，而且内部质量控制工作同样出现较严重的问题，并且会给企业的声誉带来严重的影响。因此企业内部应严把质量关，不合格的产品坚决不可出厂。

表 2-48 质量分析统计表

| 序号 | 质量异常原因 | 厂内回修数量 | 出厂退修数量 | 合计 | 质量责任归属数量 | | | | | | | 备注 |
					客户	坯布仓库	印染工序	中检工序	整理工序	定形工序	化验室	
1	色差											
2	缸差											
3	色花											
4	色渍											
5	错花											
6	污渍											
7	定形不良											
8	pH 值不符											
9	破洞											
10	极光											
11	白斑											
12	缩水不符											

印染产量：　　　整理产量：　　　定形产量：　　　出厂产量：

制单员：　　　　　　　　　　　　　　跟单员：

>>>>项目八　成品交付的跟单工作<<<<

　　成品交付是印染加工完毕订单的完成的标志，也是跟单工作的最后阶段。在这一过程中跟单员一定要认真仔细，单据和统计数据要准确、清晰，不得出现错漏，否则会造成不必要的损失。成品交付过程包括验收、入库、出库、交付几个环节，跟单员应与成品仓库管理员密切配合，共同完成成品的交付。

一、成品的验收、入库工作

　　对已生产完毕的成品进行质量验收，并做好统计记录，再填制入库单证，核对生产数量（表2-49至表2-51）。

　　1. 质量验收

　　质量验收时对成品质量的最终认定，也是跟单员最后一次对产品质量的跟进。通常客户会委派质检人员到厂抽验，随机抽验成品数量的20%～30%，以确认成品质量状况，跟单员应配合工作。客户质检人员应出具检验结果报告，确认是否合格，作为质量验收的依据。

　　2. 数量统计核查

　　对成品的产量、质量、交付的统计和管理，是跟单工作中的一项重要内容。成品数量统计和核查的跟单工作主要包括：

　　① 产量的统计：成品产量是订单进程的直接体现，产量统计通常是由生产部门或外加工企业定期报送原始资料，并以此为依据进行数据的整理、汇总，以达到方便、快捷地查阅，对订单生产进行进一步跟进。

　　统计核查主要是清点数量、统计产量。成品数量通常由生产流程的包装环节统计出来，跟单人员按统计单（磅码单）的资料进行清点核对。应按客户、订单号、缸号（批号）、订货量等项目核对总匹数，并抽验单匹的重量（或长度），发现不符现象要及时纠正并重新复查。

　　这其中要注意一个问题，针织布是以重量为计量标准，而布匹的重量与其回潮率有较大关系，回潮率不同，其重量会有少许变化，因此布匹放置的时间不同，重量可能会有差异，一般差异在2%以内应属正常。

　　产量统计通常采用报表的形式归纳整理。报表常用两种形式为产量日报表和产量月报表。产量日报表通常是生产管理人员和跟单员所需的信息，反映了当天所生产成品的数量，跟单人员可依此填制订单进度统计表，以便于跟单员及时了解订单进度，使跟单工作快捷有序；产量月报表用于财务结算，是生产管理的考核依据，也是当月生产成品总量的统计和考核生产部门的依据，还是财务部门结算工作的参考资料。

　　② 交货信息的统计：订单产品交付情况是订单是否完成的体现。跟单人员应及时加以统计，以便及时了解和掌握订单的进度。交货信息可以在进度表上反映出来，另外在货款结算时，也需要统计交货数量，可不必单独统计。

　　交货信息必须准确、及时。如果有较大的误差，很容易造成交货情况的误导，做出错误的判断甚至错误的决策，从而引起不必要的麻烦。因此在对交付信息进行统计时，要认真核对成品出库单和成品交货单。

　　③ 降等及不合格产品数量统计。

3. 成品入库

验收完毕后应办理入库,这是企业管理必要的手续。跟单员开列入库单,并与成品数量统计单附在一起递交有关部门,如财务部门、仓库管理部门等,同时存档作为跟单资料。

4. 成品仓储储存监控

从成品生产完成至验收入库,应建立科学的制度,避免出现混批情况。特别是仓库管理要严格区分,按订单分区分别存放,要求标志明显,尤其在成品入库环节,在装卸、清点、搬运、存放等操作过程中,要严格把关。

成品要尽量避免长时间的存放。尤其是天然纤维成分的产品(如:棉、毛类)对环境比较敏感,尤其是温度、湿度的变化,有时会对产品质量产生影响,所以应严格监控成品仓库的温湿度。

表 2-49　成品入库单

客户	单号	编号	入库时间	品种	规格	数量			交货地点	备注
						匹数	重量	长度		

主管:　　　　　仓库管理员:　　　　　开单员:　　　　　跟单员:

表 2-50　成品数量统计单

生产单位:_____　日期:_____　订单号:_____　生产单号:_____

品种	规格	色号	颜色花型	重量	订货数量	生产数量	等级	备注

制单:　　　　　仓库管理员:　　　　　跟单员:

表 2-51　来料加工成品库存表

(　　)月来料加工成品库存表　　　　　填报日期:截止　　月　　日

客户	订单号	坯布品种及规格	成品品种及规格	颜色(花型)	色号(网版号)	缸号(批号)	来料数量	结存数量	存放位置	备注
合计										

盘存:　　　　　制表:　　　　　跟单员:　　　　　仓库管理员:

二、成品的交付

(一) 交付准备

交付前需要准备必要的交付文件或资料,核对订单的要求与所要交付的产品是否相符。联系运输工具并及时通知客户。

1. 核对订单

应再次核对客户的订单要求,检查所要交付的成品是否符合订单要求。核查的内容有:① 订单号和生产单号;② 成品的数量:包括订货数量和生产数量;③ 产品的质量;④ 产品的名称、品种、规格、颜色、花型;⑤ 交货时间;⑥ 交货地点及包装运输的要求。

2. 交货信息的统计

交货信息必须准确、及时。如果有较大的误差,很容易造成交货情况的误导,做出错误的判断,甚至错误的决策,从而引起不必要的麻烦。因此,在对交付信息进行统计时,要认真核对成品出库单和成品交货单。

3. 准备交付文件

交付时需准备必要的文件,包括出库单(表2-52)、交货单(表2-53)、发票。

① 出库单是企业内部进行结算和通知仓库的一种凭证,是仓库管理所必需的程序。交付成品需经主管人员批准并备案。仓库管理员依据出库单进行货品的装运。

② 交货单是应交付产品的详细资料,交货单的统计要准确无误,数据正确,开具后应由核对人员核对,确保无差错。交货单是货物转运的凭证,货品交付后,应收回客户签收的回执,以此作为客户的收货依据。

③ 发票是财务部门开具的结算凭证,跟单人员应向财务部门提供有关的结算资料,由财务部门依据国家的有关规定开具。

表 2-52 成品出库单

客　户:＿＿＿＿＿＿＿　出库时间:＿＿＿＿＿＿＿
订单号:＿＿＿＿＿＿＿　编　　号:＿＿＿＿＿＿＿
提货单位:＿＿＿＿＿＿＿完成时间:＿＿＿＿＿＿＿

品种	规格	数　量			交货地点	交货方式
		重量	长度	种类		
合计						
备注:						
主管:　　开单员:　　跟单员:　　仓库管理员:						

4. 交付方式

交付有两种方式,即一次交付和分批交付,应根据客户的要求进行交货。一次交付是指将订单全部完成后,一次将成品全部交付客户,通常用于批量较小的订单。分批交付,通常客户会安排具体的交付顺序和时间,批量大或多品种的订单,一般采用分批交付方式。

染整印花加工后的成品通常是用于服装的生产。当订单的批量较大、品种较多时,客户会要求先交付一部分成品,使印染加工的同时,可以进行服装的生产加工,以利于争取更多的服装生产时间。对于服装款式品种较多、交货期紧急的订单,客户通常会预先安排好每一品种的交货次序,进行分批交付。

表 2-53 成品交货单

客　户:＿＿＿＿　交货时间:＿＿＿＿　　编号:＿＿＿＿　单号:＿＿＿＿

交货地点:＿＿＿＿　坯布品种:＿＿＿＿　　规格:＿＿＿＿

序号	布号	成品数量	缸号	颜色	色号	花型	加工项目	
1							染 色	
2							洗 水	
3							半 漂	
4							开边定形	
5							坯布定形	
6							圆筒定形	
7							浆 边	
8							切 边	
9							制 软	
10							防缩树脂	
11							抓 毛	
12							吸 毛	
13							磨 毛	
14							预 缩	
15							剪 毛	
16							蚀 毛	
17							装双胶袋	

备注:　　　提货人签章:　　　　　　客户签章:

　　　　　　　　年　月　日　　　　　　　　　　年　月　日

制单:　　　　　审核:　　　　　跟单员:

(二) 通知客户

交付前的准备工作完毕后,应及时通知客户,将需要交付成品的资料告知客户,以便客户做好接收准备。应以书面形式(如传真、E-mail)通知客户所交付产品的品种、规格、数量、订单号、运输方式、运输时间、运输单位(部门)等有关内容。

三、结算

1. 结算通知单内容及结算方式

跟单人员应根据订单约定的结算方式,开出正式的结算通知单,连同发票,一同交给客户,以便于货款的结算。

结算通知单的内容应包括订单号、品种、规格、数量、单价、金额等内容,使客户明确,便于核算(表 2-54 和表 2-55)。

结算方式通常有货到付款、款到交货、定期结算等方式。

表2-54 成品布规格卡

客户	
单号	
成品布类	
成品规格	
颜色(花型)	
色号(版号)	
缸号(批号)	
布匹编号	
数量	kg m
检验员	
出厂时间	
备注	

主管: 制表: 跟单:

表2-55 订单结算通知单

客户名称:_____ 订单号:_____ 编号:_____ 日期:
兹于____年____月____日将下列成品布交付贵公司,请于____日之内将下述货款加工费)付回。

品种	规格	加工方式	数量	单价	金额
合计数量					
合计金额(大写)					
备注:			(本企业名称及财务结算签章)		
				年 月 日	

主管: 开单: 跟单员:

2. 结算信息管理

结算信息管理,实质上是将跟单过程中各个订单的结算通知单进行编列汇总,形成便于查阅的报表,使结算信息全面准确地集中反映出来,从而使结算信息条理化、有序化。

结算信息汇总工作应定期进行,通常应每月进行一次,由跟单人员依据结算通知单编制结算报表,交财务部门进行审核。

结算工作分为两方面,一方面是产品销售应收款项的结算;另一方面是应付款项的结算。跟单人员在定期盘存(对坯布和成品的盘存)的同时,应进行结算工作的定期总结。

(1)应收款项信息汇总

印染加工企业的应收款项主要有两项:一项是成品销售后的应收货款,另一项是客户来料加工订单的加工费用。跟单员在编制结算信息时应按销售订单与加工订单分别统计汇总。这两类订单的最大区别是在于结算单价,产品销售的单价远远高于来料加工的单价,因此在统计计算时要严格区分订单的性质(销售或加以保证结算信息的准确性。

另外,来料加工订单单价的确定有两种方式:一种是按坯布的加工量计算单价,另一种是按加工后的成品数量结算。这两种方式的单价是有区别的,由于染色加工过程有一定的损耗,成品数量少于坯布数量,通常后者比前者应略微高一些,而印花加工由于印花浆料的附着,对于以重量计算的产品(如针织品)有可能成品数量大于来坯数量,造成后者比前者略微低一些。因此业务人员在洽谈订单时,要结合企业的实际情况和所加工产品的类型,确定好加工单价的结算方式,跟单员在计算加工费用时一定要核对订单单价的计算方式,避免出现因结算错误而造成损失。

(2)应付款项信息汇总

应付款项主要包括用于销售订单而购买坯布的款项、发外加工款项和购买染化料款项(有些织染联合企业其坯布来源于企业内部,不涉及购买坯布的问题,但必须购买织布用的原料纱线,此处按购买坯布的形式阐述)。坯布的购买结算和发外加工费用结算须由跟单员进行统计汇总。印染企业所用的染化料,通常由专门的物料供应部门负责购买和结算,这里不再赘述。购买坯布应付款项可依据坯布入库单等有关资料统计汇总。发外加工费用款项可依据外协企业加工产品入库单等有关资料进行统计汇总。汇总后的报表应随同有关的原始资料(如 坯布入库单、发外加工单、明细表、出入库单等)报送财务部门进行审核。

结算信息的汇总报送必须在规定的时间内完成,每个结算报送周期(每个月)内应固定一个时间做此项工作。因结算工作涉及的部门较多,并且与客户、供应商、外协单位的关系较大,延误结算时间会给企业的资金周转带来不利的影响,因此结算报表的报送要快捷、及时、数据统计准确(表 2-56 至表 2-58)。

表 2-56　成品销售结算报表

( )月成品销售结算报表									填报日期:截止　月　日
客户	订单号	品种规格	交货时间	数量	单价	金额	已收金额	差额	备注
合计:总金额:　　　　已收金额:　　　　差额:									
制表:　　　　财务审核:　　　　跟单员:									

表 2-57　应付货款结算报表

							年　月　日	
供应商	购买项目	品种	规格	单价	数量	金额	入库时间	备注
合计总金额:								
制表:　　　　账务审核:　　　　跟单员:								

表2-58　来料加工结算报表

	（　　）月成品销售结算报表									colspan="4"	填报日期:截止　　月　　日
客户	单号	来坯品种及规格	成品品种及规格	来坯数量	成品数量	加工方式	计算方式	单价	金额	已收金额	差额	备注
	合计:总金额:　　　　已收金额:　　　　差额:
	制表:　　　　　财务审核:　　　　　跟单员:

四、成品交付完成后的跟单工作

订单完成后,跟单人员需将订单跟进过程中的有关单证、资料进行汇总、编制、报送和归类存档。

在跟单过程中,有许多有关订单的各类资料、往来文件等,应进行归纳整理,并进行相关的统计计算工作。

1. 需要整理的资料

需要整理的资料有客户订单、生产通知单、工艺单、成品出入库单、成品交货单、验布记录、结算单,与客户之间往来的记录、传真等(表2-59至表2-61)。

表2-59 销售成品库存表

colspan="8"	（　　）月成品销售结算报表			colspan="3"	填报日期:截止　　月　　日
品种	成品品种及规格	颜色（花型）	色号（网版号）	缸号（批号）	曾销售的客户	订单号	坯布		结存数量	存放地	备注
							规格	数量			
合计											
	盘存:　　　　制表:　　　　跟单员:　　　　仓库管理员:

表2-60　未完成订单汇总表

	统计时间:自　　年　　月　　日至　　年　　月　　日
客户	订单号	成品品种及规格	订货量	交货期	已交货量	未交货量	未完成原因	备注
	合计:
	备注:
	制单:　　　　制单:　　　　送交:主管(　)　账务部门(　)　经营部门(　)

表 2-61　客户订单汇总表

统计时间:自　年　月　日至　年　月　日

下单时间	客户	订单号	品种	加工项目	订货量	交货量	完成情况
合计:							
备注:							

制单:　　　　制单:　　　　送交:主管(　) 账务部门(　　) 经营部门(　　)

2. 需要报送主管及财务部门的资料

需要报送主管及财务部门的资料有客户订单正本、成品出入库单、成品交货单及客户签收回执、结算单。

3. 需要统计计算的指标

需要统计计算的指标有损耗率、产品合格率、产量、交货量。

模块三　服装跟单

　　服装跟单是指在成衣生产过程中,跟单员根据有关产品要求指导、监督、跟进生产以确保订单按合同要求如期完成的一系列工作流程。它是一项极富艺术性和挑战性的综合生产管理工作,要求跟单员具备很高的专业素养和相应的产品和业务流程知识(如成衣生产流程和具体工艺;相应的面料、辅料以及配套印、绣花等知识),还要具备实际的操作技能,且要求跟单员思想品德高、个人素养好。

导　入

服装跟单员是制衣厂形象的代表,是订单生产的组织者和协调者。因此,要求跟单员必须具有高度的责任心、良好的组织纪律性以及极强的沟通表达能力。跟单员的工作涉及到生产作业计划、物料需求计划、原辅料的采购、大货生产、产品储运、财务结算等众多人与事,需具备"全才"的职业素质。

1. 服装跟单员应具备的专业知识

① 拥有对面料特性及如何判断优劣的基本知识,了解常用面料的作用及特性;

② 了解印花工艺:对印花的工艺效果及特点有一定认识,知道各种印花应用有何优缺点,并能了解一些特殊印花工艺对面料的影响;

③ 对拉链、织带、织唛、皮标、胶袋、纸箱等辅料的使用及判断有一定了解;

④ 具备成衣缝制、工艺等的专业知识。

2. 服装跟单员应具备的专业技能

① 跟单员要有专业化的业务水平,熟悉成衣生产流程和每个细节工艺流程,能指导和协助工厂保证产品质量;

② 跟单员要有评估能力,对工厂的生产能力、技术水平及配合力度能客观地做出评价;

③ 跟单员对面料、辅料、印花等的品质有很好的判断和把控能力;

④ 会熟练操作 EXCEL、WORD 等电脑办公软件;

⑤ 掌握服装生产技术标准的等级,譬如国家标准、行业标准、地方标准、企业标准等。

3. 跟单员应具备的职业素质

① 跟单员应有良好的工作习惯,并不断提升自身的职业素养,其中最为重要的就是端正工作态度;

② 跟单员对工作要讲求方法,要有计划、有目标,工作要分轻重和主次,讲求效率;

③ 跟单员代表公司形象,在与工厂沟通接触中要言行举止得当,注意礼貌,尊重他人;

④ 跟单员要注意个人和企业形象,有损公司利益的事情不做,有损公司形象的话不讲,不得泄露公司的生产经营秘密。

4. 跟单的作用

跟单员具体工作是在服装生产企业接到服装订单后,依据客户对服装产品的要求,用文字、图表等方式准确、规范地整理、制作出指导服装产品生产的详细文本,严格按照文本全程地跟踪、配合具体加工部门完成订单并顺利出货的过程。其作用主要包括以下三个方面:

① 对订单的具体实施:依据理单文本督促生产企业准确及时地完成客户的订单。

② 确保达到客户的要求:理单文本为生产确立了工艺、质量、周期等各方面的要求,但各生产环节是否能够达到以及如何达到该要求,需要跟单来全程跟踪、配合加工部门。

③ 协调上下游环节关系:订单质量的保证促进了生产企业与客户、贸易公司之间的融洽关系,在一定程度上还起到巩固客源的作用。

>>>>项目一 服装跟单基本流程<<<<

服装跟单管理部门企业内部简称为 PPC(Production Planning & Control),实际上就是服装生产计划控制的部门,主要任务是协调生产、物料、品控等部门,保证生产订单的顺利进行。在不同的制衣厂里跟单部门的组织结构和工作程序都有差异,但其核心的架构和功能大致相同(图 3-1)。

图 3-1 制衣厂的组成架构图

服装跟单员在整件服装的加工中没有参加任何具体的生产操作任务。服装跟单员的工作从接收客户的订单开始,按照客户的要求下达服装生产制单,然后在参加生产的各个部门之间起连接和管理功能。因此服装跟单必须对参与生产的各个部门是如何生产有大概的了解,才能在生产中遇到问题时有应急的方法来进行全面协调,使下达的订单能按时、按量、按质完成。服装跟单的步骤包括:产前样的确认,船样的确认,生产中工厂和公司之间的衔接沟通,原料的质量鉴定,生产技术,产品包装方式,交期的跟催和跟进等等,总之包括生产的全过程。

在制衣厂的生产中,整个生产的进行分为三个部分:生产计划、生产和对所有部门的质量控制,它们既相互独立又相互关联,脱离了任何一个部分的管理都会使制衣厂的生产成本、效率、产量和质量受到影响。具体在三个部分中工作的安排和次序,可参照表 3-1 与表 3-2。

表 3-1 制衣厂生产流程及任务

计 划	生 产	控 制
1. 订单咨询(Enquiry)	2a 纸样制作	2b 复核
2. 样板设计(Sample Design)	—Pattern Design	Inspected Confirmed
3. 用料预算(Estimation of Material)	—Sample Making	
4. 报价(Quotation)		
5. 复准订单(Confirmation of Sale Order)		
6. 制作要求(Specification of Garment)		
7. 制作通知单(Production Order)		
8. 定购物料(Material Order)		8a 复核物料用量
9. 生产安排(Production Schedule)		(Calculation Material Consumption)
10. 工资估计(Piece Rate Estimation)		10a 定工价(Fixed Piece Rate)
11. 追索物料(Follow-Up of Material Delivery)		11a 收物料及检查
		(Received Material & Inspect)
	12. 工场领料(Material Received)	
裁单安排(分床分码)	13. 工场试板(Production Sample)	生产控制
	14. 工场安排(Production Arrangement	(Production Control)
	15. 排唛架(Marker Making)	成本控制(Costing Control)
	16. 拉布(Spreading)	产量控制(Quality Control)
	17. 剪布(Cutting)	品质控制
	18. 车缝(Sewing)	(Quality Control)
	19. 熨衣(Ironing & Pressing)	生产报告
21A 付货安排(Shipment)		(Production Report)
	20. 包装(Packing)	20a 抽样检查、品质鉴定
	21. 包装表编制(Packing List Prepare)	(Final Sampling Audit)
		22. 成本分析(Costing Analysis)

表 3-2　跟单标准工作流程任务细化

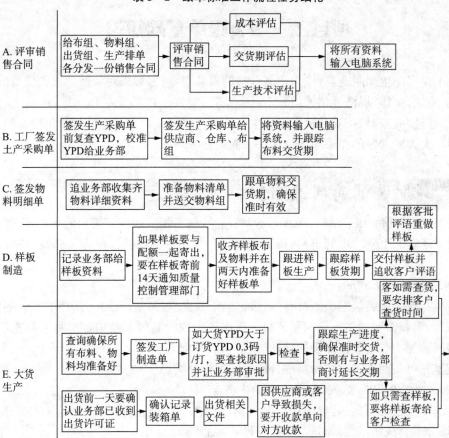

注:YPD 指每打衣服所用面料码数。

【例】　一批服装进行生产加工,写出其生产跟进流程。

具体的生产跟进流程为:跟样板单→出样板→报价→接大货单→订购大货面辅料→跟进生产→与客户联系安排出货方式和船期→出装箱单→整理剩余物资和生产资料。

>>>>项目二 服装跟单基础知识<<<<

服装工业属于生产制造业,作为一名合格的服装跟单员,如果对涉及到成衣质量的相关物料的性能、质地、色泽、规格等相关指标不熟悉,将影响到生产的效率和质量,也就无法使各部门之间有效连接而按时、按质和按量完成生产任务。服装生产加工中的材料包括面料、辅料和包装材料三大类。面料的相关知识见模块一面料基本知识。

任务一 服装辅料基础知识

服装跟单员要检验服装辅料(Accessory)的品质,就必须了解服装辅料的基本知识。这里主要介绍服装订单中比较常用的里料、拉链、钮扣、金属扣件、缝纫线、花边和标签等辅料的基本知识。

(一) 服装里料(Lining)

服装里料是指服装最里层的材料,通常称里子或夹里,一般用于中、高档的呢绒服装、有填充料的服装、面料需要加强支撑的服装和一些比较精致的高级服装中。里料是补充单用面料不能获得服装的完备功能而加设的辅助材料。

服装里料可按制作工艺和材料成分的不同进行分类。

1. 根据工艺分为活里、死里、全夹里和半夹里

① 活里是经过加工后里与面可以分开的组合形式。特点是拆洗方便,有些面料如织锦缎、金银缎等不宜洗涤,就必须是与面能分得开的活里。

② 死里是指面和里缝合在一起不能分开的组合形式,大多数服装都采用这种形式。相比较而言,死里工艺简单,制作方便。

③ 全夹里是指整件服装全配装夹里的形式。一般冬季服装和比较高档的服装大都采用全夹里。

④ 半夹里是指在服装经常受到摩擦的部位,局部配装夹里的形式。一般比较简单的服装配装半夹里的较多。但是,如今服装流行轻、软、薄、挺,许多非常高档的服装和夏季的轻薄服装,也常采用半夹里的形式。

2. 根据材料成分分类

里料的组成主要有天然纤维(棉、真丝、柞丝)、再生纤维(黏胶丝或黏胶纤维及其混合、交织产品)、合成纤维(锦纶、涤纶)等(表3-3)。

表3-3 里料品种和规格

品名	经纬密度 [根/10 cm(根/英寸)]	经纱[tex(旦)]	纬纱[tex(旦)]	基本组织
腊羽绫	150(38)×110(28)	13.3(120)有光黏丝	18(32s)棉纱	变化斜纹
腊线羽纱	177(45)×110(28)	13.3(120)有光黏丝	28(21s)棉纱	四枚斜纹
羽纱	188.5(48)×10.25(26)	13.3(120)有光黏丝	28(21s)棉纱	四枚斜纹
人丝斜纹绸	216(55)×110(28)	13.3(120)有光黏丝	13.3(120)有光黏丝	四枚斜纹

（续　表）

品名	经纬密度根/10 cm （根或英寸）	经纱 Tex(旦)	纬纱 Tex(旦)	基本组织
光缎羽纱	196.5(50)×122(31)	13.3(120)有光黏丝	13.3(120)有光黏丝	五枚缎
美丽绸	283.5(72)×139(37)	13.3(120)有光黏丝	13.3(120)有光黏丝	四枚斜纹
新羽缎	196.5(50)×122(31)	13.3(120)有光醋丝	13.3(120)有光醋丝	五枚缎
闪色里子绸	255.5(65)×150(38)	13.3(120)有光黏丝	8.3(75)醋酸丝	2/2 斜纹
醋酸绸	196.5(50)×130(33)	6.7(60)醋酸丝	7.2(65)醋酸丝	平纹
铜氨斜纹绸	165(42)×130(33)	8.3(75)铜氨人丝	11.1(100)铜氨人丝	斜纹
平纹尼丝纺	165(42)×130(33)	7.8(70)半光尼丝	7.8(70)半光尼丝	平纹
斜纹尼丝纺	228(58)×138(35)	7.8(70)半光尼丝	7.8(70)半光尼丝	2/1 斜纹
涤美丽绸	196.5(50)×157.5(40)	7.5(68)半光涤丝	8.3(75)有光涤丝	1/2 斜纹
230t 尼丝纺	181(46)×142(36)	7.8(70)半光尼丝	7.8(70)半光尼丝	平纹
细纹绸	220(56)×138(35)	7.5(68)半光涤丝	8.3(75)涤低弹丝	1/2 斜纹
星月缎	346(88)×150(38)	5.5(50)有光异形丝	8.7(75)涤低弹丝	五枚缎
寒星缎	259.5(66)×126(32)	8.3(75)有光异形丝	11.1(100)涤低弹丝	五枚缎
锦益缎	259.5(66)×126(32)	8.3(75)有光异形丝	11.1(100)涤低弹丝	五枚缎

服装里料的选配原则为：

① 颜色：与面料的颜色相同（男装）或相近（女装）；

② 缩水率：与面料匹配；

③ 悬垂性：里料应轻薄、柔软于面料；

④ 吸湿透气性：改善服装舒适性；

⑤ 加工和服用性能：面料和里料裁剪方法（直裁、横裁或斜裁）的统一，耐热、抗静电、耐洗性能与面料相配。

（二）拉链（Zip 或 Zipper）

1. 拉链的名称

拉链的制作技术是由美洲传至欧洲，后又普及到亚洲的。在我国拉链行业中，拉链及其各部分的名称也不一致，以下为国内外应用比较广泛的术语及其含义。拉链构造图、类型图如图3-2、图3-3所示，不同使用功能的拉链如图3-4所示。

① 拉链：拉链是一个可重复拉合、拉开的，由两条柔性的、可互相啮合的单侧牙链所组成的连接件。

② 链牙：由金属、非金属材料按规律固定在拉链边缘的牙。

③ 牙链：将两条相配的单侧链牙相互连续啮合，则两侧链牙就合成一条牙链。

④ 牙链宽度：横跨相啮合的两链牙间的宽度或拉头在其上拉动的牙脚宽度。

⑤ 拉链长度：拉头顶部与下止底部间的距离；在开尾拉链中，是拉头顶部与插口底部间的距离。测量时，拉头应在拉链的顶部拉瓣向下。

⑥ 拉头：是用来拉合和拉开链牙的金属或塑料组装件。

⑦ 上止（前码）：在拉链拉开状态下，阻止拉头脱离拉牙的组合件。

⑧ 下止（后码）：安装在拉链一端的，在拉链拉合状态下，阻止拉头向拉开方向滑行，并使链牙两部分不能完全分开的金属件或注塑件。

⑨ 拉链带：链牙固定其上的编织带，也叫布带。

⑩ 自锁装置：拉头上的用以防止拉头沿拉链拉开方向自行移动的装置。

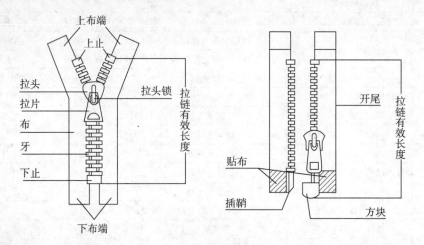

图 3-2　拉链构造图

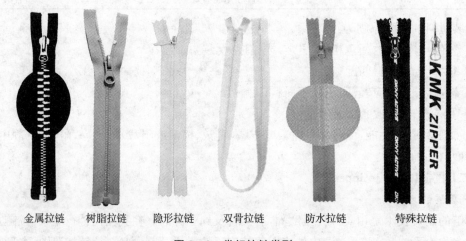

金属拉链　树脂拉链　隐形拉链　双骨拉链　防水拉链　特殊拉链

图 3-3　常规拉链类型

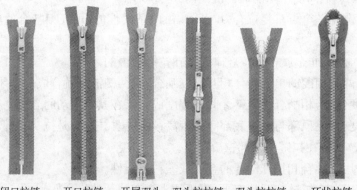

闭口拉链　开口拉链　开尾双头　双头拉链　双头拉链　环状拉链

上下拉拉链（两头相对）（两头相背）

图 3-4　不同使用功能的拉链

2. 拉链的分类

拉链的类别及其分类方法很多,可以按照链牙的材质、拉链的使用功能以及拉链的加工工艺等对拉链进行分类。

① 按照链牙的材质进行分类(表3-4)。

表3-4　拉链的材质类别

材质类别	金属拉链	铜拉链、铝拉链、铸锌拉链
	树脂拉链	注塑拉链(塑钢拉链)材料:聚甲醛 强化拉链　材料:锦纶
	涤纶拉链	螺旋拉链、隐形拉链、编织拉链
		双骨拉链

② 按照拉链的使用功能进行分类(表3-5)。

表3-5　拉链的使用功能类别

功能类别	条装拉链(支装)	闭尾拉链	单头闭尾拉链
			双头闭尾拉链
		开尾拉链	单头开尾拉链
			双头开尾拉链
	双拉头骨拉链		
	米装拉链	以100 m为一条,市场上还有英制码装,即100码为一条	

3. 拉链的规格型号

拉链的规格:牙链(即两个链牙啮合后)的宽度尺寸或尺寸范围就是拉链的规格。它的计量单位是毫米,是拉链各尺寸中最有特征的重要尺寸。对应于一种规格的拉链,还有一系列相配合的、规定的许多尺寸。例如链牙宽、链牙厚、布带宽、拉头内腔口部宽、口部高等。拉链的规格是制作拉链各形状组件的尺寸依据。

拉链的型号:型号是形状、结构及性能特征的综合反映。拉链的型号,除具有拉链规格的要素之外,还更侧重反映了拉链的性能特征,拉齿型号用♯3到♯10数字标示。♯3代表较小型号拉齿,♯10代表较大型号拉齿。从使用的角度上看,它体现了拉链应具备的技术参数,以确保拉链的使用功能。现将我国拉链行业所生产的各种拉链的型号、规格、链牙厚及布带单宽列于表3-6:

表3-6　拉链规格　　　　　　　　　　　　　　　　单位:mm

拉链种类	型号(♯)	2	3	4	5	6	8	9	10
金属拉链	规格	3.5	4.5	5.2	6	—	7.8*~8.0	—	9
	链牙厚	2.5±0.04	3.0±0.04	3.4±0.04	3.8±0.04	—	4.5±0.04	—	5.6±0.04
	带单宽	11±0.5	13±0.5	13±0.5	15±0.5	—	17±0.5	—	20±0.5

（续　表）

拉链种类	型号(♯)	2	3	4	5	6	8	9	10
注塑拉链	规格	—	4.5	5.3*	6	6.7*	8	—	9
	链牙厚	—	2.4	2.4	2.6~3.0	2.6	3.0~4.0		3.0~4.0
	带单宽	—	13±0.5	13±0.5	15±0.5	15±0.5	17±0.5		20±0.5
螺旋拉链	规格	3.5~3.8	4.0~4.5	5.0*	5.8~6.0	6.6*~6.7	7.2~7.3	8.0*~8.1	9.0~10.5
	链牙厚	1.2±0.04	1.5±0.04	1.8±0.04	2.25±0.05	2.35±0.05	2.45±0.05	2.65±0.06	2.9±0.06
	带单宽	11±0.5	13±0.5	13±0.5	15±0.5	15±0.5	17±0.5	20±0.5	20±0.5
强化拉链	规格	—	4.2*	—	6.2*				
	链牙厚	—	1.5±0.04	—	2.8±0.04				
	带单宽		13±0.5		15±0.5				
隐形拉链	规格	—	4.2*	5.0*					
	链牙厚	—	1.5±0.04	1.6±0.04					
	带单宽		13±0.5	13±0.5					
编织拉链	规格	—	4	4.6*					
	链牙厚	—	1.4±0.04	1.4±0.04					
	带单宽		13±0.5	13±0.5					
双骨拉链	规格	—	4.1*						

注:所有以上品种拉链凡自动头一定要在穿头时检验是否有锁,所有拉链都应该是链牙平直而两边布带松紧匀称且带有荷叶边。

在订购拉链时要注意以下事项:

① 拉链有左滑块（也称 R/S,右手嵌入）和 右滑块（也称 L/S,左手嵌入）两种,L/S 一般在欧洲和亚洲是男女装均适用,在美国仅适用于男装。

② 对于童装拉链应该采用定位塞以及无毒喷涂滑块。

③ 客户对拉链成份是否有相关要求,如是否需不含偶氮（AZO）、不含镍,或可过检针器等。

（三）钮扣（Button）

1. 钮扣的分类

钮扣的种类繁多,且有不同的分类方法。根据钮扣的特点,可以将钮扣大致分为如下几类:

（1）按材质分

① 天然类:真贝扣、椰子扣、木头扣;

② 化工类:有机扣、树脂扣、塑料扣、组合扣、尿素扣、喷漆扣、电镀扣等;

③ 其他:中国结、四合扣、金属扣、牛角扣、仿皮扣、激光字母扣、振字扣等。

（2）按孔眼分

① 暗眼扣:一般在钮扣的背面,经钮扣径向穿孔;

② 明眼扣:直接通钮扣正反面,一般有四眼扣和两眼扣(但也有特殊情况)。

（3）按光度分

有光扣、半光扣、无光扣(特殊情况下还有按客户的要求抛光)。

（4）按造型分

有上千万种,没有一个统一的称呼。

钮扣在国际上有统一的型号(俗称系列,英文为 Line)。同一型号有固定的尺寸,在各国之间是通用的。钮扣型号与钮扣外径尺寸之间的关系如下:

$$钮扣外径(mm)＝钮扣型号×0.635$$

【例】 衬衣扣常用尺寸是 18 型,它的外径是 18 mm×0.635＝11.43 mm,常见钮扣的型号与尺寸的关系见表 3-7:

表 3-7 常见钮扣的型号与尺寸

钮扣型号	钮扣外径(mm)	钮扣型号	钮扣外径(mm)
14#	8.89	34#	21.59
16#	10.16	36#	22.86
18#	11.43	40#	25.4
24#	15.24	44#	27.94
28#	17.78	54#	34.29
32#	20.32		

钮扣除了国际统一型号之外,各钮扣厂家还可以根据生产及销售情况对钮扣进行编号,不同厂商对同一钮扣的编号是通用的。

2. 各类钮扣特点

① 真贝钮扣:具有柔和的珍珠光泽,不像由不饱和树脂制成的珠光钮扣那么耀眼;有重量感,相对密度比树脂钮扣大;质地坚硬,传热速度快,接触人的皮肤有凉爽感;属天然产品,可称作绿色钮扣,对人体无副作用。主要品种有尖尾螺钮扣,珠母贝钮扣,马氏钮扣,鲍鱼贝钮扣,香蕉贝钮扣,浅水河蚌钮扣,其他贝壳钮扣(夜光螺、虎纹贝、芋头螺)等,订货周期一般较长,采购时要注意。

② 椰子壳钮扣:呈褐色,正反面的色泽不同,钮扣表面分布有斑点或条丝状的脉络,椰子壳在浸水前着色较浅,浸水以后着色即呈深褐色,经过漂白处理后,可染成各种颜色。主要缺点是吸水性太强。

③ 坚果钮扣:根据取材部位不同分为两类,一类是取材于坚果的表皮层,做成钮扣的一面带有褐色花纹;另一类取材于坚果的中心层,做成钮扣表面带有条纹状或同心圆状的花纹。

④ 石头钮扣:大理石钮扣居多,其特点是具有极高的硬度与耐磨性,并且耐高温,耐有机溶剂,不为普通浓度的酸、碱所腐蚀,从钮扣的外表上看,缀有各种天然纹理。

⑤ 宝石钮扣:品质高贵、性能优越、造型别致。

3. 组合钮扣

主要类型:有 ABS 电镀与尼龙件组合钮扣,ABS 电镀与金属件组合钮扣,金属与环氧树脂组合钮扣,树脂与 ABS 电镀组合扣,ABS 电镀与环氧树脂滴胶组合钮扣,ABS 电镀与环氧树脂滴胶组合扣,免缝钮扣和功能钮扣等。

童装组合钮扣在选择时要注意不能含有重金属元素和有毒元素,如铬、镍、钴、铜、汞、铅等。所用的染料不能含有可分解出有毒成分的某些偶氮类染料。目前组合钮扣中所用的电镀件往往含有镍,树脂钮扣中的珠光钮扣往往含有铅,各类染料中都有一些已被禁用的偶氮类染料,所以必须依据出口国家及客户要求注意以上问题。

4. 金属扣件

所谓金属扣件(Buckle)是指用金属材料制成的、被运用在服装及其相关物品上的制品,它包括各种吊环、裤扣、铆钉、气眼、商标、装饰牌、职业标志及装饰件等。

金属扣件在形状、材料、色彩及功能等方面千变万化,从不同角度看则有不同的分类方法,按其功能可分为:

① 按扣(Snap):选用铜带、铜丝等经过冲压、绕制加工组合而成(图 3-5)。

② 四件扣(Four Piece Button):四件扣俗名"五爪扣",由面扣、母扣、子扣、底扣四个部分组成,其原理是利用有色金属黄铜的弹性实现铆合及扣合功能。四件扣种类有空心四件扣、装饰面四件扣、金属面四件扣(图 3-6)。

③ 大白扣(Press Stud):大白扣主要使用在较厚衣料服装上,如羽绒服、滑雪衫、茄克、工作服及牛仔服等服装中。装钉要求服装面料在 0.5~3 mm 之间,装钉后要求铆合牢固、美观而扣不变形等。

④ 四合扣(No-Sew Snap;Snap Fastener;Press Button):四合扣也称弹簧四合钮,它是按钮的延伸,弥补了按扣在装钉、装饰使用范围的不足,是按钮与大白扣相结合的产品。四合扣的装钉要求面料厚度在 0.5~3.5 mm 之间,装钉后扣面不变形、不掉漆、铆合牢固、配合应达到装钉前的各项技术指标。

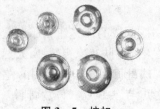　　

图 3-5　按扣　　　　　　　　　　图 3-6　五爪扣

5. 扣扣类金属扣件

扣扣类金属扣件,品种繁多,形状千变万化。主要有裤扣、搭扣、线注金属扣、工字扣、金属挂扣等。

① 裤扣(Trouser Buttons;Trouser Hook;Buckle):有两件裤扣和四件裤扣两种。

② 线注金属扣(Seam Metal Button):根据钮扣的眼孔分布方式不同有明眼和暗眼之分,其中明眼扣还有两孔扣和四孔扣之分。暗眼扣与明眼扣相比,通常只有一个孔在钮扣的背面,背面脚底也有焊底、自动脚底、铜线脚底三种类型。按生产工艺可分成冲压成型和压铸成型金属钮扣。

③ 工字扣(I-Button;Jeans Button):工字扣也称仔扣,它由面扣及底铆钉组成,常用的工

字扣规格有⌀17mm，⌀15mm 和⌀14mm 三种，选用材料一般有铁质和铜质两种（图 3-7）。

④ 金属挂扣（Buckle；Metal Hanger；Metal Hook）：金属挂扣有调节扣、字扣、拉心扣、鲍鱼扣、方形拉心扣、日字扣（图 3-8）、三线通扣、葫芦扣、布带松紧扣、夹带扣等。

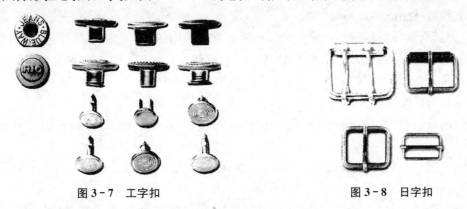

图 3-7　工字扣　　　　　　　　　　　　　图 3-8　日字扣

6. 装饰类金属扣件

① 单纯性装饰扣件：单纯性装饰扣件主要有金属牌、爪式装饰扣、胸花、别针等。

② 具有功能性的组合装饰扣件：一般是将具有锁扣、扣扣功能的钮扣与装饰件用包面或镶嵌工艺进行组合的新型扣件。

7. 紧固类金属扣件（图 3-9）

① 衣角钉（Garment Horn Tack Rivet）：衣角钉是以增加衣角强度为目的的空心铆钉。规格一般有⌀7、⌀9 和⌀9.5 等几种。

② 气眼（Air Hole）：以增加服装的耐磨性及强度为目的的扣件。

③ 铆钉（Rivet）：在服装中主要是将服装附件固定在服装某个部位所使用的金属扣件。

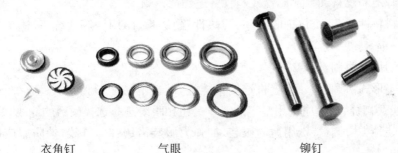

衣角钉　　　　　　　气眼　　　　　　　铆钉

图 3-9　服装常用紧固类金属扣件

8. 钮扣产品检验要求

① 对照样品。看颜色、型号是否与样品相符；

② 表面不应有裂纹、缺口、凹凸不平及明显划痕；

③ 背面无车裂、气泡；无烂边、厚薄不均现象；

④ 花纹应无明显变形、无白眼、白圈等现象；

⑤ 扣眼应光洁通畅；针眼无不穿及破裂，要对称且无大眼。如果是暗眼扣，暗眼槽应光滑、无明显爆裂；

⑥ 同批次钮扣色差应不低于 GB250 四级标准，与来样相比，应不低于 GB250 三级标准；

⑦ 包装检验,在外观检验全部合格后,再进行分装。在包装时应放入合格证或其他标签,包装的数量应与规定相符,且每袋实际数量要与规定数量相符,发现因厚薄不一或其他原因超过允差时则要全数检验。

(四) 缝纫线(Sewing Thread)

缝纫线是缝合纺织材料、塑料、皮革制品和缝订书刊等用的线。它必须具备可缝性、耐用性与外观质量。常用品种有天然纤维型(棉线、麻线、丝线)、化纤型(涤纶线、锦纶线、维纶线)和混合型(涤棉混纺线、涤棉包芯线)。

1. 常规品种的缝纫线性能

① 棉缝纫线:耐热性好,弹性、耐磨性、抗潮性、抗细菌能力较差,适于高速缝纫和耐久压烫。

② 涤纶缝纫线:强度高,线迹平挺美观、耐磨;不霉不腐,价格低,颜色丰富,不易掉色,不皱缩。

③ 涤棉缝纫线:由65%涤纶短纤维和35%棉纤维混纺制成,线的强度高、耐磨性好,缩水率小且柔韧性及弹性较好,耐热性好,可缝制各种衣物。

④ 尼龙缝纫线:强伸大、弹性好,质地光滑、有丝质光泽,耐磨性优良。

⑤ 锦纶线:断裂强度高、耐磨性好、吸湿性小、弹性很高,但耐热性不够,一般控制在120℃左右。一般用于缝制化纤面料、呢绒、羊毛衫等。

⑥ 维纶线:价格较低,断裂强度高,耐磨性低于锦纶线,化学稳定性好,主要缝纫各种面粉袋、布胶鞋鞋帮、帆布、锁扣眼、钉扣等。

⑦ 丝线:表面光滑,光泽柔和,弹性好,耐高温。用于缝制呢绒服装、绸缎面料;人造丝色彩鲜艳,但强度差,吸湿性很差,价格较便宜。大多用于机绣。

2. 选用种类和规格相匹配的缝线和机针遵循的原则

① 与面料特性协调:可保证收缩率、耐热性、耐磨性、耐用性等的统一,避免线、面料差异过大而引起皱缩。

② 与缝纫设备协调:保持缝线强度。

③ 与线迹形式协调:包(绷)缝机选用细棉线,缝料不易变形和起皱。双线线迹应选用延伸性好的缝线。裆缝、肩缝应选用坚牢的缝线。钮扣眼线迹应选择耐磨的缝线。

④ 与服装种类协调:特殊用途的服装,如弹力服装需用弹力缝线,消防服应用耐热、阻燃和防水处理的缝线。

(五) 黏合衬(Interlining)

黏合衬又称化学衬布,黏合衬的布面上附有一层黏合剂,通过一定的温度和适当的压力,将黏合衬与服装面料黏合在一起。品种有机织黏合衬布、针织黏合衬布、无纺黏合衬。

服装用衬的部位如图3-10所示,表3-8为黏合衬布内在质量要求。黏合衬作用如下:

① 使折边清晰平直,服装整体挺括,达到预期的造型(如立领)。

② 提高面料的抗皱性能和强度。

③ 保持服装良好的结构形态和稳定的尺寸(如袖窿)。

④ 提高保暖性并使服装结实耐穿。

⑤ 改善面料的加工性能(如轻薄面料缝纫、绣花)。

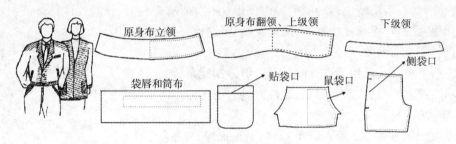

图 3-10　服装用衬的部位

表 3-8　黏合衬布内在质量要求

项目			机织黏合衬(衬衣用)	机织黏合衬(外衣用)	无纺织黏合衬
剥离强力不低于(N/5×10 cm)			18	12	8
干热尺寸变化不低于(%)		经向	−1.0	−1.5	−1.5
		纬向	−1.0	−1.0	−1.5
水洗尺寸变化不低于(%)		经向	−1.5	−2.5	−1.3
		纬向	−1.5	−2.0	−1.0
黏合洗涤后外观变化不低于(%)	水洗	次数	5	2	2
		等级	4	4	4
	干洗	次数	—	5	5
		等级	—	4	4
黏合洗涤后尺寸变化(%)		经向	−2.0	−3.0	
		纬向	−2.0	−2.5	
断裂强度不低于		经向	坯布的60%	坯布的60%	
		纬向	坯布的50%	坯布的50%	
渗料性能			不渗料	不渗料	不渗料
抗老化性能			抗老化	抗老化	抗老化

(六) 花边(Lace)

花边指有各种花纹图案作装饰用的带状织物,用作各种服装、窗帘、台布、床罩、枕套等的嵌条或镶条,主要包括以下几种:

编织花边——又称为线边花边。主要以13.9~5.8tex全棉漂白、色纱为经纱原料,纬纱以棉纱、人造丝、金银线为主要原料,它可用于礼服、时装、羊毛衫、衬衫、内衣等各类服装服饰。

水溶花边——是刺绣花边的一类,分为机绣和手绣。它以水溶性非织造布为底布,用黏胶长丝作绣花线,通过电脑平板刺绣机绣在底布上,再经热水处理使水溶性非织造布溶化,留下具有立体感的花边。可应用于各类服装和装饰用品。

经编花边——针织花边由经编机制作。

机织花边——由提花机构控制经线与纬线交织而成,在少数民族图案中使用较多。

(七) 填料(Intermediate Lining)

1. 絮填料

絮填料是置于面料与里料之间,起保暖(或降温)及其他特殊功能(如保健、防辐射)的材料,根据服装设计款式、种类用途及功能要求的不同来选择使用。

(1) 纤维絮填料

① 棉花:柔软、舒适、保暖,但弹性差,不耐水洗;

② 动物绒毛:如羊毛、骆驼绒等;保暖性好,弹性优良,但水洗后易毡化;

③ 合纤絮料:多用腈纶,弹性好、轻而保暖;中空涤纶,弹性好、保暖性优良;

④ 丝绵:桑蚕丝作絮片状絮料;质轻保暖、吸湿性好,价高;

(2) 天然毛皮、羽绒

① 天然毛皮:中、低档毛皮;保暖性好,但缝制复杂,加工昂贵;

② 羽绒:鸭、鹅、鸡等的毛绒;保暖性好,面、里料需用防羽绒布;

(3) 混合絮料

羽绒+涤纶,或驼绒+腈纶作絮填料,蓬松保暖、成本低;

(4) 絮片

① 热熔絮片(即热熔黏合涤纶絮料):蓬松,透气,保暖,价廉;

② 喷胶棉絮片:涤纶纤网喷撒黏合剂热压后制得;蓬松价廉、透气保暖但强度低;

③ 金属镀膜复合絮片(金属棉、太空棉):轻、薄、暖、软,不耐水洗,分为五层,即中空弹力绒(保温层)、铝钛合金金属膜(反射热能层)、无纺布(金属膜基布)、高压聚乙烯膜(做金属膜的附着层)以及防氧化层(保护层);

④ 毛型复合絮片:羊毛与其他纤维混合料针刺加工而成;保暖性好但价格高;

⑤ 远红外棉复合絮片:远红外涤纶或丙纶复合原料,具有保健作用。保暖性好且能消除疲劳、恢复体力;可缓解神经痛、肌肉痛等症状,对关节炎、肩周炎、气管炎等炎症有消炎功能,对肿瘤、冠心病、糖尿病、脑血管病等具有一定的辅助医疗功能;具有抗菌、防臭和美容的功效。

2. 垫料

垫料指为了保证服装造型要求并修饰人体的垫物。其作用是按设计要求加高、加厚、平整、修饰等以保证服装的造型和修饰人体体形的不足。主要品种包括胸垫和肩垫两种。

(1) 胸垫　又称胸绒、胸衬,主要应用于西装、大衣等服装的前胸夹里内。主要分为机织、针织、复合胸垫。

(2) 肩垫　俗称攀丁,用于肩部的衬垫。主要分为以下几类:

① 针刺肩垫:用针刺方法将材料加固而成,弹性、保形性好,用于西服、大衣等。

② 热定形肩垫:用模具加热定形制成,尺寸稳定,耐用,用于风衣、茄克等。

③ 海绵及泡沫塑料肩:价廉,但弹性、保形性差,外包布后用于一般女衬衫、女装等。

(八) 标签(Label)

在纺织品服装贸易中标签和吊牌的种类很多,主要有品牌标签(主唛 Main Label/Brand Label)、产地标签(产地唛 CO Label/ Origin Label)、尺码标签(尺码唛 Size Label)、洗涤标签(洗水唛 Care Label)、成分标签和条形码标签(ID Label)等,如图 3－11 所示。

1. 品牌标签

品牌标签在纺织品服装贸易中使用较多,品牌标签在某种意义上反映了该商品的质量和知名度,尤其是在服装贸易上。服装上的品牌标签一般用提花方法织成,缝在服装的后领处。定牌是指买方要求在我国出口商品或包装上使用买方指定的商标或牌名的做法。定牌生产的服装如有必要,应该在合同上注明:"如有商标产权纠葛由买方负责"。

一些尚待进一步加工的半制成品,如供印染用的棉坯布,或供加工成批服装用的呢绒和绸缎等,为了避免浪费和降低成本,买方会要求采用在出口商品上免除任何商标或牌名的无牌包装。但无论是定牌还是无牌包装,除了另有约定外,我国出口商品包装上均须表明我国制造字样。

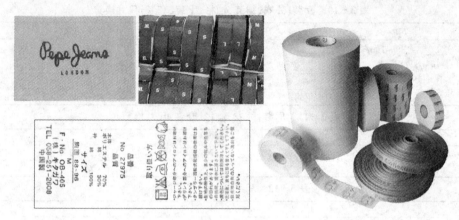

图 3-11 各种标签

2. 产地标签

根据我国外经贸部、海关总署和国家出入境检验检疫局关于禁止非法转口的规定,凡在我国生产的(包括来料加工的)出口纺织品不得在标签、吊牌及包装上标示他国或地区为产地。纺织品非法转口主要是指利用第三国或地区的产地证明和标签向对我国纺织品实行配额限制的国家转口原产地属于中国的纺织品的行为。纺织品非法转口活动,是一种既违反我国与设限国达成的纺织品贸易协议和有关进口国法律,也违反我国法规的行为。

中性包装是指在商品的包装上,不标明生产国别、地名和厂名,也不标明原有的商标和牌号。国际市场上常见的中性包装有定牌中性包装和无牌中性包装,前者是指包装上有买方指定的商标和牌号,但不注明生产国别;后者则指包装上既无商标,也无生产国别和厂名。出口纺织品使用中性包装,是符合国际惯例的做法,原则上允许使用,但中性包装可能给非法转口贸易活动提供便利条件,在进出口贸易过程中要注意防范和识别。在使用中性包装的纺织品服装出口时,在相关合同或加工单上注明"该货物不得转口到与中国签订双边纺织品贸易协议的国家"。

3. 尺码标签

在进出口服装上都必须有尺码标签,尺码标签一般都是印刷的。各个国家的服装尺码标准各不相同,表 3-9 至表 3-13 列出了一些国家常见尺码的换算。

表 3-9　欧美各国服装尺寸换算

尺码 国家	XXS	XS	S	M	L	XL
意大利 Italy	38	40	42	44	46	48
英国 UK	6	8	10	12	14	16
美国 US	0~2	4	6	8	10	12
法国 France	34	36	38	40	42	44
日本 Japan	5	7	9	11	13	15
丹麦 Denmark	32	34	36	38	40	42

表 3-10　女装(外衣、裙装、恤衫、上装、套装)尺寸换算

标准	尺码明细				
中国(cm)	160~165/ 84~86	165~170/ 88~90	167~172/ 92~96	168~173/ 98~102	170~176/ 106~110
国际	XS	S	M	L	XL
美国	2	4~6	8~10	12~14	16~18

表 3-11　男装(外衣、恤衫、套装)尺寸换算

标准	尺码明细				
中国(cm)	165/88~90	170/96~98	175/108~110	180/118~122	185/126~130
国际	S	M	L	XL	XXL

表 3-12　男装(衬衫)尺寸换算

标准	尺码明细				
中国(cm)	36~37	38~39	40~42	43~44	45~47
国际	S	M	L	XL	XXL

表 3-13　男装(裤装)尺寸换算

标准	尺码明细				
尺码	42	44	46	48	50
腰围	68~	71~	75~	79~	83~
裤度	99 cm	101.5 cm	104 cm	106.5 cm	109 cm

4.洗涤标签

洗涤标签主要用在服装上,常常包括面料和里料。为了便于各种不同语言的消费者使用,国际上通用的是采用洗涤图形来表示。有的生产商还会在洗涤标志上标上织物的成分、比例,甚至用几种文字说明注意事项,如表 3-14、表 3-15 和图 3-12 所示。

表 3-14　使用说明的基本图形符号

序号	名称		图形符号	说明
	中文	英文		
1	水洗	Washing		用洗涤槽表示,包括机洗和手洗
2	氯漂	Chlorine-based bleaching		用等边三角形表示
3	熨烫	Ironing and pressing		用熨斗表示
4	干洗	Dry clearing		用圆形表示
5	水洗后干燥	Dry after washing		用正方形表示或悬挂的衣服表示

表 3-15　常见洗涤标志

	Dry Clean	干洗		Tumble Dry With Medium Heat	中温转笼干燥
	Do Not Dryclean	不可干洗		Tumble Dry With High Heat	高温转笼干燥
	Compatible With Any Dry Cleaning Methods	可用各种干洗剂干洗		Do Not Tumble Dry	不可转笼干燥
	Iron	熨烫		Dry	悬挂晾干

（续　表）

	Iron On Low Heat	低温熨烫（100℃）		Hang Dry	随洗随干
	Iron On Medium Heat	中温熨烫（150℃）		Dry Flat	平放晾干
	Iron On High Heat	高温熨烫（200℃）		Line Dry	洗涤
	Do Not Iron	不可熨烫		Wash With Cold Water	冷水机洗
	Bleach	可漂白		Wash With Warm Water	温水机洗
	Do Not Bleach	不可漂白		Wash With Hot Water	热水机洗
	Dry	干衣		Handwash Only	只能手洗
	Tumble Dry With No Heat	无温转笼干燥		Do Not Wash	不可洗涤
	Tumble Dry With Low Heat	低温转笼干燥			

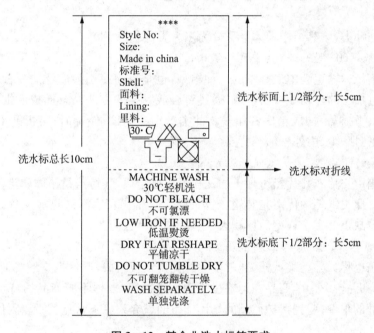

图 3-12　某企业洗水标签要求

除以上常用辅料外，衣服也会使用一些其他物料，如绳带（Cordage & Narrow Fabirc）、捆条（滚边带 Welting Tape）、扁带（Flat Tape）、松紧带（Elastic Rope）、装饰带（Triming/Decorative Ribbon）、商标带（Label Cloth）、魔术贴等。

任务二　包装材料基础知识

成衣加工后一般都需要经过包装，包装的目的是为了在其流通过程中能保护产品、方便储存、促进销售。包装材料指按一定技术方法采用的容器、材料及辅助材料，对成衣包装来讲，主要的包装材料包括纸箱、塑料袋、贴纸、各种扣针、夹子、领条、蝴蝶等。

一、纸箱(Carton)

最常见的分类是按照纸板的瓦楞楞形来区分的。瓦楞纸板主要分为三层瓦楞纸板、五层瓦楞纸板和七层瓦楞纸板(图3-13)。

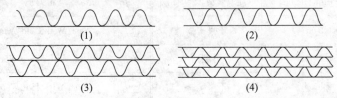

(1)　　　　　　　　　　　(2)

(3)　　　　　　　　　　　(4)

图3-13　不同层数瓦楞纸结构形式(依次为二层、三层、五层和七层瓦楞纸板)

三层瓦楞纸箱主要用于包装重量较轻的内包装物,三层瓦楞纸箱又叫单瓦楞纸箱,由一张瓦楞纸两面各黏一张面纸组合而成;五层瓦楞纸箱主要用于单件包装重量较轻且易破碎的内装物。五层瓦楞纸箱又叫双瓦楞纸箱,过去简称为三黄两瓦,七层瓦楞纸箱的结构由面纸、里纸、两张芯纸和两张瓦楞纸黏合而成,楞型的组合通常采用AB型、AC型、BC型、AE型或BE型。

瓦楞纸箱的种类,按其结构大体上可分为三大类(图3-14):

1. 开槽型纸箱(02型)——最常见的纸箱

开槽型纸箱是运输包装中最基本的一种箱型,也是目前使用最广泛的一种纸箱。它是由一片或几片经过加工的瓦楞纸板所组成,通过钉合或黏合的方法结合而成的纸箱。它的底部及顶部折片(上、下摇盖)构成箱底和箱盖。此类纸箱在运输、储存时,可折叠平放,具有体积小、使用方便、密封防尘、内外整洁等优点。

2. 套合型纸箱(03型)——天地盖的纸箱

套合型纸箱由一片或几片经过加工的瓦楞纸板所组成,其特点是箱体和箱盖是分开的,使用时进行套合。此类纸箱的优点是装箱、封箱方便,商品装入后不易脱落,纸箱的整体强度比开槽型纸箱高。缺点是套合成型后体积大,运输、储存不方便。

3. 折叠型纸箱(04型)——L型纸箱等

折叠型纸箱也称为异型类纸箱,通常由一片瓦楞纸板组成,通过折叠形成纸箱的底、侧面、箱盖,不用钉合和黏合。为了商品在运输过程中不受损坏,根据不同商品的特点和要求,需要设计出结构合理的附件,起到保护商品的作用。下面就介绍一下常见的纸箱附件。

开槽型纸箱　　　　　套合型纸箱(天地盖)　　　　　折叠型纸箱

图3-14　常见纸箱类型

① 隔档(常说的蛋格包装):用于瓶类等易碎易损物品的包装,将各个物品在箱内隔开,防止晃动、碰撞。

② 衬板:主要有三种。一种是全衬板,用于箱内多层堆放作分层隔离之用。第二种是过桥衬板,是用于纸箱内摇盖合笼处,作垫平空隙之用。第三种是衬圈,为提高纸箱的抗压强度和保护商品,在纸箱的四个侧面均围上衬板。

③ 衬垫:根据商品不同的形状及薄弱的部位,设计各种衬垫用于固定商品,确保商品在运输的过程中不致移动,同时具有缓冲的作用。

此外,在瓦楞纸箱的尺寸规格条目中将纸箱的箱底面积(外尺寸)分为三个系列,即:

a. 400×600、400×300、400×200、400×150(单位 mm);

b. 300×200、300×130、300×100(单位 mm);

c. 200×150、200×133(单位 mm)。

4. 包装要求

对于要做出口的产品,其纸箱包装要求如下:

① 外箱毛重一般不超过 25 kg。单瓦楞纸纸板箱,用于装毛重小于 7.5 kg 货物;双瓦楞纸板箱,用于毛重大于 7.5 kg 货物;

② 纸箱的抗压强度应能在集装箱或托盘中,以同样纸箱叠放到 2.5 m 高度不塌陷为宜;

③ 如产品需做熏蒸,外箱的四面左下角要有 2 mm 开孔;

④ 出口到欧洲的外箱一般要印刷可循环回收标志,箱体上不能使用铁钉(扣)。

二、塑料袋(Plastic Bag)

对于一些需要塑胶袋包装的产品,其要求如下:

① PVC 胶袋一般是被禁用的;

② 胶袋上要有标明所用塑料种类的三角形环保标志;

③ 胶袋上印刷"PLASTIC BAGS CAN BE DANGEROUS. TO AVOID DANGER OF SUFFO-CATION,KEEP THIS BAG AWAY FROM BABIES AND CHILDREN."胶袋上还要打孔,每侧打一个,直径 5 mm。

三、条形码(Bar Code)

服装企业有其特殊的行业特性,服装产品的款式、颜色、尺码组合的特点决定了其单品数量随款式的增加而呈几何级增长;而服装销售体系又涵盖了直销、批发、特许加盟等多种业态,零售店数量众多、地理位置分散导致信息量急剧增长。显然,手工收集销售、物流、盘点、调配等环节的大量数据是不现实的,因此大多数服装企业在服装包装上采用了服装条形码技术。服装条形码是在服装理单跟单中经常遇到的一个常用知识。

1. 条形码

条形码可以标出商品的生产国、制造厂家、商品名称、生产日期、服装分类号、品名规格、服装价格等,因此在商品流通、图书管理、邮电管理、银行系统等许多领域都得到了广泛的应用。所谓条码(条形码简称)就是一种利用光电扫描阅读设备识读并实现数据自动输入计算机的特殊符号。严格地讲,它是一组规则排列的条、空及其对应字符组成的标记,用以表示一定的信息。

2. 条形码的分类

条形码在服装企业的应用中,根据使用范围不同一般分为商品码和物流码。一般情况下物流码只在企业内部使用,而在进入商业流通领域后应使用商品码。

① 商品码:是经中国物品编码中心审批后,供服装企业产品在商业流通中使用的、代表一定商业信息的条码。商品码主要有EAN－13码。

② 物流码:是在服装企业内部使用的代表物流信息的条码,其编码原则可依服装企业而定。物流码编有大量价值信息,如有的企业编码原则是:订单号＋颜色序号＋规格代码。

四、其他包装材料

包装材料还包括衬纸(Tissue Paper)、纸板(Shirt Board)、蝴蝶(Butterfly)、胶领条/胶圈(Plastic Shirt Band)、插竹(Collar Stay)、胶针(Plastic)、金属扣针(Safety Pin)、大头针(Pin)、胶/金属夹(Plastic/Metal Clip)、吊牌(Hang Tag)、价钱牌(Price Ticket)、贴纸(Sticker)、衣架(Clothes－Rack)等,如图3-15所示。

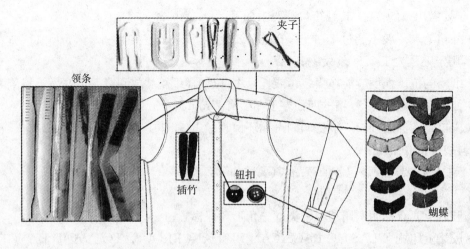

图3-15 衬衫常规包装辅料的使用部位

任务三 服装基本结构

作为服装跟单员,在收到客户相关基础资料后,在开具样衣制作单或者大货制单时,都需要跟单员对照样衣(服装的参考样衣),对服装进行各部分缝制方法的描述与说明;当客户收到样板后,也会对服装各部分的车缝、尺寸或者其他问题有反馈性意见,跟单员需要收集这些信息,并转化为相关的生产通知,将意见反馈给各部门。因此,跟单员就要熟悉服装各部分的基本结构名称。

一、服装的基本分类

从制衣厂的生产角度,服装一般是根据穿着部位进行分类的,具体分类如下:

从穿着层次分:外衣(Outwear)与内衣(Underwear)。

从穿着上下身分:上装(Top)与下装(Bottom)。

上下装同面料、款式相配或上下装相连,为套装(Suit);上下装分开的称为Separates,上下装搭配的称为Sets。上装一般有大衣(Coat)、外套(Jacket)、Blazer(休闲西服)、针织套头衫(Sweater)、针织外套(Cardigan)、衬衫(Shirt)和T恤(T-Shirt)等。下装一般有长裤(Trousers/Pants)、短裤(Pants/Shorts)、裙子(Skirt)、裤裙(Culottes)等。

内衣一般有通用型的背心(Vest)、三角裤(Briefs),女性专用的内裤(Panties)、吊带衬裙(Slip)、紧身裤(Tights)、吊颈背心(Halter)、文胸(Bra)等。

二、服装的基本结构

(一) 西服基本结构(图 3-16)

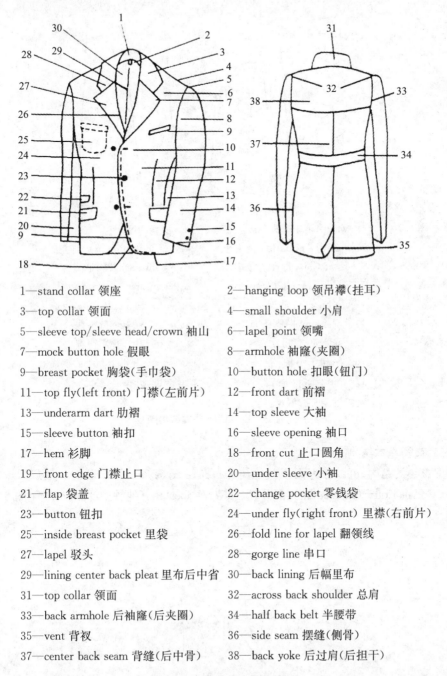

1—stand collar 领座

2—hanging loop 领吊襻(挂耳)

3—top collar 领面

4—small shoulder 小肩

5—sleeve top/sleeve head/crown 袖山

6—lapel point 领嘴

7—mock button hole 假眼

8—armhole 袖窿(夹圈)

9—breast pocket 胸袋(手巾袋)

10—button hole 扣眼(钮门)

11—top fly(left front) 门襟(左前片)

12—front dart 前褶

13—underarm dart 肋褶

14—top sleeve 大袖

15—sleeve button 袖扣

16—sleeve opening 袖口

17—hem 衫脚

18—front cut 止口圆角

19—front edge 门襟止口

20—under sleeve 小袖

21—flap 袋盖

22—change pocket 零钱袋

23—button 钮扣

24—under fly(right front) 里襟(右前片)

25—inside breast pocket 里袋

26—fold line for lapel 翻领线

27—lapel 驳头

28—gorge line 串口

29—lining center back pleat 里布后中省

30—back lining 后幅里布

31—top collar 领面

32—across back shoulder 总肩

33—back armhole 后袖窿(后夹圈)

34—half back belt 半腰带

35—vent 背衩

36—side seam 摆缝(侧骨)

37—center back seam 背缝(后中骨)

38—back yoke 后过肩(后担干)

图 3-16 西装基本结构图

（二）西裤基本结构（图 3 – 17）

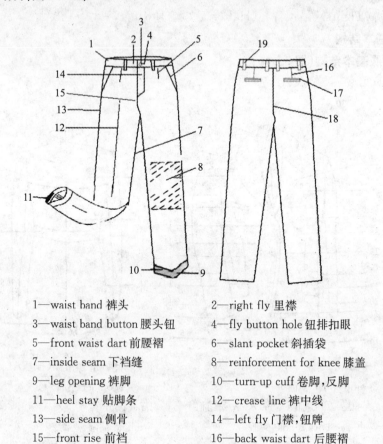

1—waist band 裤头　　　　　　　　2—right fly 里襟

3—waist band button 腰头钮　　　　4—fly button hole 钮排扣眼

5—front waist dart 前腰褶　　　　　6—slant pocket 斜插袋

7—inside seam 下裆缝　　　　　　　8—reinforcement for knee 膝盖

9—leg opening 裤脚　　　　　　　　10—turn-up cuff 卷脚，反脚

11—heel stay 贴脚条　　　　　　　　12—crease line 裤中线

13—side seam 侧骨　　　　　　　　14—left fly 门襟，钮牌

15—front rise 前裆　　　　　　　　16—back waist dart 后腰褶

17—hip pocket 后袋　　　　　　　　18—back rise 后裆

19—belt loop 裤襻

图 3 – 17　西装基本结构图

（三）衣领基本结构

　　根据衣领的结构，可以分为无领、立领（Hand Collar/Stand-Up Collar）、平领（Flat Collar）、翻领（Shirt Collar/Roll－Over Collar）、翻驳领（Rever/Lapel）和其他领型（图 3 – 18 至图 3 – 20）。

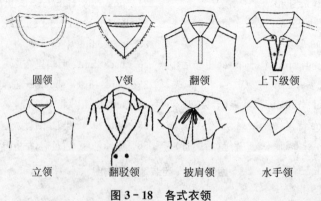

圆领　　　　V领　　　　翻领　　　　上下级领

立领　　　　翻驳领　　　　披肩领　　　　水手领

图 3 – 18　各式衣领

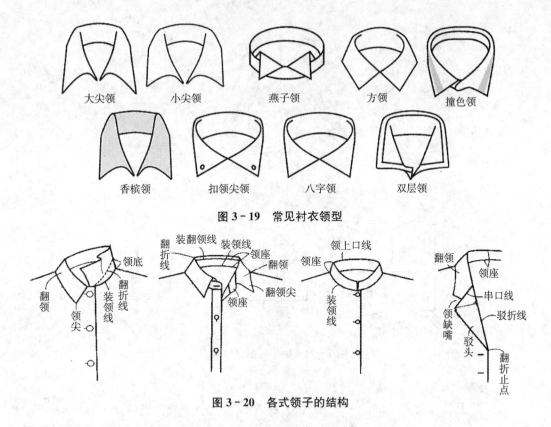

大尖领　　小尖领　　燕子领　　方领　　撞色领

香槟领　　扣领尖领　　八字领　　双层领

图 3 – 19　常见衬衣领型

装翻领线　装领线
翻折线　　　领座
领底　　　　　翻领　　　　　领上口线
翻领　　翻折线　　　领座　　　　领座　　翻领　　领座
　　装领线　　　　领座　　翻领尖　　　　　　　串口线
领尖　　　　　　　　　　　　　装领线　领缺嘴　驳折线
　　　　　　　　　　　　　　　　　　　驳头　翻折止点

图 3 – 20　各式领子的结构

4. 袖子基本结构

衣袖结构多种多样,总体上分为装袖类和连身袖类。在实际生产中,一般是按照衣袖袖山的结构进行分类,分为圆袖(装袖)、连袖、插肩袖、冒肩袖、肩袖(无袖)等;也可以按照袖片数量进行分类,如一片袖、两片袖、多片袖等;按长度分,可分为短袖、半袖、七分袖、长袖(图 3 – 21 至图 3 – 24)。

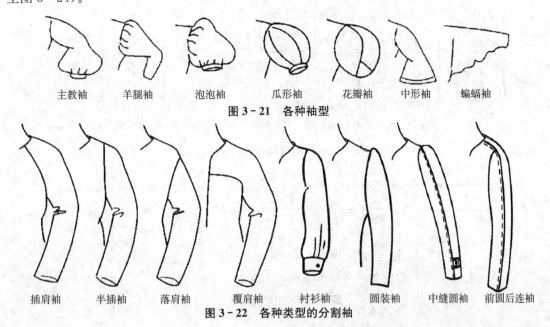

主教袖　　羊腿袖　　泡泡袖　　瓜形袖　　花瓣袖　　中形袖　　蝙蝠袖

图 3 – 21　各种袖型

插肩袖　　半插袖　　落肩袖　　覆肩袖　　衬衫袖　　圆装袖　　中缝圆袖　　前圆后连袖

图 3 – 22　各种类型的分割袖

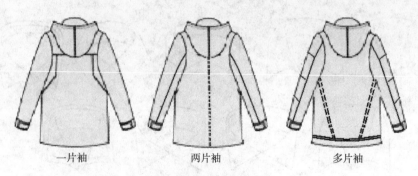

一片袖　　　　　两片袖　　　　　多片袖

图 3 - 23　各种不同数量袖片的袖子

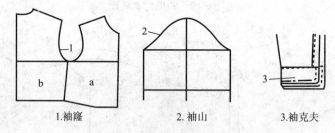

1.袖窿　　　　　2.袖山　　　　　3.袖克夫

图 3 - 24　袖子各部分结构

5. 衣袋基本结构

一般服装上都有衣袋,如图 3 - 25 和图 3 - 26 所示。衣袋一般由袋口(Pocket Opening)和袋身(Pocket Bag)组成,也有一些是有袋盖(Pocket Flag)的。根据衣袋的形状可分为贴袋(Patch Pocket)、利用衣片边缘或接缝作为袋口的衣袋(Seam Pocket)和在衣片中剪开作为袋口的挖袋(也称嵌线袋,Inside Or Secret Pocket)。除此之外,有些是属于装饰性的假袋(Mock Pocket)和缝制在服装内侧的里袋(Inside Pocket)。贴袋基本上沿用了服装的原始造型特征,一般有直角贴袋、圆角贴袋、多角贴袋及风琴式贴袋(袋口和袋角鼓起,形如风琴的结构,有一种立体的效果)等。里袋多在衣服的内里前胸处,如西服、大衣、外套、风衣等都在内里缝制里袋。

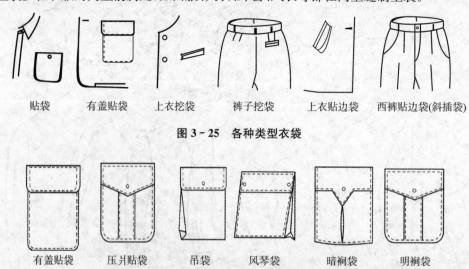

贴袋　　有盖贴袋　　上衣挖袋　　裤子挖袋　　上衣贴边袋　　西裤贴边袋(斜插袋)

图 3 - 25　各种类型衣袋

有盖贴袋　　压片贴袋　　吊袋　　风琴袋　　暗裥袋　　明裥袋

图 3 - 26　常见衬衣袋型

任务四 车缝基本知识

一、缝制工艺相关术语

① 针码密度：又叫针迹、线迹及针脚密度，常指在 2 cm 或 3 cm 内缝针刺穿衣料的针数，即"针数/2 cm"或"针数/3 cm"。外贸加工中常以每英寸(in)内缝针刺穿衣料的针数表示，即针数/in。

② 车缝：用锁式线迹缝纫机进行的缝纫加工。工厂中也常称为"缉"。

③ 链缝：用链式线迹缝纫机进行的缝纫加工。

④ 包缝：又常称为锁边、包边、缉骨等，是对衣料毛边进行包边，以防纱线脱散的缝纫方式。

⑤ 撩缝：也叫缲缝，用撩边机或手工将服装下摆或下口折边处固定缝合，要求正面不露线迹。

⑥ 拼接：将两个及以上分片连接为一片完整衣片的加工形式。

⑦ 勾缝：两衣片正面相对，在反面缝合后再翻转的加工方法。常用于领子、袋盖、上口和袖头等处。

⑧ 纳：将服装部件与衣身装配缝合的方式，也称绚。

⑨ 丝缕：指机织物经纬方向的纱线。

⑩ 吃与赶：由于缝纫设备送布机构或款式造型的需要，缝合在一起的衣片在长度上产生的差距为吃头份或赶头份。一般衣片缩短的叫吃，长出来的叫赶。

⑪ 缝份：也叫缝头，指缝迹线到衣片边缘的距离。

⑫ 打结：也常称为套结、封结、打枣等，指在开口两端或常受力部位打上结缝以加固强度。

二、常用线迹

常用的线迹主要分 6 类：

① 100 系列：链式缝迹，其中 101 是单线链状线，用于假缝(如西装袋的封口)；

② 200 系列：仿手工缝迹；

③ 300 系列：锁式缝迹，其中 301 单线是平车线步、双线是双针平车线步；304 是人字线步；

④ 400 系列：多线链式缝迹，其中 401 是单针/双针锁链底；406 是双针网底；407 是三针网底；

⑤ 500 系列：包缝缝迹，其中 503 是两线包缝，504 三线包缝；516 五线包缝又叫安全线步；

⑥ 600 系列：覆盖缝迹，包缝机也称冚车，其中 602 是两针四线包缝，针距可调 1/8" 或 3/16"，1/8" 的又叫窄虾苏或小虾苏；605 是三针五线包缝，是最普通的包缝，针距一般宽 1/4"，又叫宽虾苏/大虾苏；607 是四针六线包缝。

注：包缝=虾苏

常用线迹及其特点见表 3-16 和表 3-17。

表 3-16　常用线迹及其特点

线迹	特点	适用范围
链式线迹：由一根或两根缝线串套联结而成，分单线链缝线迹 110 号，双线链缝线迹（如 401 号）等	单线链缝线迹（100 类）：是由一根线往复循环串套而成的链条状线迹。这类线迹用线量不多，拉伸性一般，只要将最后一针线迹解开，即可将整个线迹抽出，所以应用不广泛。	一般用于缝制面袋、水泥袋口。在缝制针织服装时都与其他线迹结合使用，如缝制厚绒衣时须用绷缝线迹加固。目前相当数量的钉扣机，采用了这种线迹，因为钉扣时缝线的相互穿套是在钮扣的扣眼间完成的，缝线的叠加和挤压，提高了线迹的抗脱散性能。
	双线链缝线迹（400 类）：由两根线（一根直针线和一根弯针线）往复循环串套而成的链条状线迹。这种线迹用线量较多，正面线迹与锁式线迹相同，拉伸性和强度均比锁式线迹好，有一定的耐磨性，缝线断后不易脱散，通常习惯将两根缝线形成的链式线迹称为双线链式线迹。	适合于针织服装加工，而且在机织面料服装加工中得到了越来越广泛的应用。
锁式线迹：由两根线（面线和底线）在面料上锁套而成的线迹，也称平缝线迹，分直线（301）与曲线（304 或 308 号）两种	结构简单、坚固，线迹不易脱散，用线量少。因此用这种线迹缝制服装比较经济，面料正反面的线迹完全一样不需要区分，给生产带来了很大方便。这种线迹的缺点是：伸缩性差，抵抗拉伸能力较小，容易被拉断，梭体容线量较少，生产中需换底线，所以给生产带来一定的不便。	线迹应用极为广泛，是服装生产中最基本的线迹，几乎服装所有缝合部位均可使用，如单、双针平缝机、曲折缝机、平头锁眼机、套结机的线迹均属此种类型。曲折型锁式线迹较直线型线迹的缝线用量相对较多，其拉伸性也明显提高。
手缝线迹（200 类）	每针用线量是根据整个缝制长度所用的线长来决定的，因为每缝一针整段缝线都要进入一次缝料，如果用一般缝线的话，很容易发生断线、剥离等故障。需要耐磨性较好的缝线，同时对缝线有一定的限制。	常见于西服的装饰线迹，大衣、裤子等钉扣的手工线迹。
包缝线迹：由两根、三根或数根缝线相互循环串套在缝料的边缘上形成的线迹，分单线、双线、三线、四线和五线包缝线迹等	单线包缝线迹 501 号只有一根缝线	是缝制毯子边缘的专用线迹，服装中一般不采用。
	双线包缝线迹如 503 号	适宜缝制强度大的部位，如弹力螺纹衫的袖口、底边常用这种线迹缝制。
	三线包缝线迹如 504 号、505 号，由于面料被包住，所以三线包缝线迹，能防止面料边缘脱散，当缝迹收到拉伸时，面线、底线和上线之间可以有一定程度的互相转移，因此缝迹的弹性较好。	在服装加工中应用很广，如面料的包边；针织物衣片的缝合；袖口、下摆的卷边等等。
	四线包缝（507 号）和五线包缝称为安全缝线迹，四线包缝的缝迹较三线包缝好。五线包缝线迹实际上是由一个双线链式线迹和一个三线包缝线迹复合而成的，并各自保持其独立性，故可称为"复合线迹"。这种复合线迹可由一个双线链式线迹和一个四线包缝线迹组成，构成三针六线包缝线迹。复合线迹的最大特点是强力大，工序可以简化，从而提高了缝迹的牢度和缝制的生产效率。	可用于三线包缝的地方都可使用四线包缝；五线或六线包缝多用于外衣（胸罩）等缝制，如男衬衫袖隆及摆缝、袖底缝就是五线包缝。
绷缝线迹：由两根或两根以上面线（直针线）和一根底线（弯针线）相互串套而形成的线迹。国际标准代号为 600 级	绷缝线迹强力大，拉伸性较好，同时还能使缝迹平整，在某些场合（如拼接缝）也可起到防止针织物边缘线圈脱散的作用。如使用装饰线（一般用光泽好的人造丝线或彩色线），会使缝迹外观非常漂亮，似有花边的效果。与 400 系列绷缝线迹的区别在于缝料正面加有装饰线。	绷缝线迹多用于针织服装的滚领、滚边、折边、绷缝、拼接缝和饰边，套结机及某些锁眼机等。

表 3 - 17　常用缝纫线迹及其用途

线迹图		ISO 4915 代码	一般用途
服装正面	服装反面		
		101	属于假缝,一般用于西装类服装,或封袋口用。
	与正面一样	101 或 304,需要加固的,只能选用 304	钉钮、开钮门或加固服装,如钉凤眼(打枣/套结)。
基本不漏线迹		103	暗缝西裤、西装、裙子袖口、下摆口、衣脚。
		202	用于假缝、加固用。
		301	形成这种线迹的缝纫机称为平缝机,工厂中俗称平车或"镶襟车"。适合用于缝制针织品中不易拉伸的部位,如衣服的领子、口袋、门襟、裤子的封门及订商标等。
		304	是曲折型锁式线迹,用于缝制有弹性要求,同时又要有一定装饰效果的针织服装,如袖口、裤口等。
		401	有单线和双线两种,单线广泛用于针织服装的滚领、绱松紧带等许多部位的缝合,双线一般用于牛仔服牛仔裤,后裆缝和衬衫缝接。
		406	双针网底线(也称双包缝),用于袖口和衣脚接缝,滚边条、覆盖接缝,弹性裤头带,裤襻等地方。
		407	三针网底线(也称三针包缝),常用于男装或男童内裤上加上弹力带。
		503	双线拷边(双线包边,双线包缝)线迹,线迹的弹性好,适宜缝制强度打的部位,如弹力螺纹衫的袖口、底边常用这种线迹缝制。

（续　表）

线迹图		ISO 4915 代码	一般用途
服装正面	服装反面		
		504	三线拷边（三线包缝）具有良好的弹性和延伸性，不易脱散，称为安全缝线迹。在针织服装生产中广泛用于合缝、合肋及上袖等部位的缝制。
		512	四线拷边，常用于外衣合缝和内衣中受力较大及容易摩擦部位的缝制。如合肩、上袖等。目前一般高档针织服装的缝制都要求用四线包缝缝制。
		516	缝迹的牢度和缝制的生产效率高，多用于外衣及补整内衣的缝制。
		543	
		605	也称三针包缝，用于服装装饰性盖缝或衣片接缝。

三、缝型分类及其应用

在缝型分类中，根据线迹在缝料上配置的位置不同，将缝料的边缘分为"有限边"和"无限边"两种（图3-27）。

有限边：缝料上与线迹的距离比较小的边缘，在缝型图示中用直线表示。

无限边：缝料上与线迹的距离比较大的边，在缝型图示中用波浪线表示。

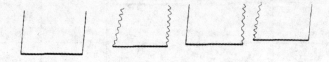

图3-27　缝料的边缘

在缝型的国际标准（ISO4916）中，缝型代号用五位的阿拉伯数字表示。各个数字的含义如下：

第一位数字：表示缝型分类，共分八类。

第二、三位数字：合起来表示缝料排列形态，用01、02…99等两位数表示。

第四、五位数字：合起来表示缝针穿刺缝料的部位和缝针的穿刺状态，也是01…99等两位数字表示。

1. 缝型分类

① 一类缝型：由两片或两片以上一侧为有限边，一侧为无限边的缝料组成，这些缝料的有限边都位于同一侧。在此还可增加两边都是有限边的缝料（图3-28）。

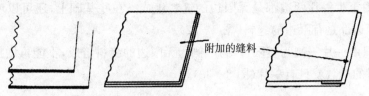

① 附加的缝料和基本缝料相同　② 附加的缝料两端的边缘都是"有限"的

图 3 - 28　一类缝型

② 二类缝型:由两片或两片以上缝料组成,其中一片缝料的有限边处在一侧,另一片缝料的有限边处在另外一侧,两片缝料的有限布边相互重叠配置,在此基础上还可以增加两边都是有限边的缝料(图 3 - 29)。

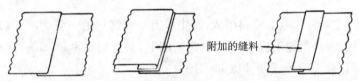

① 附加的缝料和基本缝料相同　② 附加的缝料两端的边缘都是"有限"的

图 3 - 29　二类缝型

③ 三类缝型:由两片或两片以上缝料组成,其中一片缝料的一侧是有限边,另一片缝料的两侧都是有限布边。两片缝料的配置为一侧是有限布边的缝料夹在两侧都是有限布边的缝料之中。在此基础上还可增加任意一种以上缝料(图 3 - 30)。

① 附加的缝料和基本缝料相同　② 附加的缝料两端的边缘都是"有限"的

图 3 - 30　三类缝型

④ 四类缝型:由一片或一片以上左边为无限边,右边为有限边和一片或一片以上左边为有限边,右边为无限边的缝料组成。两片缝料的有限布边平行并置于同一平面上。在此基础上,还可以增加任意一种以上缝料。

① 附加的缝料和基本缝料相同　② 附加的缝料两端的边缘都是"有限"的

图 3 - 31　四类缝型

⑤ 五类缝型:由至少一片两边都是无限边的缝料组成。在些基础上,还可以增加一侧为有限边的缝料,或两边都是有限边的缝料(图3-32)。

⑥ 六类缝型:只由一片一侧为有限边,另一侧为无限边的缝料组成,不能再增加缝料。因此,各种形态的缝料的总数就只有一片(图3-33)。

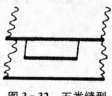

图3-32 五类缝型

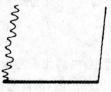

图3-33 六类缝型

⑦ 七类缝型:由两片或两片以上缝料组成,其中只有一片缝料的一侧为有限边,另一侧为无限边,其余所有缝料的两侧都是有限布边。在此基础上,只能增加两侧都是有限边的缝料。因此,各种形态的缝料总数为两片或两片以上(图3-34)。

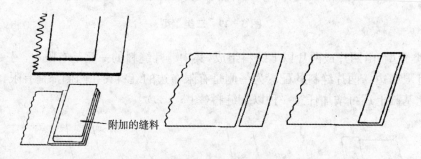

图3-34 七类缝型

⑧ 八类缝型:由一片或一片以上两边都是有限边的缝料组成。如果再增加缝料,缝料的两侧也都必须是有限布边。因此,各种形态的缝料总数为两片或两片以上(图3-35)。

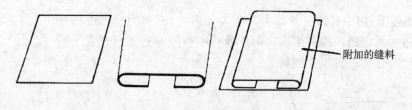

图3-35 八类缝型

2. 缝料的排列形态

每一类缝型都有很多种不同的排列形态,针织服装缝制中常用的几种缝料的排列形态及其标准代号如图3-36所示:

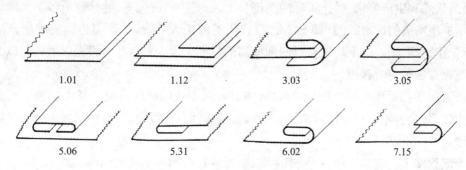

图 3-36　各种缝料的排列形态

3. 缝针穿刺缝料的部位及状态(图 3-37)

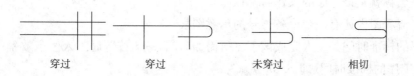

图 3-37　缝针穿刺缝料的部位及状态

四、成衣缝纫工艺流程

成衣缝纫工艺流程:检查裁片→做缝制标记→烫衬、缝制辅助部位(裁片印、绣花)→做零部件→缝合测缝→锁眼钉钮→成品检验→送整烫包装车间(图 3-38)。

图 3-38　车缝车间

1. 工艺流程图编制

服装生产流程图是服装生产中不可缺少的文件资料,它是生产制造通知单中的重要组成部分。从生产流程图可以清楚知道工序的安排和裁片的分配情况,方便车间科学、合理、高效地组织生产,起到计划生产、编排与控制生产、分析工序、合理摆放设备等作用。另外,生产流程图还是生产方法、生产程序研究、工序改良的重要依据。所以在生产前必须先根据工厂实际情况,编写好生产流程图,以确保生产的顺利进行(表 3-18 和图 3-39)。

生产流程图包括的内容有:开裁裁片、流程线、设备符号、工序序号、工序名称和标准时间等。在编写流程之前,首先需要了解工人的人数和分组的情况、设备的种类、数量和摆放的情况、制品的款式和生产要求、操作工序的明细分工、每日生产时间等，并计算出各工人的工作效率和各个工序所需的标准时间（即 S. M. V）或所需的工人数量，从而得出该流程生产的日产量、实际工作时间、工人的平均工作时间和所需的标准工人人数。然后根据以上资料以大分科的生产流程方法编写流程图。

生产流程图都要注明投产裁片的名称，同时要求主线明确。一般以其中一种主要的裁片生产为主线，其余的零部件生产都汇总于主线。流程线以直线段表示，转折线表示组件缝合的先后顺序。

生产流程图上还包括工序序号、工序名称、设备符号和各工序的标准时间。

① 工序序号的编写应先从主线上的工序入笔，并遵循先上后下、先主后次、先左后右的原则，由同一工人操作的工序用统一的序号；

② 工序名称就是该工序的操作名称；

③ 生产流程图内还有一个设备符号的示意图表；

④ 工序的标准时间是工人完成该工序所需的时间，一般按普通工人生产效率的平均值来测出每一个工序的标准时间（即 S. M. V）。

表 3-18　工艺流程图编制符号

记号	内容说明	记号	内容说明
◯	平缝作业	○	搬运作业
◎	特种缝纫机作业	□	数量检查台板作业
⊙	手工熨烫、手工作业	◇	质量检查
⊙	整烫作业	▽	裁片、半成品停滞或投料
◈	质量、数量同时检查	△	成品停滞、结束

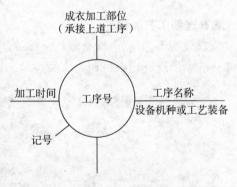

图 3-39　工艺流程图表达式

2. 成衣加工流程实例（图 3-40 和图 3-41）

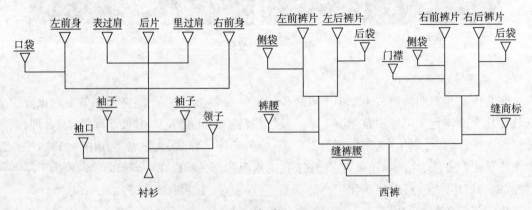

图 3-40　某成衣加工工序配置图

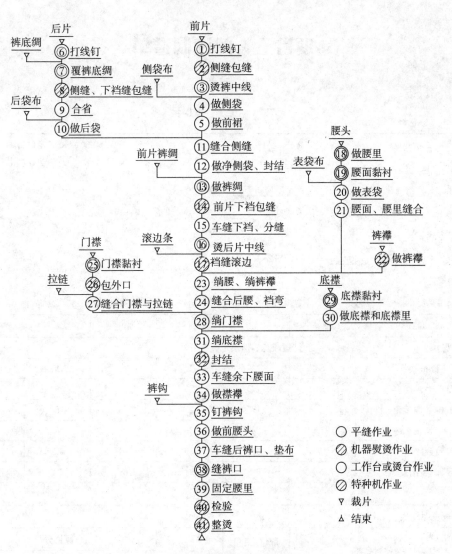

图 3-41　某西裤生产流程图

>>>>项目三 阅读制造单<<<<

一、生产制单

| 款号 | 123456 | 客户 | ABC | 客户款号 | TS33455 | 发单日期 | 41139 |

款号 <u>123456</u>　　客户 <u>ABC</u>　　客户款号 <u>TS33455</u>　　发单日期 <u>41139</u>

制单数量 <u>242＋8</u>　　纸样编号 <u>2010N123</u>　　参考样 <u>1件</u>　　季节 <u>2010 年 Q2</u>

款式描述 <u>女翻领开筒短 T</u>　　产地 <u>Made in China</u>

洗水 <u>无</u>　　洗水标准 <u>/</u>　　绣花 <u>跟样板</u>　　印花 <u>/</u>

其他加工方式

主身布成分 <u>纯棉双珠地　250 g/m²</u>　　对条格要求 <u>/</u>

客户订单概述

客户订单编号	款号	制单数	出厂期	出货方式	备注
'00387273	123456	242	41189	物流	

颜色尺码分配　　　　允许短/超裁,但不可超±5%

主身布颜色	S	M	L	XL	XXL	总计
A001♯纯净白	5	17	25	18	6	71
A304♯纯紫色	5	17	25	18	6	71
A901♯正黑色	7	24	36	25	8	100
合计	17	58	86	61	20	242
尺码唛用量	18	69	91	65	21	264

主辅料/配色明细表

编号	物料名称		部位/使用说明	单耗	颜色分配		
					—1	—2	—3
095Y	双珠地		主身 A 色		A001♯纯净白	A304♯纯紫色	A901♯正黑色
	涤氨间色金线横机		领		A001♯纯净白	A304♯纯紫色	A901♯正黑色
					A203♯深粉色	A001♯纯净白	A305♯紫水晶
					A903♯银色	A903♯银色	A903♯银色
067	16♯珠光四眼钮	面层色	前筒	2	A203♯深粉色	A001♯纯净白	A305♯紫水晶
					A001♯纯净白	A304♯纯紫色	A901♯正黑色
067	备用钮:16♯珠光四眼钮	面层色	单层订于洗水唛上	1	A203♯深粉色	A001♯纯净白	A305♯紫水晶
					A001♯纯净白	A304♯纯紫色	A901♯正黑色
K20	布朴		前中筒	白色		白色	黑色

样板说明:头版中码 A001♯纯净白 1件,A304♯纯紫色和 A901♯正黑色各两件。船头板 A901♯正黑色 3件。

跟单员:　　　　　审核:　　　　　　　　　　　　　　日期:

二、缝制说明

品　　名	女翻领开筒短 T	款　　号	123456	

缝制说明

车缝针密：16（±1）针/1″

领	四线包缝上领，于后领捆条落织带捆条，全领骨面间 0.6 cm 阔单线
袖	四线包缝上袖，原身布内褶，面坎 0.3 cm 阔双针
埋夹	四线包缝埋夹
衫脚	原身布内褶，面坎 0.3 cm 阔双针
纳脖	四线包缝纳脖，肩位走前，内落 0.5 cm 阔透明弹性膊带
前筒	女装明筒，沿筒边骨位面间 0.1 cm 阔单线，筒底间 0.6 cm 阔双针
钮扣	第一颗钮距领底 1 cm，开横钮门，第二颗距第一颗钮 5 cm，开直钮门，交叉钉钮。 备用钮钉于洗水唛后正中位置，交叉钉钮。
唛头	主唛（含尺码）四边车死于后片居中位，离后中领骨 1″。 洗水唛加缝于左侧骨，离衫脚 12 cm 处（服装平放于台面时款号一面朝面上）
绣花位置	见尺寸表
脚叉位置	无

尺寸表

序号	位置	S	M	L	XL	XXL	公差
1	后身长	51～54	53～56	55～58	57～60	59～62	1
2	胸围（袖隆下 2 cm 度）	76	80	84	88	92	1
	腰围（最窄处量）	69	73	77	81	85	1
3	肩缝倾前（平行）	2	2	2	2	2	0.5
4	下摆围	88	92	96	100	104	1
5	肩宽	34	36	38	40	42	1
6	袖长（肩尖点量）	12	13	14	15	16	1
7	袖肥（夹直）	19.5	20.5	21.5	22.5	23.5	0.5
8	臂围（距袖隆 5 cm 量）	44	46	48	50	52	1
9	袖口宽	16.5	17	17.5	18	18.5	1
10	领口宽（肩顶点到肩顶点）	13	14	15	16	17	0.5
11	前领深（肩顶点至上缘）	7.7	8	8.3	8.6	8.9	0.5
12	领围	36	37	38	39	40	1
13	领高（后中线处）	8.5	8.5	8.5	8.5	8.5	0.5
14	领尖	6	6	6	6	6	0.5
15	下领角长度	4	4	4	4	4	0.5
16	绣花位置（距前中位置）			待定			0.5
17	绣花位置（距肩顶点位置）						0.5
18							
19							
20							

客户评语

8～20 修改意见

1. 前片花位于前中筒两边，另"B"字顶前端少横，请加上，现印花不像"B"。

2. 横机领重新开发，重新给彩图。

3. 白色组领边间色应是银色，不是金色。

4. 领边间色太厚，将提供厚度要求。

跟单员：	审核：	日期：

三、主辅料明细表

品 名	女翻领开筒短 T	款 号	123456	

主辅料/配色明细表

编号	物料名称	部位/使用说明	单耗	颜色分配			
				−1	−2	−3	−4
095Y	双珠地	主身 A 色		A001♯纯净白	A304♯纯紫色	A901♯正黑色	
2	0.5 cm 阔透明弹性膊带	左右肩骨	40 cm				
320	洗水唛:缎面质地 9.4 cm ×3.2 cm(含止口计)		1				
M13	主唛	后内领骨下	1	银色	银色	银色	
N01	PE 胶袋		1				
N03	纸板	夹于衣内					
N05	合格证		1 套				
N07	枪针:16 cm 长	穿挂合格证	1 条				
N08	PE 防潮袋						
N09	条形码贴纸:红底黑字、不干胶贴	贴于纸箱的两侧及防潮袋上	3 张				
N010	有色不干胶 3 cm×2 cm(W×H)		2				
N011	纸箱:KA 三 A,三坑七层		1				
N012	封箱带	工字封箱					

前中筒 067(16♯)

横机领间色示意图:

横机B色0.5cm阔 → 横机C色0.2cm阔

横机A色

止口边

主唛:位于后中内领骨度至唛顶计 2 cm(左右居中)

总宽3.2cm

总高9.4cm(含止口)

此码代表工厂代码

洗水唛:位于成衣左侧缝,至洗水唛底计 10 cm(特殊另计)

备注:内容根据实际面料成份而定

跟单员: 审核: 日期:

四、包装说明

品　　名	女翻领开筒短 T		款　　号	123456

包装尺寸规格:长 * 宽　14″×10 1/4″
整烫方法:普通烫　　　领尖距:
叠衫尺寸:扁装,衣服后中放纸板,纸板 logo 朝外
是否出袖:否
装箱方法:大箱装 24 件,大箱中间放 2 cm 厚隔板;尾箱可以
　　　　单色杂码

备注
以上货物要求同时下货,以便于包烫部装箱,同一张单箱号需要相连。

隔板

小箱装箱方式　　　大箱装箱方式

物料使用(5%)

编号	物料名称	部位/使用说明	单耗	整单用量	仓库实发	备注
2	0.5 cm 阔透明弹性膊带	左右肩骨	40 cm	101 m		
320	洗水唛:缎面质地 9.4 * 3.2 cm(含止口计)		1254			
M13	主唛(含尺码)	后内领骨下	1	见颜色尺码分配表		
N01	PE 胶袋		1254			
N03	纸板(含 logo)	夹于衣内	254			
N05	合格证		1 套 254			
N07	枪针:16 cm 长	穿挂合格证 1 条尽发				
N08	PE 防潮袋					
N09	条形码贴纸:红底黑字	贴于纸箱两侧	3 张	纸箱数×2		
N010	有色不干胶:3cm * 2cm(W * H)	贴于 PE 袋两面	2	508		
N011	纸箱:KA 三 A、三坑七层,L21″×W15−1/2×H13−3/4	24 件/箱				
N012	隔板:三坑七层,跟箱大小,折成2 cm厚	1 个/箱				
N013	封箱带	工字封箱		尽发		

发料人_____　　领料人:_____　　日期:_____

PE 胶袋警告语

"WARNING:
　　THIS BAG IS NOT A TOY. WARNING-TO AVOID DANGER OF SUFFOCATION. KEEP THIS BAG AWAY FROM BABIES AND CHILDREN. DO NOT USE IN CRIBS,BEDS,CARRIAGES OR PLAYPENS. THIS BAG IS NOT A TOY. KNOT BAG BEFORE THROWING AWAY."

 PLEASE RECYELE WHEREVER POSSIBLE.

跟单员:　　　　　审核:　　　　　日期:

五、箱唛

品　　名 <u>女翻领开筒短 T</u>　　　　　　款　号 <u>123456</u>

箱唛

正唛　印两长面	侧唛　印两短面

正唛

公司名称：
收货地址：
电话：　　　　　　　　传真：
品牌：
款式名称：
订单号：
装箱明细：

尺码	S	M	L	XL	XXL	TOTAL
颜色						

箱号：第　　箱,共　　箱.

侧唛：

款式名称：
订单号：
毛重：　　　　　　　　kg
净重：　　　　　　　　kg
纸箱尺寸：　　　　　　cm
箱号：第　　箱/共　　箱

备注：
1. 外箱质地：七层,瓦楞(三坑箱)。里外牛皮纸,若出口欧盟的服装包装用纸箱要用胶水粘合,不能有金属钉针扣类;封箱用湿水纸,不能用透明胶或不环保胶带.不能打带;
2. 箱唛所有资料必须能清晰阅读;
3. 纸箱四面上下两边需留至少 3 cm 宽用于贴封箱胶纸。

跟单员：　　　　　　审核：　　　　　　日期：

六、物料样板卡

制单号　123456　　　　　　　　　　　客户　ABC

主身布	A001＃纯净白		A304＃纯紫色	A901＃正黑色
车缝线	C＃365/60S/3（白色）		C＃854/60S/3（紫色）	C＃357/60S/3（黑色）
配布				
车缝布配线				
车唛线	C＃365/60S/3（白色）		钉钮线	C＃365/60S/3（白色）备用钮除外
唛头	主唛			
	洗水唛			
挂卡/贴纸	挂卡			
钮扣	ref＃067（16＃）		其他	
备注				

跟单员：　　　　　　　审核：　　　　　　　　　　日期：

制造单包含内容一般有：

① 一份完整的服装制造单应该包含服装加工方面的所有信息,主要包括服装的基础信息、服装面辅料配色信息、服装尺码分配数量、服装车缝要求及规格指示、服装尺寸表、辅料车缝要求、缝纫线使用指示、包装指示和服装主辅料物料样板卡,如果服装上有印绣花等加工的,还需提供印绣花的具体颜色、大小尺寸、印绣定位尺寸、印花类型等方面的资料信息。

② 基础信息:包括服装的款号、款名、款式描述、客户名称、客户编号、制单制作日期、交货期(常常是离厂日期)、生产总数(含样板)、纸样编号、送货地点、送货方式、加工方式(如洗水、印花、绣花、钉珠、烫石等)面料基本成分、面料裁剪方面的特殊要求(如花纹方向、对条格、顺逆毛等)及服装的用布量等。

③ 服装面辅料配色信息:主要针对该款服装有一种以上颜色、服装不同部位使用了两种或以上颜色的面辅料需要进行颜色搭配的情况。

④ 服装尺码分配数量:服装各个尺码的实际需求数量和实际允许出货的范围。

⑤ 服装车缝要求及规格指示:服装各处选用线迹要求、线迹密度要求、客户对服装加工的意见等。

⑥ 服装尺寸表:服装量度的方法、各尺码各部位尺寸的实际要求和客户可接受公差的范围。

⑦ 辅料车缝要求:服装各部位需要的辅料及其数量、车缝要求。

⑧ 缝纫线使用指示:所使用缝纫线所搭配的面料颜色、使用部位、纱支、颜色号、使用量等,如果服装有撞色要求,还需对撞色部位面料颜色和缝纫线颜色做具体说明。

⑨ 包装指示:包装物料的使用数量、位置、规格和包装的方法等。

>>>>>项目四 生产跟进<<<<<

任务一 前期跟进任务

在确定订单后,跟单需要为生产做好各方面的准备,包括订单确认和产前准备两个阶段。

一、订单确认阶段

制衣厂报价经与客户双方商定或确认后,要谈好订单条款,办理订单确认手续,如签合同等等。

1. 订单资料索取(接单)

订单确认后要向客人索取订单相关的详尽资料,例如:客供纸样、正确制单,色板卡,面料效果板,板衫,车缝印花板,辅料样板卡等,并做好订单信息记录(表 3-19)。

表 3-19 订单信息记录表

季度	货期	客户	合同交期	货号	款号	款式描述	布料名称	颜色	订单数量

2. 核对资料(审单)

跟单员在收到客供的详尽资料后,要与报价与开发阶段的资料进行对比核对,还要带相关的采购项目与供应商核实价钱,如带车印花板到车印花厂核实能否做到客人指定的价钱。核对有两点目的:

第一,是否有资料更改而影响到价格的,如果有要尽快提出修正。

第二,掌握客户的工艺在开发阶段有否整改。具体如:面料、辅料的品种、规格、配色及位置是否正确;部件及缝制方法描述与样衣是否一致;印花、绣花等配件和标志与样衣是否一致;是否有其他特殊要求。若有不一致或有需更改的,需特别注明并出据《内部联系单》通知工艺员、版师、生产经理等确认,必要时重做板衫及工艺说明书;更改后需重新审核和确认。在审单时一并确认和明确相应的辅料,如印花、绣花及横机领的质地。

审查确认无误的,需在工艺说明书上签名确认。

二、产前准备

1. 制单发放

制单务必清晰完整。跟单将客户提供的制单经审单无误后,修改成符合本厂使用的制单,经财务签章后交文控部门发放给各部门。在客供制单的基础上,应修改补充以下内容:本厂生产代码、面料和辅料的用量、公司抬头、货期、纸样编号等(表 3-20 至表 3-22)。

表 3 - 20　生产指令单

下单时间：　　　　　　　　　单据编号：　　　　　　　　　　　　　　单位：条、件、套

客户	开发编号	货号	品名	面料名称	颜色	XS	S	M	L	XL	2XL	3XL	单品数量
A	ZS05521	ZS05521-1	男圆领短T	浮圈网眼布	草绿		239	2 468	4 427	3 657	2 049	927	13 767
B	GS05529	GS05529-1	男圆领短T	涤拉架平纹布	纯白		107	1 718	2 820	2 481	1 387	559	9 072
C	ZS05522	ZS05522-1	男圆领短T	浮圈网眼布	暗蓝		50	717	1 326	1 290	730	309	4 422
D	GS05530	GS05530-1	女圆领短T	浮圈网眼布	果绿		1 804	10 681	18 163	18 124	10 969	5 260	65 001
E	ZS05523	ZS05523-1	女圆领短T	功能珠地布	纯白	75		150	225	150	113	38	750
F	GS05531	GS05531-1	女V领短T	CVC单面布	粉红	51		102	152	102	76	25	508
G	ZS05524	ZS05524-1	女V领短T	功能珠地布	纯白	262		523	785	523	392	131	2 615
H	GS05532	GS05532-1	女圆领短T	功能珠地布	纯白/果绿	111		221	332	221	166	55	1 105
I	ZS05525	ZS05525-1	男翻领短T	弹力浮圈布	粉绿		125	1 947	3 270	2 617	1 483	664	10 106
J	GSO5533	GS05533-1	男翻领短T	功能珠地布	暗蓝		247	3 734	6 734	5 241	2 698	1 301	19 955
H	XS0552	XS0552-1	男圆领短T	斜纹组织布	纯白/玫红		959	8 941	14 281	12 991	7 459	3 561	48 192

制单发放后，一旦有改动，要发放《工艺变更申请单》的修改通知，并口头通知相关部门，必要时收回旧制单更换新制单，同时需要考虑相关资料是否需要更新。

表 3 - 21　资料更正通知单

款号		款式		更正日期	
此款因				原因而需更正	
原资料为：					
序号		编号		颜色分配	
更正后资料为：					
序号		编号		颜色分配	
制单人：		审批人：			
相关人员					

（客户：　　　）资料更正通知

注：1）请客户及制衣厂相关人员以更正后资料为准；
　　2）相关人员必须确认相关原资料已更正方可签名；
　　3）更正资料必须由原始负责人申请，工艺科作相应的更正；
　　4）为避免更正传达不到位，更正资料必须相关人员每人一份。

注：另要附更正后正确制单，此更正方可生效。

表3-22　工艺变更申请单

变更申请事项:□面料　□辅料　□工艺　□版型　□其他
变更内容细说: 　　　　　　　　　　　　　　　　　　　　　　　申请人:　　　　日期:
处理方案: 　　　　　　　　　　　　　　　　　　　　　　　主管签核:　　　　日期:
变更评审(会审):   　　　　　　　　　　　　　　　　　　　　　　　签核:　　　　日期:
变更方案实施与验证: 　　　　　　　　　　　　　　　　　　　　　　　审核人:　　　　日期:
最终效果确认: 　　　　　　　　　　　　　　　　　　　　　　　批准人:　　　　日期:
分析总结: 　　　　　　　　　　　　　　　　　　　　　　　执行人:　　　　日期:

注:_____特急 _____急 _____一般 _____不急 _____其他

2. 生产计划

下单后跟单员要跟进生产部门,根据订单情况对订单做生产计划。有些客户可能要求服装厂在下单后的一段时间内提供生产计划,跟单员要做好跟进。

跟单员需要与排单员协调好生产计划,生产作业计划应明确到订单及具体的生产作业安排(如具体的组别、车缝线、计划上线时间以及目标产量等),并对照总体产能规划和订单合同交期,确认工厂的生产计划是否满足大货进度的要求,对于达不到大货进度要求的,需与相关部门协商并要求调整相应的生产作业计划,以确保大货交期(表3-23)。

表3-23　制衣厂生产排期计划表

客户:　　　　　　　　　　　　　　　　　　　　　　　　填表日期:年　　月　　日

款号	品名	面料	颜色	订单数量	计划返布日期	计划齐布日期	计划面料检测日期	计划成衣检测日期	计划开裁日期	计划车缝组别	计划上线日期	计划包装日期	计划总查日期	计划出货日期	合同交期

3. 采购计料

生产作业计划确定后,跟单员要根据生产作业计划的要求,结合生产指令单和工艺说明书,分款号、分布种汇总和制定出相应的物料需求计划,并将其及时反馈给面料采购员和辅料采购员,以便及时跟进和落实好大货产前准备工作,确保所需的物料适时到位,不影响大货的生产。

在采购部下订单订料之前,跟单员需将精确的订单资料提供给物料采购员,核实采购用料及特殊辅料的规格,如横机领、拉链。然后将主辅料用量及特殊辅料的规格报采购部,采购部依此资料做采购计划与安排。

另外跟单员必须及时更新"前期生产资料跟踪表",定期查看面辅料到厂情况、面辅料的批复进度以及检测进度等,明确跟单的工作重点和要点。

4. 打面辅料批板

跟单将客供色卡、面料效果板、辅料效果板或相关资料提供给采购部,使其尽快打样给客户批复。采购部打板的供应商可能是客户指定的,也可能是制衣厂相关联的,要区分清楚。部分需配色的辅料需大货头缸运到后才开始打色板,相应时间与进度要把握好;也可以考虑预先打效果板给客批然后等大货布回来再批色。所有的打板如果客户不满意,要根据反馈意见重新打板。为提高工作效率,跟单员要熟悉客户资料,多与客户沟通。

跟单员收到工厂的质地样或色样给予批复意见后,转交面料跟单复审(必要时交经理确认)。另外 L/D 色样只提供衫身色样给客户批核,而配布一般内部批核,但在工厂上线前跟单员必须审核色差是否达到客户的接受范围并做记录,如达不到要求要及时书面通知工厂整改直至合格。

所有大货印花、绣花、辅料(包括洗水唛/拉链/织唛等)都须客户先做批复(与质地样核对,对工艺单看配色是否正确等)后,再交由采购组和生产组核准,由主管签字后方可安排采购或生产,跟单员要自留一份供现场查货用。

5. 产前批板

在订单批复后生产之前跟单员还需要制作批板,目的是确定款式并抽取一定数量用于款式推广。产前批板着重考虑两方面因素:第一是时间上要把握好,不能因为产前批办而影响开货,尽量准确把握好客人的要求并一次性打好板,尽可能不要因为制衣厂方面的原因造成重新打板;第二,这些板如果有大的改动而影响到价格务必及时提出。产前批板类型可能会有下列情况:

① 初板:下订单后客人需确认款式并检测厂方的工艺,尤其是无板报价的订单或来料加工的订单(复板),有些客下订单后不要求做初板。跟单员要督促样板房在收到大货订单及纸样工艺后三天之内安排生产一件头板。头板若无正确面料,初板可用相近面辅料来代用;若初板不通过则要做复板,直至合格。

② 大板(又称齐色码板):在头板批核的基础上,大货面料一到厂,生产厂即刻选取某一色面料生产跳码板,以确保跳码及放码的准确性。一般数量较多,每色每码都做到,它既可以作为大货生产的正确批板,也可作为销售推广使用。

大板是与大货布期和辅料期同步的,所以时间掌握尤为重要,否则会影响开货时间。

③ 车缝、印花、绣花批板:没有确认的车缝线迹、印花和绣花,跟单员需将打好的车缝线迹、印花板、绣花板给客人批复,时间把握尤为重要,尽量赶在做大板前审批。如果客人允许,可考虑用板布或代用布打板,这样可赶在大货布回来之前批板,大货布回来后就可以直接做大板。注意绣花一般不用使用代用线做板。

车缝线迹、印花板、绣花板可能要经过多次打板才最后批核。跟单要注意收集客人每次的要求和整改评语,直至最后批复。车缝、印花板、绣花板经客人批复后,厂方至少要留有二份以上的正确批板,一份跟单留存,另一份给车间车缝、印花和绣花时使用。

6. 批头缸与面料测试

头缸回来后采购部应尽快提供头缸布给客批,并立刻安排布料到测试部门或相关单位进行布料测试,由测试部门或相关单位提供证书用于备案。测试一般是由客人指定的检测机构完成,跟单员要协助并跟踪好检测部门完成此项工作。

7. 印花测试

如果客户要求做印花测试,要通知印花厂及时安排印花样在指订单位做测试,并提供报告备案。

8. 物料卡

跟单部根据客批的主辅料以每张单为单位,制作整张单的主辅料样卡(主要是车缝辅料),提供给生产部门生产时参照。布及辅料卡,制作份数与涉及部门数量有关。主要是生产车间一份,质检(QC)部门一份,仓库一份,包装整烫部一份,出货报关组一份,跟单自留一份。物料卡需在做产前办前及时发放,如有欠缺的要注明,过后要补上。

9. 缩水板

因为所有成衣需要进行清洗或者需要进行高温处理(如印花)的,都有发生的收缩而影响尺寸的风险,而这些风险都要求纸样师在做纸样的时候处理好。因此,在开裁之前需要由样板房做好缩水板,并与跟单一起确认缩水板的尺寸无误后,由跟单员开单通知开裁。

10. 产前板

在大货批量生产前,用正确的大货面料及辅料生产杂色齐码产前板,通过产前板的试生产,了解该款成衣的品质要求及相应的注意事项,并在此基础上明确相应的预防措施,为确保大货生产的顺利进行做好前期准备工作。产前板需交客户及工艺员审核,经批复的样衣作为大货生产的参考板及客户验货的标准。因此务必协调好制衣厂做好产前准备工作,确保大货生产所需的面辅料准时到位。

产前板的鉴定项目:①产品包装方法是否正确;②原辅材料的使用是否正确;③成衣尺寸是否符合规定的要求;④车缝工艺是否与工艺要求一致;⑤色牢度是否合格;⑥印花是否掉色,绣花颜色是否正确。

若客户判定不合格,则要求制衣厂需重新制作,直至判定合格。然后将产前样与“生产鉴定书”转交技术主管进行技术评审,并将评审结果填写在“生产鉴定书”上。产前样封样并判定合格后,制衣厂可开始安排大货生产。

11. 产前会议

大货批量生产前要求跟单员召集所有生产部门的管理人员开产前会议,目的是向各生产部门讲解订单的特点与注意事项,要求各部门管理人员和操作人员对订单样品、生产工艺单、纸板、客户服装成品外观检验标准、加工工艺文件等进行培训并确定质量控制要点(明确出该款衣服的关键质量特性参数及关键过程特性参数,从而明确原辅材料、半制品、成品的品质要求及对应检验点、检验方法等;进而明确出裁、车、烫、折、包过程的控制要求及对应的校核点及校核方法等,确保产前封样评审所提出的改进要求得到有效沟通和落实,保证大货的品质并让各部门预熟悉新款式与集中讨论订单的难点。产前会议由跟单员记录各个生产环节的注意事项,经所有到会人员签名后由文控部发放给相关部门,以确保可追溯和验证。翻单可参考以前的会议记录。

以上任务,跟单员需做好产前准备信息的记录表(表3-24和表3-25)。

表3-24 产前准备信息表

原辅材料批核日期	头缸批核	头板日期	批核先锋样日期	产前板批板日期	产前会日期	到布日期	欠布数量	齐布日期	面辅料检验报告	辅料到齐日期

表3-25 产前会议记录表

客户:_____ 日期:_____ 跟单员_____

款号:_____ 品名:_____

(Ⅰ)参会人员名单:

部门	姓名	部门	姓名

(Ⅱ)大货参考资料

	YES	NO	无	审核意见
大货封样(批核的板衫及鉴定意见)	☐	☐	☐	_____
大货面料质地板/色卡	☐	☐	☐	_____
大货辅料质地板/色卡	☐	☐	☐	_____
大货面辅料色差板	☐	☐	☐	_____
面辅料测试报告	☐	☐	☐	_____
印花标准板	☐	☐	☐	_____
绣花标准板	☐	☐	☐	_____

(Ⅲ)产前板鉴定意见

	YES	NO	无	鉴定意见
a)数量和跳码是否符合规定的要求	☐	☐	☐	_____
b)板型是否符合规定的要求	☐	☐	☐	_____
c)尺寸是否符合规定的要求	☐	☐	☐	_____
d)面料是否与工艺要求及质地样一致	☐	☐	☐	_____
e)辅料是否与工艺要求及质地样一致	☐	☐	☐	_____
f)车缝工艺是否与工艺要求一致	☐	☐	☐	_____
g)车缝质量是否达到内控标准要求	☐	☐	☐	_____
h)印绣花是否与工艺要求一致	☐	☐	☐	_____
i)整烫/折衫/包装是否正确	☐	☐	☐	_____
j)其他	☐	☐	☐	_____

（续　表）

（Ⅳ）生产信息

订单数量：	计划生产组别：
合同交期：	计划生产周期：
计划开裁日期：	计划外发工序：
大货头板：	计划外发工厂：

（Ⅴ）产前会会议记录

a）面料/辅料：
_____

b）裁剪（含纸样/唛架）：
_____

c）车缝：
_____

d）整烫：
_____

e）包装：
_____

f）终查：
_____

g）其他：
_____

（Ⅵ）会后需跟进和落实的事项

事　　项	责任人	完成期限

（Ⅶ）备注：
_____

任务二　样衣制作

　　服装跟单员在熟悉订单工艺文本的具体要求并与生产企业达成共识后，便进入实质性的跟单工作阶段——跟踪样衣生产。

　　样衣跟单是指对服装推销样、款式样和产前样的跟单。样衣指订单中不可或缺的服装，尤其对订单型服装生产企业而言，从客户询价、报价到达成订单直至出货，每一个过程都有样衣的出现，其重要性在于：

　　① 样衣是制衣厂的形象代表，它能体现制衣厂的经营推广能力、生产制造能力、售后服务能力；

　　② 样衣是产品品质的代表，它能体现制衣厂的产品的档次；

　　③ 样衣是价格的代表，同样的产品在不同的厂家生产其价格会有差别，只有看到样衣后

才能确定产品的定价；

④ 样衣是生产的代表，订单都是根据确认的样衣来生产的，确认样衣的难度、工艺要求等会直接关系到生产的难度、时间和进程；

⑤ 样衣是验货和索赔的依据，验货是根据确认样来检验的，索赔也是根据确认样来进行的。

一、样衣的种类

在出口服装贸易中，样衣的种类很多，样衣的名称在服装工业常用标准中没有统一术语。一般在服装行业中有原样、生产样、大货样、船样、广告样、留样、推销样及展览样等。

① 原样（Original Sample）：是指客户提供的最原始的样衣，是服装产品的雏形。在订单的实施过程中，有的客户会提供原样，还会附加说明原样是否要归还客户。如果样衣需要归还客户，服装跟单员必须在工艺文件中说明，并嘱咐加工部门不可丢失原样。

② 参考样（Reference Sample）：是指制衣厂需要客户提供仅作为双方谈判参考用的衣服。参考样与成品样的性质不同，不能作为正式的检验依据。样品寄给客户只作为品质、结构、式样、工艺等方面的参考，为产品的某一方面达成共识创造条件。

③ 款式样（Pattern Sample）：主要给客户查看产品的工艺水平、款式效果及生产的用料计算，一般可以选用代用面辅料进行打样。如果服装有配色要求，一定要搭配合适，尺寸方面要完全按照客户提供的工艺指示办理。

④ 测试样（Test Sample）：是交由客户通过某些测试，从而检验制衣厂产品品质的样品。如果测试样测试结果不能达标，会影响客户对制衣厂控制产品质量能力的信用度。

⑤ 广告样（Advertisement Sample）：是在订单确认后客户用于宣传、增加销售的样衣，一般要求齐色齐码、外观效果好、能起到宣传作用，必须提前安排制作完成。

⑥ 推销样（Salesmenship Sample）：推销样指新客户用于境内外参展、对外展示的服装，一般从一批商品中抽取出来，或生产、设计部门设计加工出来能代表日后交货质量的服装，通过样衣向公众反映服装的品质全貌。

⑦ 齐色齐码样（Size，Colour Set Sample）：指客户要求制衣厂按照其工艺要求提供所有颜色和尺码的样衣。

⑧ 洗水样（Washed Sample）：指服装进行洗水生产工序后的样衣，目的是检验成衣经过洗水后尺寸是否变化、形态如何。若发现洗水后对成衣影响较大，必须查找原因，提出解决办法，如提前做好面料的预缩来控制缩水率等。

⑨ 确认样（Approval Sample）：是指双方认可并且客户签字确认的样品。它代表产品的功能、外观、效果等，是作为大货生产的参照样品。大货生产必须严格按照确认样进行，此样是检验的依据之一。该样品非常重要，跟单员需要足够重视。

在确认样制作完成后，必须由技术检验部门评估，只有评估合格的样品才能发送给客户。评估重点主要有：a. 样衣所选的原材料是否与客户要求完全一致（包括面辅料的成分、规格、颜色等）；b. 样衣各个部位的尺寸是否与客户的工艺图纸或实样完全一致；c. 样衣的包装是否与客户的要求或实样完全一致；d. 样衣的数量是否与客户的要求完全一致。

制作确认样衣时，跟单员除了按照客户要求的数量安排制作外，还要安排生产至少一件作为留样，以便于日后生产大货订单时能作为实物参照依据，同时要做好相应编号和记录。

由于制作确认样的过程与订单的生产实际过程基本一致,在制作确认样过程中可能发现生产时隐含的问题,因此要特别注意制作过程的难易程度和实际生产效率。生产工艺如不能达到客户要求则千万不能做,以免日后大货生产时埋下隐患。另外,若大货生产过程中,由于生产工艺的限制,产品的某方面特征,无法达到确认样的标准,跟单员需事先通知客户,以便讨论修改,切不可在没通知客户的情况下私自生产,否则产生的后果客户不负任何责任。

⑩ 产前样(Pre-production Sample):是大货还没有生产时供客户确认的样衣,也称为 PP (Pre-production)版。该样一般用于客户确认大货生产前的颜色、工艺等是否正确,是客户向制衣厂提出的基本要求之一。

产前样需跟单员及技术部批核,经批复的样衣作为大货生产的参考板(封样)及跟单员验货的标准。封样的样衣需给质检人员留底做查货标准样。若确实因部分辅料不能及时到货也可用代用辅料生产产前板,待正确辅料到货后再补生产两件正确的产前板用于封样。

如果客户对产前样确认,制衣厂就可以对大货面料进行开裁,生产大货。此时,要求产前样不能用其他主辅料替代,只能使用大货的所有材料进行生产。在模拟大货生产全过程中,如果出现问题要立即解决,以确保在大货生产中不出问题从而避免损失。

⑪ 先锋样(Pioneer Sample):某些制衣厂要求每款大货在生产前先做200件先锋样,通过先锋样的试生产了解该款成衣的品质要求及相应的注意事项,并在此基础上明确相应的预防措施,为确保大货生产的顺利进行做好前期准备工作。先锋样由跟单员落实全检状况,经检验的产品如达到客户标准要求则可继续生产大货;如先锋样达不到标准要求,制衣厂需将200件彻底返工经质检员检验合格后,方可继续生产。

⑫ 生产样(Production Sample):生产样是大货生产中的样衣,它是在大货中随机抽取的,要反映大货的真实品质等情况。

⑬ 大货样(Bulk Sample):又称出货样,是订单即将完成并已经做好出货准备之前的样衣。有些客户会根据大货样的品质对订单项目下的服装质量进行检验。

⑭ 船样(Shippment Sample):代表出口服装的品质水平,又称船头板或大货板。如果大货是以海运方式运输出口的,则要求船样以空运方式直接寄给客户。船样在大货服装中挑出来即可,无须另外制作。一般对服装船样的寄样时间有特殊规定,即在出货前一周左右寄给客户,目的是让客户预先了解订单的生产情况和总体质量。因此,跟单员或生产企业在挑船样的时候不可挑质量最好的产品,也不可挑质量最差的产品,挑出能代表大货普遍质量的即可。如果挑质量最好的容易使客户对大货的质量有过高的期望值,一旦客户收到大货后会对订单大失所望;如果挑质量最差的容易引起客户对大货质量的不满,造成不必要的麻烦。因此船样有时会成为客户检验大货品质签发"检验报告"的依据。

船样的数量根据客户的需要来定,一般是每款每色的中间码各两件,计算出口数量时一般要将船样的数量一并计算在内。

⑮ 留样(Keep Sample):指企业自己存档作展示用的样品,也可以在大货中选取,一般不必写在工艺文件中。

此外,还有客户需要制作其他的样板,如色样、印绣花样和辅料样等。

⑯ 色样(Lab Dip):是制衣厂(或面料生产厂)按照客户提供色卡的要求,对面料和辅料进行染色后的样品。制衣厂(或面料生产厂)制作的同一颜色色样至少有 A、B、C 三种,以便客户确定最接近颜色。同时制衣厂(或面料生产厂)不仅要保留客户原色卡,而且要保留好客户确

认的色卡。要注意色卡的辨色需要在灯箱指定的光源下完成。

⑰ 印绣花样(Printed/Embroidery Sample):指对面料、成衣进行印绣花图案后的样品,一般需要正确颜色的布、线进行模仿打样,以示制衣厂有能力按照客户要求进行生产。在模仿打样时绣花线颜色一定要正确,如果确有难度应与客户沟通好。印绣花资料必须正确,如颜色组合、花型等,有不明确的地方要技巧地与客户沟通。因为印绣花一般工序较多,不明确因素也较多,通过打样不但可以展示生产能力,也可以测算生产周期,比较准确地计算大货生产时间,从而确定交货时间。

⑱ 辅料样(Accessory Material Sample):是服装订单样板中重要的组成部分。一般通过外购或代加工生产获得。通过采购或代工能发现辅料生产或采购过程中的不确定因素,掌握辅料实际成本和生产时间。

样板的制作费用可以由制衣厂独家承担,也可以通过商谈由多家企业共同分担,一般由制衣厂与企业进行约定。

二、样衣跟进的特点

样衣的性质决定了其跟进的特殊性,表现为:

1. 时间紧,打样难

按客户所要求的时间制作服装样衣往往都比较紧张,特别是推销样和产前样,同样需要定制面料和辅料,操作的程序丝毫不比生产大货轻松,而且通常还会遇到新面料、辅料和新工艺等问题,给服装加工企业和跟单员带来困难。

2. 数量少,质量精

以推销样来说,因制作推销样给客户是免费的,特别当企业遇到生产旺季的时候,加工部门往往忙不过来,导致推销样较难落实。有时要依靠跟单员灵活机动的业务素质来解决,说服加工企业为其制作推销样,有的外贸企业因而成立了专门制作样衣的生产车间,来缓解这一难题,目的是为了争取到更多的客户。

三、样衣跟进的主要程序

样衣跟进的基本程序和服装大货跟进程序基本相同,一般省去了中期跟进的程序,重点是召开产前会议、样衣成品检验和寄样。

1. 召开产前会议

服装跟单员在接到样衣生产工艺文件后,首先要充分理解样衣工艺文件的所有内容,然后要召集生产企业的技术部门、采购部门以及加工部门召开产前会议。该会议主要是落实样衣面、辅料的采购和指导样衣中的技术难题,安排样衣的生产时间和进程。

2. 样衣成品检验

样衣的成品检验可以参照终期验货,主要检验样衣的面、辅料质地和颜色、核对款式、检验尺寸规格和包装等(表3-26)。

3. 寄样

在完成样衣的制作后,需要考虑采用何种方式寄送。主要途径有邮政和特快专递两种方式。① 邮政方式:主要有航空包裹、水陆包裹、空运水陆包裹等运输方式。其中航空包裹是采用全航空的运输方式,时间最短,费用最高;空运水陆包裹耗时较长,费用较航空包裹低一些;水陆包裹耗时最长,费用最低。② 特快专递方式:有国际快递和国内快递方式。国际快递费用最高,运输时间较快。

4. 样品跟踪

当跟单员将样品寄送给客户后,要通过多种途径跟踪样品的实时信息,同时第一时间通知收件人,以便客户做好接收样品的准备,通知的主要内容有:① 样品名称、规格、数量等。② 寄送的时间、预计到达时间、承运公司名称和货运单号等。③ 送交形式发票。形式发票除了客户清关的必需单据外,也是出口服装样品管理的重要记录凭证。

一旦客户收到样品,跟单员要及时联系客户,询问客户的反馈意见及回复客户的质询,并在规定的时间内完成客户提出问题的整改,以取得客户的信任。收集信息的途径可以选用传真、电子邮件、手机、电话等多种方法,并养成定时查询邮件的习惯,以便及时知晓客户的问题。收到客户反映的问题,要安排相关部门对产品进行及时整改,与此同时跟单员要做好相应的资料登记和记录,将样品进行分类管理,即按照客户号、订单号、合同号等进行分类,从建立样品管理库和建立样品管理表入手。样品管理库主要包括样品基本资料管理、图纸管理、材料管理、试验管理、工时与评估管理、样品进出库管理、需求管理等。而样品管理表则比较简单,只需填写好送样的国别(地区)、客户名称、样品名称、主辅料规格、样品版本号码及生产批次、编号、样品数量、金额、客户对样品评估内容、寄送时间等即可。

表 3 - 26 样板评审鉴定书

客户名称		产品描述		款号		厂内单号		日期	
颜色1		颜色2		颜色3		颜色4		颜色5	

材料	面料	□正确		□代用														
	辅料	□正确		□代用														

绣花	□合格 □不合格 □欠绣花		外观:		尺寸:		工艺:	
印花	□合格 □不合格 □欠印花		外观:		尺寸:		工艺:	
洗水	□合格 □不合格		外观:		尺寸:		工艺:	

部位	衣:	衣长	胸围	腰围	摆围	肩宽	袖长	袖阔	袖肥	袖根肥	袖口	领高	领阔	前领深	后领深	前中链长	袋口长	帽高	帽阔
	裤:	裤长	腰围拉度	腰围松度	坐围线	坐围	腰围	膝围	脚口阔	前裆	后裆	裤头高	袋口长	脚高					

版型规格	尺码	M																	
	偏差																		
	试身员			体重			身高			胸围				臀围					
	L																		
	偏差																		
	试身员			体重			身高			胸围				臀围					

工艺问题	
重点注意事项	

判定	□合格 □不合格 □重打样				
评审参与人员	客户:	日期:	部门经理:	日期:	跟单员:	日期:
	质检部:	日期:	技术部:		日期:	

任务三　成衣测量、唛架制作与裁床生产

一、成衣测量

成衣规格测量指测量成品各个部位的规格,检查是否与工艺文件的要求相符合。服装跟单员在跟单中经常用到这一项技能,从样衣跟单、半成品跟单到检验都要求进行成衣测量。测量的部位在操作时根据具体情况选择。

成衣测量主要包括检测服装成品规格和检测服装部位规格。

① 测量成品规格:主要部位规格是否与工艺文件规格要求相符。

② 测量部位规格:部位规格测量包括用尺测量法或对比测量法(对称部位采用此法)。

(一)上装测量方法

关于上装的测量方法,以下主要介绍零部件、衬衫和针织套头衫插肩袖的测量方法。

1. 上装零部件测量方法(领、帽)

(1)领子测量方法(图3-43至图3-44):

A01 领围:扣好钮扣,量取领下口的周长;

A02 领大:领子摊平,量取领上口长度;

A03 翻领领围:扣好钮扣,量取领下口的周长;

A04 翻领长:领子摊平,量取领外口长度;

A05 翻领高:领子摊平,量取领上口至领外口之间的高度;

A06 底领高:领子摊平,量取领下口至领上口之间的高度;

A07 领尖长:领子摊平,量取领尖的宽度;

A08E 前领深(无罗纹):领子摊平,从侧肩缝最高点到前开领点的距离;

A08S 前领深(罗纹):领子摊平,从肩点到前开领的直线距离(含罗纹);

A9 后领深:领子摊平,从领侧肩缝最高点到后开领点的直线距离;

A10 后中罗纹领高:后领罗纹的高度;

A11E 领宽(无罗纹):领子摊平,领两侧肩缝最高点之间距离;

A11S 领宽(罗纹):领子摊平,领两侧肩缝最高点之间距离(包括罗纹领,量至缝份处的直线距离);

A12 开领前领深(card领):领子摊平,从领侧肩缝最高点开领前领深到前开领点的长度;

A13 立领宽:上领口两侧领点之间的距离;

A14 立领高:上领口到下领口之间的距离。

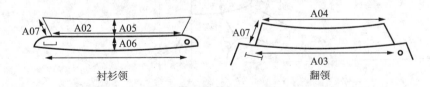

衬衫领　　　　　　　　翻领

图3-42　领子的测量方法

对于配有扁机领开筒衣服,需要对扁机领的领高、前领高、后领高、开筒高度、开筒宽度等进行测量。

(2)帽子测量方法(图3-45)。

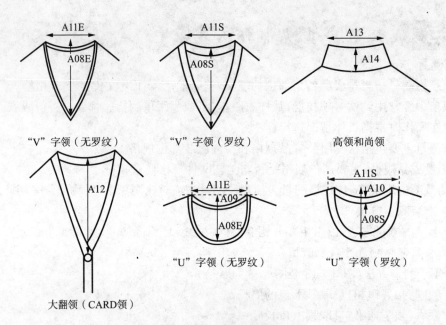

"V"字领（无罗纹）　　　　"V"字领（罗纹）　　　　高领和尚领

"U"字领（无罗纹）　　　"U"字领（罗纹）

大翻领（CARD领）

图 3 - 43　领子的测量方法

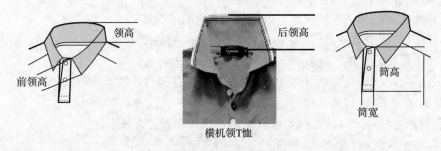

横机领T恤

图 3 - 44　横机领服装领子的测量方法

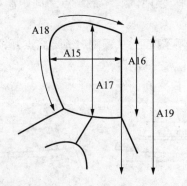

图 3 - 45　帽子测量方法

A15 帽宽：量取帽子最宽处，从帽左端平行量至右端；

A16 帽顶直径：帽放平，测量帽顶直径；

A17 帽长：帽放平，从帽子顶端垂直量到帽口的距离；

A18 帽后中弧长：帽对折平放，从帽顶到领与帽的接缝处的弧线距离（非国家标准术语）；

A19 帽绳长：帽绳拉紧时内无打结，两头拉齐直线距离的两倍（非国家标准术语）。

2. 衬衫测量方法（图 3-46）

B20 领展：衬衫系扣后两领尖之间的距离，量时衣服要适当压平（非国家标准术语）；

B21 领隙：衬衫系扣后，翻领与底领两接缝端点之间的距离（非国家标准术语）；

B22 前门襟宽：门襟边沿与大身缝线之间的距离；

B23 眼距：扣眼之间的距离；

B24 袋位：从肩缝最高点向下量至袋口的距离（非国家标准术语）；

B25 袋位：从过肩点向下量至袋口的距离（非国家标准术语）；

B26 袋位：袋左侧边到门襟叠门线之间的距离（非国家标准术语）；

B27 前胸宽：前胸两袖窿弧线之间最短的直线距离；

B28 胸围：衬衫系扣后，前后身放平（后折拉开），在袖窿底处横量；出口服装订单中也有在袖窿底向下约 2.5 cm（1 英寸）横量的量法；

B29 下摆：衣服扣好放平，底两侧缝之间的直线距离（周围计算）；

B30 下摆弧度长：衣服扣好放平，底边两侧缝之间的弧线长度（周围计算）。

B31 肩宽：由过肩两端、后领窝向下 2.0～2.5 cm 处定点水平测量；

B32 后背宽：后背两袖窿弧线之间最短的直线距离；

B33 长袖长：由袖子最高点量至袖口的长度；

B34 后背育克高：从领后中到育克与后身接缝处的距离；

B35 后背褶宽：褶两端的距离；

B36 袖肥：沿袖向下约 2.5 cm（1 英寸）处定点与袖口平行的宽度；

B37 衫长：从后领窝中点至后身底边的距离；

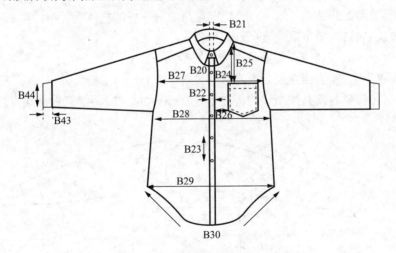

图 3-46(1)　男衬衫测量方法（正面）

B38 下摆后开衩高：量有效开衩高或长度；

B39 下摆前开衩高：如果开衩高度相同，以前面的尺寸为准；

B40 袖门襟有效开口：除袖头宽度外的可打开袖开衩长度；

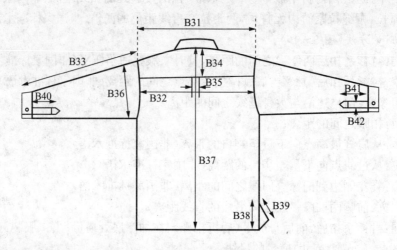

图 3-46(2)　男衬衫测量方法(背面)

B41 袖门襟总长:除袖头宽度外的袖开衩长度;

B42 袖门宽:即袖门襟宽度;

B43 袖头高:从袖口到袖头与袖身接缝处的距离;

B44 袖口长:扣好钮扣,袖口放平量取宽度(周围计算)。

3. 针织套头衫插肩袖测量方法(图 3-47)

C45 衣长:前后身底边拉齐,由领侧最高点垂直量至底边;

C46 下摆(放松量):在自然状态下,下摆侧缝两端点之间的距离(周围计算);

C47 插肩袖长:由领侧最高点到袖口的长度;

C48 袖肥:袖窿下约 2.5cm(1 英寸)处定点与袖口平行的宽度(周围计算);

C49 袖口长:袖口放平量取宽度(周围计算);

C50 袖头高:从袖口到袖头与袖身接缝处的距离;

C51 下摆克夫高:底边到克夫与衣身接缝处的距离;

C52 下摆(拉伸量):没有拉断线的情况下,拉到最大尺寸时下摆侧缝两端点之间的距离。

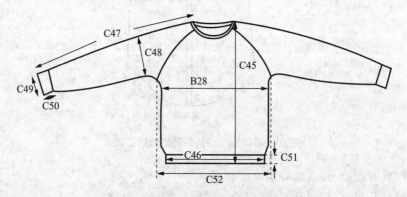

图 3-47　针织套头插肩袖长袖 T 恤衫测量方法

（二）下装测量方法

此处主要介绍西裤、西裤零部件、裙子和连衣裙的测量方法。

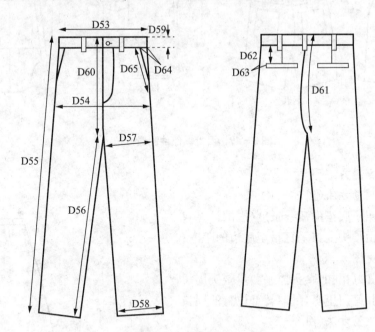

图 3 - 48　西裤测量方法

1. 西裤测量方法（图 3 - 48）

D53 腰围：扣好裤扣，腰头摊平测量腰头周长；

D54 臀围：扣好门里襟，量取臀部位置的周长；

D55 裤外侧长：从腰头上口至裤脚口的长度；

D56 裤内侧长：从裆部至脚口的下裆缝的长度；

D57 股围：扣好门里襟，量取横裆位置的宽度（周围计算）；

D58 脚口大：脚口放平，量取脚口宽度（周围计算）；

D59 腰高：腰头的高度；

D60 前裆长：扣好门里襟，从腰头上口沿门襟量至横裆的长度；

D61 后裆长：从腰头上口沿后裆缝量至横裆的长度；

D62 后袋位：见图 3 - 48；

D63 后袋位：见图 3 - 48；

D64 斜侧袋位：见图 3 - 48；

D65 斜侧袋长：见图 3 - 48；

D66 门襟长：见图 3 - 49 西裤零部件测量方法；

D67 门襟宽：见图 3 - 49 西裤零部件测量方法。

2. 西裤零部件测量方法（图 3 - 49）

E68 后翘（沿后中）；E69 后翘（沿侧缝）；E70 贴袋位；E71 贴袋位；E72 贴袋大小；E73 贴袋长（侧边）；E74 贴袋长指袋口到口袋最底边的距离；E75 袋盖宽；E76 袋盖长；E77 挖袋长；E78 挖袋宽；E79 袋宽；E80 袋深。

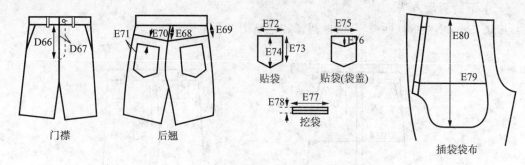

图 3－49　西裤零部件测量方法

（三）裙装测量方法

1. 半身裙测量方法（图 3－50）

F81 下摆：裙子底摆的弧线长度（周围计算）；

F82 裙长：由腰头上口垂直量至底边的距离；

F83 省长：见图 3－50；

F84 腰围：扣好裙扣，腰头摊平测量腰头周长；

F85 臀围：扣好门里襟，量取臀部位置的周长。

2. 连衣裙测量方法（图 3－51）

G86 腰围：由腰围部位摊平横量（周围计算）；

G87 臀围：由臀围部位摊平横量（周围计算）；

G88 下摆：裙子底边侧缝两端点之间的弧线长度（周围计算）；

G89 领大：两肩侧最高点之间的距离；

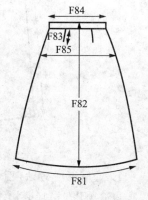

图 3－50　半身裙测量方法

G90 前领深：领子摊平，从领侧最高点到前开领点的垂直距离；

G91 袖窿深（直量）：由肩点到袖窿底之间的直线距离；

G92 袖长：由袖子最高点量至袖口的长度；

G93 袖口：见图 3－51；

G94 肩宽：两肩点之间的直线距离；

G95 小肩宽：由颈侧最高点到袖子最高点之间的长度；

G96 后中拉链长：见图 3－51；

G97 前省长：见图 3－51；

G98 后省长：见图 3－51；

G99 衣长（前衣长）：由前身肩侧最高点量至底边的距离；

G100 胸围：前身摊平，沿袖窿底处横量（周围计算），外贸订单中也有从袖窿下约 2.5 cm（1 英寸）量两侧缝之间的距离。

对于服装上有印花或者绣花的，测量方法见图 3－52：衣服正面印花（绣花）H101、H102；衣服背面印花（绣花）H103；裤装上印花（绣花）H104、H105。

二、唛架制作

服装纸样是由服装纸样师傅根据设计师设计的款式和尺寸要求，通过专业的计算把组成服装的裁片划在纸上而成。纸样是立体服装的平面表达，便于服装在生产中进行修改和剪裁。

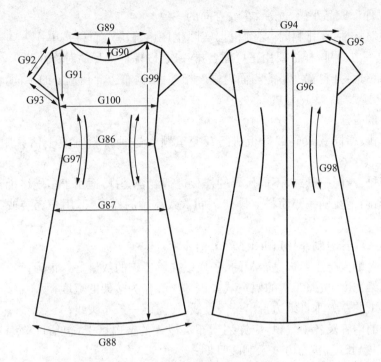

图 3-51 连衣裙测量方法(正面/背面)

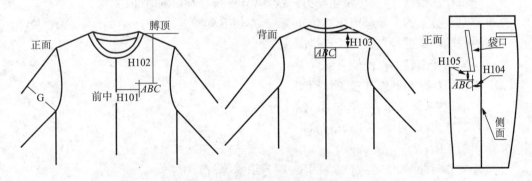

图 3-52 服装上印花(绣花)位置测量方法

工业生产服装中批量裁剪衣服前,根据款式的要求及布料幅宽,将整件衣服各部分的纸样以最省布的形式经过精密的排列画于纸上,这种列有整件衣服各部分的纸张称为唛架(Marker)。唛架的作用在于确定拉布的长度及驳布位,作为裁布的依据,同时也用于用料计算等。

作为跟单员,不需要对纸样和唛架进行设计,但是需要对样板部门和唛架部门制作的图纸有一定的了解,以便于控制服装生产用布量和避免生产中有服装部件多裁或漏裁而造成损失。

(一) 排料的工艺要求

① 经、纬纱向的垂直性:在排料时,除有特殊工艺要求(如斜裁)外,要确保样板经、纬纱向的垂直,不能为了节约面料而划偏面料纱向。

② 面料纹理方向保持一致:对于顺毛、顺光和有方向性的花纹图案,样板各个裁片应向同

一方向排列，以保证成品手感、光泽、花纹方向的一致。

③ 裁片的对称性：在排料时，必须根据实际生产情况决定面料是单一方向还是对合方向排料，如果用单一方向排，样板要用正反面各排一次，以保证裁片的对称性。

④ 面料的留边：排料宽度不能与面料幅度相等，根据布边针孔宽度的不同，面料左右两侧要各留出余量。

（二）排料的方法

① 均码套排：指同一尺码的样板进行反复套排。这种排料既便于估算用料，也可避免色差。

② 混码套排：指同一款式，不同尺码的样板进行混合套排，适用于多规格批量生产。

③ 品种套排：指在同一幅面料上排列不同款式品种的样板，适用于套装或系列服装的批量生产。

（三）排料图（唛架）制作（Marker Making）步骤

① 检查整套纸样与生产板是否相同，各块纸样所要求的数量是否正确；

② 确定唛架宽度：按照布料的幅宽减去 1～2 cm 作为唛架的宽度；

④ 在唛架纸的左方垂直纸边折出一条直线，作为第一条布头线；

⑤ 唛架中的内容及各项资料，应详列于布头以外的空白纸上，包括订单编号、款式、尺码配比例、布幅宽度、长度、拉布方式及制唛日期；

⑥ 由布头线开始，把纸样由大到小逐一排放，最后以最小的纸样填补其中的空间；

⑦ 每一纸样在绘画时，应尽量紧贴另一线，以节省布料及切割时间；

⑧ 排完时在唛架的末端画出第二条布头线，亦须垂直纸边；

⑨ 将画好的唛架进行点数和检查错漏；

⑩ 将正确的唛架卷好以便储存。

（四）排料图（唛架）制作准备工作须知

① 布料的种类（斜纹布、牛仔布、格仔布、针织布等）；

② 拉布的方式（面对面、单向、单张）；

③ 裁床的长度；

④ 唛架的方向性（如灯芯绒、顺花图案、顺毛织物等）；

⑤ 需对条对格排唛（如条子布、格子布），对条格要求；

⑥ 切割的工具；

⑦ 所需资料：生产制造单、尺寸表、纸样、生产办、布料幅宽、唛架分配比例、生产此单的布的幅宽、生产此单的布的缩水率、此批货的尺码分配等。

（五）排料图（唛架）制作要点

① 要精密排列，以最少的面积和最短的时间排列完成所需要的图形；

② 在长度不变的前提下，排列时要顾及切割的难度并将驳布的长度尽量减短；

③ 排列时如果订单无特别指定，则所有纸样应取直纹排放，即纸样和纸边平齐；

④ 若纸样对称而要数量为两块时，要一正一反排列；

⑤ 纸样上的扣位、打孔位、尺码、袖衩位都必须在唛架上画出；

⑥ 整件成衣所需要的图形必须一一画出，不可多画或少画。

（六）排料图（唛架）制作检查方法

① 首先要知道整件成衣的总块数；

② 检查唛架上的图案总数与所排列件数的总块数是否相同；

③ 将各块纸逐一放回唛架上，观察其所需的块数是否足够，纸样左右是否对称（需要一反一正排列的），以及尺码、布纹线、扼位、打孔位是否正确。

④ 对照旧样板，确认规格大小，估算技术部所给用料定额是否可行，做到心中有数。核对生产任务通知单，查看所裁品种的款式、号型样、规格搭配等与生产任务通知单是否相吻合。

⑤ 对于一些有辅料和撞布的订单要注意是否有漏排现象，如衬衫的黏合衬是否排料。

⑥ 检查样板质量，样板是否经过技术和质检部门审核、确认，查看相关确认章。

⑦ 跟单员还需要了解面料性能，如正反面特征及缩水性、伸缩性等。要检查纸样唛架纸，确定 YPD（Yardage Per Dozen 每打衣服用量（单位为码））。在订主辅料（布料和黏和衬），通过初排排唛架后确定主辅料的 YPD，通过客户的溢短要求，计算出所有物料的用量，并采购主辅料；在实际大生产前，唛架人员对实际到布仓的面料进行进行检验和测量，排出生产的实际 YPD，跟单员要核对订布 YPD 和实际 YPD，特别是对于对条对格和有印花要求的织物要核对对条格和花纹的情况。

在实际生产前，跟单员在确认唛架无误后，才能通知开裁布料。如图 3-53 所示为衬衫唛架图。

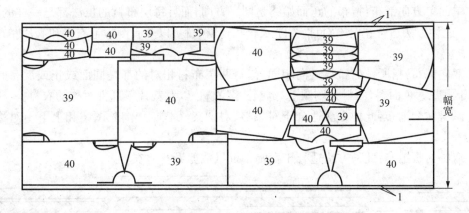

图 3-53　某衬衫唛架图

三、裁床生产

裁床主要是进行成衣缝制前的准备工作（将衣服裁片正确裁出来），工序包括分床分码、铺布、裁布、捆扎等。

1. 分床分码（Cutting Plan）

分床分码就是根据制单生产要求（如对条格等），参照码表内要求生产的数量及各个码数颜色的数量分配，结合企业技术机械设备的情况作一个合理的分配。先将该款服装不同的码数进行组合，计算最节省的用布量及在此情况下使用唛架图的张数；然后分床，即各个唛架需要进行开裁的次数和每次铺布的层数。分床分码目的是按照款式进行有效设计，以使款式、布料、尺码、数量、颜色等各方面都能合乎订单的要求。

作为合格的跟单员，需要在收到唛架部门提交的唛架图后做以下两个工作，第一要按照相关的资料核查唛架图上每件成衣的面料零部件是否足够；第二，要按照客户订单核算唛架技术人员分床分码的数量与客户需求的分色分码数是否相符。

2. 铺布（Spreading）

（1）铺布前的准备工作

服装的面料分为机织和针织，由于机织布结构比较稳定，一般经过验布就能进行铺布；而对于有弹性的机织布和针织布，由于其结构比较松，在生产的过程中所受到拉力，在无张力状态下会慢慢松弛，面料会出现回缩，因此它们必须在开裁之前进行松布，有的还要过蒸汽进行回缩。如果面料没有经过松布或回缩，其加工成的成衣在使用过程中会产生不同程度的缩水问题。

（2）铺布层数的控制

根据面料的厚度和裁剪工具的不同，机织布每床铺布高度一般为 8～10 cm，针织布每床不超出 150 层，且每卷布铺布时不能超过 20 张。

铺布的方式有两种，一种为手工铺布，另外一种为自动铺布。

（3）铺布的方式

在成衣的加工中，有些面料属于单色、无花纹图案和绒毛顺逆，在面料的裁剪中可以正向裁剪也可反向裁剪；但是有些面料有花纹图案或者反光性、绒毛顺逆方向要求，这些面料就要在开裁时要按照一定的方向进行铺布，否则一旦方向有误，面料开裁后就会造成损失。铺布的方式可分为以下 4 种（图 3-54）：

① 单面单方向铺布：指布的正面始终是同一方向，而且每层布料的拉法都是一样的，即重复进行。此种方法适合左右不对称、条子衣料和鸳鸯衣料；以及有倒顺毛衣料和衣片左右不对称的成衣。

② 双向铺布：指所拉的布料方向相同，但每两层布料相对的都是同面或正或反。此种方法适用于无花素色面料，面料无倒顺毛、倒顺图案衣料，以及裁片零部件对称的衣料。

③ 翻身对合铺布：此种方法适合于对条格、对图案、倒顺毛、倒顺图案和上下不对称鸳鸯格衣料。

④ 双幅对折铺布：此种方法适合于宽幅小批量裁剪男女上衣。

| 单向铺布 | 双向铺布 | 翻身对合铺布 | 双幅对折铺布 |

图 3-54　铺布方式

（4）铺布的程序

① 将唛架图置于裁床上，定出铺布的长度，使铺布长度比唛架多 2～4 cm，用于布料的收缩；

② 将驳布位置划于裁床上，然后取走唛架图；

③ 将一张空白的唛架纸置于在裁床上；

④ 将第一层布拉放在空白唛架纸上，布面不能有任何扭曲现象，布边距裁床边 10～20 cm，并使布边尽量平行于裁床边；

⑤ 依照分床分码比例把所需要层数拉于裁床上；

⑥ 每层布与第一层布的长度相等，且布边要垂直，每层布的布边要对齐；

⑦ 将唛架图铺在整床布的上面，并用透明胶纸固定唛架于布料上；

⑧ 把每床布的铺布单交于统计员以核对正误。

（5）铺布的质量控制与要求

① 铺布高度要按照面料类型进行控制；

② 每层布互叠时，长度和宽度都要均匀、相等；

③ 铺布时要控制布的拉力和张力，布面受力要均匀；

④ 铺布时要注意布纹的变化，如对条对格则在铺布时先用红外线灯对条格，裁布时留有余量，然后逐片对条对格，再准确裁布；

⑤ 铺布时注意经平纬直；

⑥ 利用驳口有效地更换被损坏的衣片，以避免更换整一层布的损耗；

⑦ 拉针织布时要根据布料特性，注意布面要均匀并且拉力两边要保持一致；

3. 裁布（Cutting）

裁布就是用裁剪机将拉好的布按照唛架上的线条一块块地切成裁片（图 3-55）。裁布工序的跟进过程中强调"五不开裁"：

① 没有缩水率试验数据的不能开裁；

② 面、辅料等级档次不符合要求的不能开裁；

③ 面料纬斜超规定的不能开裁；

④ 样板规格不准确，相关部位不吻合的不能开裁；

⑤ 色差、疵点、脏残超标准的不能开裁。

裁布时需注意裁刀一定要垂直裁布；裁刀要严格沿着唛架上的线条走；裁布时用力要均匀，注意保持布面不变形。

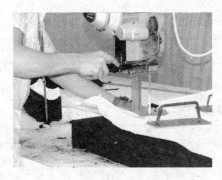 

图 3-55　裁布　　　　　　　　　　图 3-56　验片

4. 验片、打号、捆扎（Ticket & bundling）

① 验片：跟单或质检验布员发现机织布有严重疵点的裁片需重新配裁片（图 3-56）。

② 打号：将裁好的裁片打上编号或者贴上纸以便区别裁片的底面和正面。

③ 捆扎：将裁片分色分码扎上工序票，以方便输送到下一道工序，捆扎裁片时每捆数量不宜过多。捆扎数量在铺布时已经决定，太多则搬运不便，并且在多次捆扎转移过程中也欠牢固。若裁片散落容易造成遗失和沾污，并引起工作运转速度缓慢。

④ 工票：工票用纸制成，上面印有订单编号、款号、尺码、床次、扎号、件数等。工票可使裁片在流通过程中方便裁片与裁片配合成衣；并方便工人和厂方统计每日之产量和工资；还可方便了解半成品量（图 3-57）。

图 3-57　捆扎工票

任务四　包装要求和装箱单制作

一、包装的分类

根据划分包装所选用的材料和用途等不同,包装可按以下方法分类:

(一) 按包装材料分类

服装包装主要采用的包装材料为纸盒包装、塑料袋包装、无纺布袋包装等几种。

(二) 按包装容器分类(表 3-27)

表 3-27　按包装容器分类

分　类	种　类
按结构形态分	盒类包装、箱类包装、袋类包装等
按刚性不同分	软包装、硬包装、半硬包装
按质量水平分	高档包装、中档包装和低档包装
按密封性能分	密封式包装和非密封式包装
按造型结构分	扁平式、透明式、悬挂式、礼品包装式等

(三) 按包装应用分类(表 3-28)

表 3-28　按包装应用分类

分　类	种　类
按包装所处空间位置	内包装、中包装、外包装
内包装	直接与产品接触,与消费者见面的包装,是服装的主要保护层,一般为塑料包装袋和纸盒等,包装装潢要求较高。
中包装	将一定数量的单个小包装(内包装)进行集装,如小箱一般装 12 件衣服,主要便于计算、陈列、销售等。
外包装	是容纳一定数量的中包装和小包装的大包装,主要是为方便计算和运输,外观要求不高,但必须标明内容物(如客户,款号,数量,尺码等)性质、体积、重量及出品单位、送货目的地等。
按包装适应的市场	内销包装和外销包装

二、包装与装箱跟进

跟单员收到客户的订单后,要阅读客户送货的相关规定,熟悉客户所需的包装要求和装箱要求,并按照客户需求对所需的包装物料进行采购,并通知整烫包装部门按照客户要求进行包装。

1. 包装要求(Packong Require)

主要说明包装方法(Packing Method)是否为一件装一胶袋,包装方式(Packing Form)是平装还是挂装。

为了便于识别货物,便于运输、仓储、检验和海关等有关部门工作的进行,以及便于收货人收货,在商品运输包装上需要按合同规定刷写一定的包装标志(Packing Mark)。包装标志是指在商品外包装上印刷的简单图形和文字。

(1) 运输标志(Shipping Marks) 运输标志也称唛头,它是一种识别标志,由一个简单的几何图形和一些字母、数字及简单的文字组成。按国际标准化组织(ISO组织)的建议,应包括4项内容:① 收、发货人名称的英文缩写(代号)或简称;② 参考号(如订单号、发票号、运单号码、信用证号码);③ 目的地(港);④ 件号。

运输标志的涂刷位置,应该在包装箱(外箱)的两个对称面上,这也称为"正唛",也称"主唛"(Main Mark),而另外两个对称面则涂刷了包装的体积、毛重、净重(有时也列明产地)等内容,这便是"侧唛"(Side Mark)。

(2) 产地标志 商品产地是海关统计和征税的重要依据,运输标志中加注产地,必须符合原产地规则。如果在运输标志中既不显示生产国别、产地或生产厂商名称,也不标明商标或品牌的包装,则可认为是中性包装(Neutral Packing)。中性包装包括无牌中性包装和定牌中性包装两种,前者是指包装上既无生产国别和厂商名称,又无商标、品牌;后者是指包装上仅有买方指定的商标或品牌,但无生产国别和厂商名称。

(3) 指示性标志 根据商品的性能和特点,用简单醒目的图形或文字对一些容易破碎、残损、变质的商品,提出某些在装卸搬运操作和存放保管条件方面的要求和注意事项的,称为指示性标志(Indicative Mark)。例如:"此端向上"、"防湿"、"防热"、"防冻"、"小心轻放"、"由此吊起"、"由此开启"等。指示性标志一般采用容易理解的图形来表示。

(4) 警告性标志 警告性标志(Warning Mark)是针对危险品货物所用的特殊标志,是为了在运输、保管和装卸过程中,使有关人员加强防护措施,以保护物质和人身的安全而在外包装上表明的标志。凡对包装内装有爆炸品、易燃物品、自燃物品、遇水燃烧物品、有毒品、腐蚀性物品、氧化剂和放射性物品等危险品,应在运输包装上刷写清楚明显的危险品警告标志,以示警告。

合同中的包装条款(Packing Clause)的内容,应根据商品的性能、特点及所采用的运输方式而定,不同的运输方式和不同的商品,其包装条款的规定也不相同。

2. 装箱要求(Encasement Requirements)

包括成箱数量、成箱比例、成箱质量、箱标、内箱等要求。

3. 成箱数量(Carton Quantity)

成箱数量即每一箱的装箱数量。

成箱方式或比例(Ratio):成箱方式有单色单码(将同种颜色、同一规格的服装进行装箱)、单色混码(按一定的比例进行规格搭配装箱)、混色单码(按一定比例进行颜色搭配装箱)、混色混码四种(先按一定的比例进行规格搭配,然后再考虑颜色搭配进行装箱)。搭配比例要求注明。

(1) 成箱质量要求(Quality Require) 主要说明箱内货品不能出现过多或过少现象、是否需要放箱盖以及对于包装纸箱的质量要求。

（2）箱标（Carton Mark）　箱标主要由三部分组成：

① 外箱示意图（Outer Carton Details）：必须标明纸箱侧标（Side Mark）、纸箱主标（Main Mark）、剖割处（Section）以及包装带的位置（Packing Tape Position）；

② 纸箱主标（Main Mark）：有前后两面，一般两面内容相同，必须由三部分组成：款号（Style No.）、成箱比例（Ratio）、箱号（Carton No.）；

③ 纸箱侧标（Side Mark）：纸箱侧标一般有左右两面，内容不同，其中一面内容包括：款式号（Style No.）、尺码（Size）、订单号（Order No.）、颜色（Colour）、数量（Quantity）、客户编号（Custom No.）、制造国家（Country Origin）。

另一面内容包括：毛重（G. W）、净重（N. W）、尺码（Size）、颜色（Colour）、搭配比例（Ratio）、外箱尺寸（Carton Size）。

（3）内箱（Inter Carton）　有的客户为了方便分销商发货，一个大箱中又按照一定比例分成几个内盒，称为内箱，一般内箱不注明箱标。

三、装箱检验

1. 后整理封样

后整理是生产中的后道工序，主要是指熨烫、清理污渍、锁钉、验针等工作。具体如下：

① 熨烫的质量检验：主要查验有无烫黄、烫焦、极光、水花、污迹等现象；

② 清理污渍：常见的污渍包括油污渍、水渍、划粉渍等；

③ 锁钉：锁钉包括扣件锁钉、套结、翘边等；

④ 验针：检验成品服装中残留的针头等金属残留物。

2. 包装封样

包装封样根据服装款式不同有不同的要求，跟单员必须按生产工艺文本中的要求进行核对，包装封样有以下步骤：

① 查验产品包装形式是否正确；

② 挂装（有衣架的）形式主要查验服装是否平整，平包装则要查验折叠方法是否正确等；

③ 查验挂牌（吊牌和价格牌）的挂法是否正确：挂牌的挂法通常有三种，即枪针打于主标后中、枪针穿于主标后中及挂于前门襟钮扣处。一般情况下价格牌在服装正面（上面），吊牌放在服装后面（下面），价格牌必须露在服装外面，使服装入胶袋后仍清晰可见；

④ 核对挂牌中价格贴是否达到工艺文本要求：有时加工企业同时生产同一客户不同款式的产品，价格贴容易混淆，必须仔细核对；

⑤ 核对是否需防潮纸（拷贝纸）：垫防潮纸的目的一方面是为了防止服装受潮，更重要的则是为了防止搭色或出现挤压痕。合成面料的服装产品易出现搭色或挤压痕，而一般包装材料及规格是否准确；

⑥ 包装材料主要是指胶袋，胶袋的材料必须按出口国家、客户及资料内容进行核对。一般同一个款式不同尺码的胶袋也是相应有规格变化的，胶袋的规格必须同服装尺码相匹配。服装装入胶袋后要平整，封口松紧适宜，不得有开胶、破损现象；胶袋的字迹、图案要清晰、不得脱落，并与所装服装的方向一致等。

3. 装箱封样

（1）纸箱要求　纸箱应保持内外清洁、牢固、干燥，适应长途运输。有时货物到达目的地以后，便进入配（发）货中心，由于其物流管理对纸箱的尺寸和重量有严格的规定，因而客户也相应地对纸箱的尺寸和重量有严格要求。在实际控制中考虑到误差性,故使实际的尺寸和重量略小于规定的尺寸和重量。有时客户对纸箱会有特殊说明或指定所用的类型,有时客户对纸箱的材质等有特殊要求,如不能带有铁钉等,这些都要一一检查:

① 纸箱封口时应衬垫防割破材料,具有保护商品的作用;

② 箱底、箱盖封口严密、牢固;

③ 封箱纸贴正,两侧下垂,装箱适度,不可出现"胖顶"(超装)或"空箱"(未装满)现象;

④ 包装带要正且松紧适宜,不准脱落,卡扣牢固;

⑤ 箱体标签字体要清晰、端正,不得有任何污染;

⑥ 客户若要求有内盒,服装入盒内应松紧适宜;

⑦ 挂装纸箱要端正平整。

(2) 装箱单的填制 装箱单一般包含产品名称、发票号、编号、数量、颜色、毛(净)重体积、尺寸、日期等。

(3) 包装、装箱要求

① 要吻合订单要求,包装方式要得到客户确认;

② 成品至少要加防潮拷贝纸一张,特别是有撞色容易互染的部分;

③ 加拷贝纸隔离,大部位印花或印花有沾黏风险要加蜡纸保护;

④ 成品包装拆叠时要求平服、干净;

⑤ 单色单码包装(如尾数单色单码不满一箱,可单色混码装);

⑥ 同款同码要使用相同规格的纸箱;外箱侧唛要直接印刷(如品名、款号、颜色、数量等),尾箱可用手写;

⑦ 装箱要求饱满但不能挤压,防止纸箱塌陷、变形、爆箱、破损。

表 3-29 至表 3-31 列出了某些企业的装箱要求。

表 3-29 某公司包装及装箱单要求

一、箱唛
1. 外箱正唛

公司名称:
收货地址:
收货人:
电话:
传真:
品牌:
款式名称:
订单号:
装箱明细:

尺　码							总计
颜　色							

箱号:第　　箱,共　　　箱
生产厂商:
电话:
＊＊＊＊公司监制

（续　表）

2. 外箱侧唛：

> 毛重：　　　　　　kg
> 净重：　　　　　　kg
> 纸箱尺寸：　　　　cm
> 箱号：第　　箱/共　　箱

3. 备注：

① 外箱质地：七层瓦楞（三坑箱），里外牛皮纸，若出口欧盟的服装包装用纸箱要用胶水黏合，不能有金属钉针扣类；封箱用湿水纸，不能用透明胶或不环保胶带，不能打带；

② 外箱尺寸：A. 恤衫/衬衫/裤子/针织衫/西服等规格不可超过 60 cm×40 cm×40 cm，实际据具体尺寸作调节；

　　　　　　　B. 外套/夹克/棉衣/羽绒服等规格不可超过：80cm×60cm×40 cm，实际据具体尺寸作调节；

③ 外箱标注的款名/颜色/型号/数量一定要与箱内的衣服是一致的；

④ 装箱的方式：单款单色单码或单色杂码或杂色杂码不能配错，且毛重不可超过 20 kg；

⑤ 外箱对于皮衣/西服等高档服装要注明：请勿折叠，请勿重压等注意事项。

二、装箱单统一的格式要求：

① 有供应商的名称/也址/电话/联系人；

② 有我司的款式名称/款号/出货日期/承运人；

③ 每箱箱号，各码，颜色的数量，以及每箱的总数量/毛重/净重/纸箱尺寸；

④ 有每色总数量/每码总数量以及总单数量；

⑤ 在装箱单上标明箱正唛和侧唛。

表 3-30　某公司装箱单

***公司出货装箱单

ADD：＊＊＊＊＊＊＊＊＊＊＊＊＊＊＊＊＊＊＊＊　Tel：＊＊＊＊＊＊＊＊＊,Fax：＊＊＊＊＊＊＊＊＊＊＊＊　联系人：

承运人：

款　　号：			客户品牌：			
款式名称：			出货数量：			PCS
面料成份：			出货日期：			

CTN NO: PROM；TO:	COLOR	SIZE/每箱码数分配					箱件数量	箱数 CINS	件数 PCS	每箱净重(kg)	每箱毛重(kg)	每箱尺寸(cm)
		XS	S	M	L	XL						
—												
—												
—												

总箱数：		CTNS	总毛重：			kg
总体积：		m³	总净重：			kg

箱正唛		箱侧唛	

注：所有装箱单须在出货前先传到公司：＊＊＊＊＊＊＊＊＊＊收并随货附送一份，或 Email：＊＊＊＊＊＊＊＊＊

表 3 - 31　某企业对包装质量要求

		优秀	合格	不合格
规格		规格偏差符合标准规定	同前	同前
吊牌		吊牌完好,内容完整清晰	同前	无吊牌,吊牌破损,内容错误或者看不清
内包装		折叠端正、规范	同前	折叠不端正,不规范
		包装袋清洁;无变形、破损,大小适宜	包装袋不清洁,变形	1)包装袋不清洁沾染产品;2)包装袋破损
		包装袋标识与实物相符	同前	不相符
大包装		外箱标识与实物相符,标识正确清晰,包装规格及材料依生产指令单	同前	不符合要求
		不允许配码错误(清单最后一箱配码不符不多于3件,如实更改配码标识后允收)	同前	配码错误

任务五　物料采购

　　服装订单中出现退单或索赔多因服装面、辅料的质量,所以控制服装面、辅料的质量问题已成为服装跟单员的重点业务内容之一。服装上使用的面辅料种类和数量较多,在生产、加工过程中往往容易受到污染,其对人体健康的危害已引起了消费者的关注。德国、美国、日本等发达国家已颁布了一系列法规或管理条例,对进口的纺织品、服装进行各种环境安全标准的检查,而且涉及内容越来越宽泛。因此,服装面辅料的品质控制已是现今订单的一项重要工作,而这项工作的执行者就是跟单员。

一、物料采购跟进的目的与要求

　　跟单员有效地把好面料质量关是控制成衣质量的重要环节。通过对面料的检验和测定,可有效提高服装的正品率,保证订单不出现重大的质量事故。因此,跟单员不但要掌握服装面辅料的基础知识,还应具备鉴别面料的品质、验查面料疵病等的能力。

二、物料采购跟进工作内容

　　跟单工作的主要内容是准确计算面辅料的需求数量,并在面辅料送达制衣厂后跟进面辅料的质量检验情况。跟单员必须对原料的采购进行跟进(包括面辅料的技术规格、质量、数量及交货期等),要落实供应商所提供的物料质量能否符合生产要求,并能在规定限期内获得必须的原材料,避免车间停工待料,最终保证合同能顺利履行。

三、物料采购实施

　　1. 采购划分

　　面辅料的采购按采购性质分国内和国外采购两种。客户指定供应商的物料则向客户指定供应商采购;客户未指定供应商的物料一般在国内采购。

　　2. 采购程序(图 3 - 58)

　　3. 采购细则

　　物料资料来源:跟单员从销售员(客户)接收采购资料后进行整理,然后交物料采购员。

　　采购申请的提出:跟单员整理好物料清单后通过联系单、相同的销售合同向采购员申请采购物料。跟单员应确保资料正确。

　　(1)查、留库存　跟单员需在确定需要物料数量后,先发留库存表给物料仓库进行查库存,物料仓一般在两天内给予书面答复。如该物料有库存或者部分库存的,物料仓应提供样办

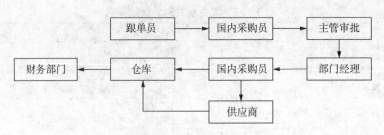

图 3-58 采购流程图

给跟单进行确认,然后则由物料组以查库存表留库存。如无库存或库存量不足时,则开始物料采购。特殊情况下允许跟单员电话查库存,如物料仓反映有库存的,则跟单员应书面形式通知物料仓查、留库存,如无库存的,即可立即下订单。

对于面料的库存,跟单员要做好跟进工作:① 核查裁床退布单,与采购员一起确认分类后交布仓分类保存;② 核查布仓月报表,每季度进行汇总分类(包括死库存、大货布、现存布、取消单布和存仓库代用布);③ 核查面料单价报表。

(2)物料交期的跟进　跟单员在通知采购员订购物料后,应及时查阅物料的到达情况,如发现船期过迟或发生变化以致影响成衣交货期时,应及时通知相应部门,必要时物料要安排手提急件(Hand carry)方式交货。

注:Hand Carry 是一种比快递更快速、安全的运输方式,目前还没有一个固定公认的中文名称,一般称为"手提急件"。一般来说只要航班允许,从国内到日本、东南亚等周边地区当天就能到,欧洲及北美地区第二天到达。Hand Carry 服务的关键就是快速安全,全过程基本货物不离身,手提携带,能保证货物的安全。

(3)物料数量的跟进　在物料的送递中,有些物料是一次性送货到仓库,有些是分批进仓的。因此当物料到货时,跟单员除要跟进物料质量外,要对物料的数量进行统计,如果发现数量有任何不符合时,应尽快通知采购员落实原因并采取补救措施,及时追回相应的正品和欠数。

(4)采购过程中的注意事项

① 同一个供应商的不同种类的物料应尽量打在同一张订购单上;

② 对于分款、分色、分码的物料应分款、分色、分码进行采购;

③ 采购过程中如果发现有最低订购批量限制的,应及时填写通知,并告知主管和客户,在主管和客户确认后抄送通知给物料仓作为收货依据;

④ 物料有特殊要求的,必须在订单的特殊要求栏标注清楚;

⑤ 不同原材料的生产加工过程是有区别的,为了保证货期、质量,跟单员需要对加工过程进行监控。

(5)面辅料的检验　面辅料质量检验分外观质量检验和内在质量检验两大类,是跟单员主要控制的内容(表3-32和表3-33)。内在质量需要查看仓库的收货检验报告,必要时可以通知采购员让供应商提供专业检测机构的数据。跟单员要落实对采购员的跟进工作,让其督促供应商按工艺文件要求及时做测试。此项跟进工作讲究"立即",当大货面料进厂后,跟单员必须立即与相关人员进行沟通,以便及早发现问题并补救。

① 面料的检验:首先检验外观质量,主要检验面料是否存在破损、污迹、织造疵点、色差等问题,经砂洗的面料还应注意是否存在砂道、死褶印、披裂等砂洗疵点;其次是内在质量检验,主要包括缩水率、色牢度和面密度三项内容。

除此之外,面料控制还要注意以下几点:

A. 板布:落实板布,跟进到厂时间;制做样布卡。

B. 大货面料:跟进面料采购员,确定面料订购合同;核查大货面料到厂的情况;核查剪缩水和烫缩水的情况;核查验布情况;开发布、裁剪通知单;YPD核查超或者省料的原因,恰当处理补布的事宜。

② 辅料的检验:首先核对服装辅料的文字资料是否与工艺文件一致,如订单的主标、洗涤标、箱标、印绣花等的文字内容;其次核对服装辅料的颜色搭配是否和工艺文件一致。最后查看相关报告,检查服装辅料是否达到相关的标准及客户要求。服装辅料的品质确认是跟单员较难控制的工作,因而服装跟单员必须熟悉服装辅料的性能、规格、相关标准等。而对于一些使用旧单剩余物料,一定要防止色差,要重新核对旧物料与新单的配色效果,同时也要核对新补充物料与旧物料的色差。所有的物料均需要贴物料卡,物料卡确认后,要发放到各生产部门,并以此作为验收产品的凭证。

除了跟踪样衣的制作外,服装跟单必须对服装所有主辅料的颜色(颜色号)非常熟悉,不能单凭颜色进行分类,而是要熟记每种带颜色的主辅料的颜色代码,以免出错。

有撞色的服装,要查看主身布和撞色布的颜色搭配,缝纫线的配色要求,服装各处缝纫线颜色的要求;服装上有印花、绣花、钉珠和烫石等图案的服装,注意不同颜色主身布其花纹图案的配色要求,要与营销部门、加工相关部门核对各种材质加工的颜色是否一致;对于一些辅料,如衬、钮扣和其他辅助装饰的辅料也要跟踪其搭配和色号。

表 3-32　面料资料汇总表

面料资料汇总											
客户	订单号	季节	面料编号	面料名称	面料颜色编号	功能性	规格	成分	纱支	克重	备注

表 3-33　辅料资料汇总表

辅料资料汇总														
客户	款号	订单号	辅料/印花使用部位	所用面料	类别	性质	辅料编号	辅料工艺要求	辅料尺寸	单位	工厂报价	数量	交期	供应商	备注

任务六 制定生产制造单

成衣生产制造单是一项最重要最基本的技术文件,它反映了产品工艺过程的全部技术要求,是指导成衣加工和工人操作的技术法规,是贯彻和执行生产工艺的重要手段,是产品质量检验的主要依据。生产制造单还代表了客户对所需服装产品的除价格和运输外的全部要求,它是服装跟单员核查订单要求、跟踪订单质量的主要依据。

生产制造单根据成衣具体的工艺方案和有关技术资料(如样衣、客户的加工技术文件、客户品牌常规的生产技术指南等)编制,主要资料包括成衣的订货要求(产品内外质量、需求数量、包装等要求)、效果图、成衣结构图、技术标准;设备的使用类型;生产计划、面料和相关辅料的供应及其位置,客人对产品的评价信息等。

一、服装生产制造单编制的依据

① 客户提供的原样、图片及相关文字说明:通常客户在要求制作款式样时会提供原样或图片,在编制生产制造单时不能背离客户对产品造型风格的要求。

② 合约订单指定的产品要求:生产制造单必须严格按照合约指定产品的规格、款式、型号及生产批量等要求。

③ 客户的修改意见:生产制造单必须遵循客户对款式样或产前样的修改意见。

④ 出口国的服装贸易政策、法规:不同的国家对进口服装都有相应的政策法规,特别是欧美国家对服装的环保性能的要求等。

⑤ 客户对不同质地面、辅料的常规要求:一般来说,如果是长期合作的客户,双方都会对服装面、辅料的色差等级和色牢度等级等有常规的认定,服装生产制造单中只要用固定格式体现即可。

⑥ 面、辅料的检验报告和理化测试报告:有的客户会要求对所有服装的面、辅料做测试,因而在生产制造单中就要体现出测试的要求。

⑦ 客户确认的面、辅料样卡:在大货生产之前,所有面、辅料都要经过客户确认。生产制造单中的面、辅料样卡应为客户确认后的正确样卡。

⑧ 制单加工的准确性和可行性:作为一张合格的制单,其加工内容必须是全面而覆盖生产全过程的;文字表述必须准确,并且使用企业统一的术语;所编写的加工、操作方法是具备操作性的。

二、生产制造单编制

1. 生产制造单的基本项目

① 公司名称(Company Name):包括公司名称、地址、电话、传真和网址等。

② 组别(Group):有些客户的订单是指一个系列下的一组订单,包含若干个款式,所以有必要划分组别。

③ 订单号(Order Number):一般与客户所签合同的订单号一致。

④ 款式描述(Style Description):指客户所需服装的中文名称,包括外形、结构、特征以及主要原辅料等方面的介绍,如纯棉印花圆领短袖 T 恤。

⑤ 款式图(Sketch):成衣的款式图也称为效果图,是指导各车间制作的样本,其线条必须清晰,比例与实物相符,印绣花等加工的位置必须准确,对于有些复杂的部位或者关键工序,还应该配备剖析图。

⑥ 款式号(Style No.)：可以公司自编，也可以与客户编号一致。

⑦ 客户名称(Buyer Name)：包括地址、电话、传真等信息。

⑧ 客户号(Buyer No.)：客户企业对服装的编号，便于跟单员与客户沟通。

⑨ 生产数量(Produce Quality)：指总数量以及客户允许的数量变化幅度(短溢数量的要求)。

⑩ 成衣颜色和尺码分配(Color Size Breakdown)：客户在订货总量内，具体对成衣颜色和尺码方面的具体需求数量。

⑪ 原辅料配色要求(Color Matching Requirements)：一般情况下，服装面料、里料、配布、辅料(含缝纫线)、印花、绣花、烫石等都有颜色搭配方面的要求，制单当中必须列明。

⑫ 产品的规格、测量方法和允许误差(Measurement & Tolerance)：跟单员必须严格按照客户的要求进行编制，并且要将客户的测量方法在制单内标示清楚，成衣规格的允许公差需要按照客户要求列明。

⑬ 定额用料(Quota of Materials)：成衣加工中面辅料具体的使用数量，如面料的 YPD、成衣上装订钮扣的数量、捆条的使用长度、包装贴纸数量等。

⑭ 目的地(Port Of Destination)：按照合同约定的目的港口填写。

⑮ 交货日期(Delivery Date)：在填写交货期时，可以比合同约定的交货日期提早 2~3 天，以防止在加工过程中出现不可预见的情况时，如验货不合格需要工厂翻仓等，可以不影响合同交货期。

⑯ 跟单员(Inspector)：主要目的是明确其职责，以确保服装产品质量。

2. 服装面、里料(配布)的要求

① 面料名称(Shell Fabric/Body Fabric)：对于机(梭)织面料名称较为完整的描述应为：原料＋面料名称原料成分比例＋纱线细度＋纱线密度＋幅宽＋匹长要求＋染整要求＋理化指标＋包装要求。通常是用简单的方法，即"材料名称＋名称＋结构"，如：全棉府绸(Cotton Poplin)，涤棉色织格子布(T/C Solid Check Fabric)。对于针织物和机(梭)织物的某些表示方法相似，商业上常用说法如：32 支棉纱，$190 \ g/m^2$，18 针的罗纹布(Rib Fabric)。

② 里料(Lining Fabric)、配布(Match Fabric)名称：描述方式同面料。

③ 织物的整理要求(Finishing Requirement)：它是对成品织物品质规格的进一步描述，如拒水整理、柔软整理、预缩整理、砂洗、仿桃皮绒整理等。

3. 服装辅料的要求(Garment Accessory Requirement)

要求说明辅料的品种、规格、单件用量、颜色、供货商(说明是客供或自供即可)、装钉位置等。

(1) 洗涤标(Washing/Care Label) 洗涤标分印标和织标两种。印标是用印刷的方式来体现洗涤的文字标识；织标是用纤维材料采用织造的方式来体现洗涤的文字标识。洗涤标一般包含三部分内容：

① 面、里料成分(Fabric & Lining Content)；

② 洗涤方法(Washing Method)：服装的洗涤方法依照所用洗涤用具的不同，分手洗和机洗两种，手洗有搓洗、挤压(揉)洗、刷洗等方法，根据洗涤介质不同洗涤方法又分为湿洗(水洗)和干洗两种；

③ 洗涤标识(详见表 2-14 和表 2-15)。

（2）服装吊牌（Hang Tag）　有品牌标识牌和价格吊牌两种。一般在包装的时候价格吊牌置于服装之上，放入胶带袋后能见到价格吊牌。

4. 样衣要求（Sample Requirement）

要求说明样衣的种类、规格、颜色以及寄样时间。

5. 颜色规格搭配（Color& Standard Collocation）

要求说明一个订单有多少颜色规格、搭配颜色以及每个规格的数量，重点提示要填写颜色的色号（标准色卡号）。

6. 服装款式图（Sketch）

产品款式图包括产品正面、背面及重点部位的款式图，一般西服还要有衬里的款式图。款式图要求比例准确合理，各部位的标识准确无误，款式上的缝纫形式、款式造型、结构等必须要与样衣相符，复杂的部位或关键工序应附剖析图。

7. 规格指示表（Specification Chart）

规格指由部位（Position）、部位测量方法（Measure Method）、部位编号（Position No.）、号型（Measures）、尺寸（Size）和公差范围（Permission Error/Tolerance）等六部分组成。

① 规格指示表的重要作用：一是确保生产产品符合成品规格尺寸的依据。二是用于检验产品的成品规格是否合格的主要依据。

② 制定规格指示表的要求：规格指示表中制定的尺寸和量法必须在款式图中能够找到。款式中各部位的量法必须严谨准确，不能出现模棱两可的量法。

8. 服装款式结构描述（Style Construction Details）

服装款式结构的描述要结合服装款式图来说明，特别是有的订单客户没有原样可供参考，要求描述得更加细致。

9. 服装制作工艺描述（Technological Details）

服装款式制作工艺的描述也要结合服装款式图来说明，描述的顺序也可以参照服装款式结构描述。主要说明面料（里料）颜色搭配、拼块颜色搭配以及工艺细节、印花、绣花等特殊或新型工艺等。

① 面料（里料）颜色搭配（Fabric & Lining Color Collocation）有些订单分不同的组别，不同的组别款式相同，但是面（里）料颜色搭配不一致，必须详细描述其具体的颜色搭配。

② 拼块颜色搭配（Components & Color Collocation）：有些订单款式相同，但是由不同颜色的拼块组成，也必须详细描述其具体的颜色搭配。

③ 工艺细节（Technics Details）：包括缝纫线、滚条、镶边等。另外，是配色还是撞色也必须详细描述。

④ 印花、绣花说明（Print & Embroidery Details）：款式中有印花或绣花时，首先要说明印花或绣花的种类，其次要说明颜色以及位置、规格（可以结合款式图说明），还要有印花或绣花纸样。

⑤ 特殊及新型工艺说明（Special & New Technics Explanation）：有些订单的辅料或印绣花工艺比较新颖，要求要写清楚，最好附上相关生产企业的联系方式，以便服装生产企业联络。

10. 面、辅料小样（Fabric & Accessory Sample）

经客户确认的面料、里料、辅料以及印绣花稿可以粘贴在一处，用来核对加工厂的大货样。

11. 客户包装要求(Package Requirement)

根据客户的要求将服装按照规定的整烫方式、折叠方法、包装形式、装箱方式(箱子规格、装箱件数等)、相关贴纸黏贴位置和包装带(封箱胶)位置等,将服装进行包装。

12. 服装工艺文本的签发

工艺文本编写完毕后,必须由部门负责人认真审核,然后服装跟单员、主管签字;注明制单日期,原件加盖"正本"字样存档,复印件加盖"副本"字样作为正式生产文件下达至生产企业和相关人员。

三、生产制造单执行中的协调工作

生产制造单制定下发各相关部门后,各相关部门在实际生产操作中往往会出现原料问题、技术问题、设备问题等,使生产无法延续。因此,跟单员要积极与各相关部门进行协调,及时了解生产制造单在车间的执行情况,如果生产中出现问题跟单员应与相关部门进行协调,以便有效解决妨碍生产进程的具体问题;如出现的问题无法解决时,应通知相关部门暂时停工,跟单员与客户重新就具体问题磋商协调后,再安排生产。

对于生产中经常出现的问题跟单员应做好记录,并对相关技术指标反复核实,做好各种应急问题处理的准备工作,以便能按时、按质、按量完成客户的货物生产。

>>>项目五 生产中跟进<<<

任务一 面辅料进度跟进

在成衣加工中,面辅料能否按时、按质、按量到达制衣厂是成衣能否按客户要求交货的关键点,因此,跟单员需要对所采购物料进行跟踪,尤其是交货时间一定要做到心中有数,以保证生产过程的连续性。

所有的生产物料都有正常的生产周期,对制衣厂而言物料的到货时间也要有严格的要求。物料交货太迟,会延缓生产进度,生产周期会因此变长,成衣容易无法按时交货;物料过早交货,会占用仓库空间,提高仓储成本。跟单员要尤其注意一些订购时间长的物料的交货期,如拉链、贝壳钮扣等。

一、采购异常问题

在物料的采购中常会出现一些情况,导致物料无法按时到位,主要有三方面原因:

1. 供应方原因

① 供应商产能不足,超量接单;

② 供应商管理不当,质量管理不充分,导致不能按时交货;

③ 供应商方由于员工情绪问题,生产效率低下,拖延作业。

2. 制衣厂方原因

① 供应商选择有误,在采购前没有对其资质、能力方面进行全方位考察;

② 成衣跟单或采购跟单员订购资料不清楚,导致供应商无法生产。

3. 沟通原因

由于采购过程涉及到客户、制衣厂和原辅料供应商,在信息交流中如果有障碍,必然会引起信息的失真和信息不及时等问题。当客户提出物料方面的修改信息时,跟单员必须要做好记录,并要通过书面的形式将客户所提及的意见列举清晰的资料,将其传送一份让客户确认,防止资料有遗漏或者理解错误导致质量问题;也防止口头更改信息后由于任何一方的遗忘而导致质量有误,以致责任无法厘清的问题。

二、跟催工作

为了更好地掌控成衣加工的进度,跟单员需要对面辅料的进度进行跟踪,并做好相应的进度登记。对于良好的合作供应商,跟单员进行一般监视即可;对于重要的合同,跟单员必须制定进度表,跟单员每天对合同的执行进行跟踪。

对于面辅料生产,一般在正常交货前一定时间开始进行跟催。如果面辅料是分批到厂的,要做好登记,并进行跟催。

跟进面辅料订单的进程有按照订单跟催和定期跟催两种方法。订单跟催就是按照主辅料不同订单的到货期提前 1~3 天进行跟催;定期跟催是在每周固定的时间,将没到货的主辅料订单整理好,做成统计表统一跟催。这两种方法可以混合使用。

跟单员每季度要对每张订单每种物料的情况进行检查和分析,协助采购员对供应商进行绩效考核,剔出不良合作伙伴。

任务二 生产进度跟进

生产进度跟进的基本要求是使制衣厂内各部门能按订单要求交货。及时交货就必须使生产进度与订单交货期吻合,尽量做到不提前、也不延迟交货。

一、生产跟进

制单下达后,辅料应在出货前 1 个月内全部到位,跟单员主要是对成衣的半成品和大货进度进行跟进。

(一) 半成品跟进

服装半成品跟进是指服装在首件流水样出来之前,对服装半成品进行检验和工艺文件核对等行为。服装半成品跟进是成衣跟单的基础,对服装半成品及时、准确地跟进直接影响服装的总体质量,因此具有非常重要的意义。服装半成品跟进的主要内容包括服装款式的核对和半成品外观质量的检验。

1. 服装款式的核对

服装款式的核对一般分 5 个步骤进行:

① 根据工艺文件的款式图进行核查:核查的内容包括缝纫形式、服装结构是否与工艺文件一致等;

② 根据工艺文件的款式描述进行核查:款式描述核查可以和款式图相结合;

③ 根据工艺文件的工艺描述进行核查:核查的内容主要包括印绣花以及服装的特殊工艺制作等;

④ 根据工艺文件的服装辅料搭配进行核查:核查的内容主要包括辅料的颜色搭配以及辅料装钉的位置是否和工艺文件一致等;

⑤ 根据工艺文件的服装规格指示进行规格的核查:是针对服装大的部位进行服装总体规格的核查。比如上衣核查的部位包括胸围、腰围、下摆、衣长、袖长等,裤子核查的部位包括腰围、臀围、横裆、脚口、裤长等。

2. 半成品的外观质量检验

半成品外观质量检验的内容包括部件外形、外观平整度、缝迹质量、整烫质量等。

① 部件外形:领、袖、袋等部件成形后,形状是否符合要求,应与标准纸样进行对照检查等;

② 外观平整度:缝合后外观是否平整,缝缩量是否过少或过量等;

③ 缝迹质量:缝迹的形式及缝迹的光顺程度是否符合质量规定;

④ 整烫质量:半成品整烫成形质量是否符合要求,有无烫黄等污损现象;

⑤ 对不同产品的缝制、整烫质量的不同要求(具体根据客户的要求)。

3. 其他跟进项目

① 跟进裁床用料和裁片的质量;

② 跟进洗水、印花、绣花、成衣染色流程;

③ 跟进后整理加工过程；

④ 确保装箱数和出运比例准确；

⑤ 填写装箱单,货单一致。

4. 跟进注意事项

① 要仔细核对大货制单与大货样板,以防止大货生产单与样办上的工艺做法及局部造型不符,造成大货生产错误。

② 严格按大货确认办及客户批办语做好大货生产工艺单。

③ 大货单下给车间后,要车间写出大货生产具体的安排和计划。

④ 将大货全部辅料、唛头、吊牌的色卡交给辅料仓库,方便仓管在大货辅料进仓时按办验货。

⑤ 在大货生产期间,每天要车间以书面形式报告各款大货生产成品数量,方便了解大货生产的进程,以免延误货期。

⑥ 所有大货成品应该在大货交货期的前一至两天完成检查及包装装箱,以免时间过于仓促影响成衣检查的质量,以及在生产中遇上突发事情时能有时间处理。

(二) 大货进度跟进

为了保证成衣大货能按时交货,跟单员要做好以下工作：

① 通过相关部门的"生产日报表"调查每天的成品数量及累计完成数量,以了解生产进度并加以跟踪控制,以确保能按订单要求准时交货。

② 利用每日实际生产的数字同预定生产数字加以比较,看是否有差异,以追踪记录每日的生产量。

③ 当发现实际进度与计划进度产生差异时,应及时查找原因。如属进度发生延误导致影响交货期,除追究责任外,应要求相关部门尽快采取各种补救措施,如加班。

④ 相关部门采取补救措施后,跟单员应调查其结果是否有效,如效果不佳,跟单员应要求该部门再采取其他补救措施,一直到问题得到解决。

⑤ 补救措施无效,仍无法如期交货时,跟单员应及时联络并争取取得客户谅解,并征求延迟交货日期。

跟单员在此期间需要完成首床报告与齐裁报告。首床报告在裁完首床的两个工作日内完成,目的是在开裁的早期预测面料的实际使用情况以尽早采取相应的调整策略;齐裁报告在裁完整张的两个工作日内完成,目的是对整张单的用料进行评估,以及在可能的情况下对剩余用料及用料情况采取补救的策略。首床和齐裁的评估都很重要,尤其是对大数量订单来说,它关系到计划用料与实际用料方面的误差调整,确保生产顺利及控制成本。

⑥ 成衣测试板：在大货主辅料到厂后,就可以考虑安排做成衣测试板。一般要求在生产早期尽可能早地提交指定的测试行做,如果有问题可尽早解决,务必确保出货前一周获得测试合格证。如果客户不要求则可不做。

⑦ 外发跟进：需要外发车印花厂加工的要与外厂联络跟进车印花进度,做好过程的数据交接与记录。需要外发加工的要跟进外发面辅料的发放与控制,跟进好生产进度。

⑧ 客户看货：有些客户要求看中期,但是如果需要制衣厂也可主动要求客人到工厂查看成衣生产中期情况。所有订单在出货之前需按客户的要求提前通知客户来看货,验货报告合格后方可出货。

大货跟进期间统计表如表 3 - 34 至表 3 - 36 所示。

表 3 - 34 大货生产信息登记表

开裁日期	送印/绣花日期	回印/绣花片日期	车缝人数	车缝人均日/产量	生产线/组别	车缝上线日期	车缝日产量	车缝总数	车缝完成日期	成衣检测报告

表 3 - 35 查货汇总表

日期	部门	款号	查货(封样、前查、中查、尾查)	数量	人数	备注

表 3 - 36 大货期中检查记录表(裤装)

客户:_____   款号:_____   厂内单号:_____   抽检数量:_____

款式描述:_____   订单数量:_____   抽检批次:_____

尺寸 部位	度量方法	Tol		XS		S		M		L		XL		2XL			
		+	−	+	−	+	−	+	−	+	−	+	−	+	−	
裤长																	
腰围																	
坐围线																	
坐围																	
大腿围																	
膝围																	
脚阔																	
前档																	
后档																	
裤头高																	
脚高																	
裤头绳																	
袋长×袋阔																	
袋位																	

(左侧竖排:规格尺寸偏差)

（续 表）

存在问题（在相应缺陷方格内打"√"）		
裁床	印绣花/辅料/装饰配件缺陷	
1. 布纹裁向不对 ☐	1. 印绣花织标与衫身色差 ☐	6. 铁扣松紧/掉漆/锈蚀 ☐
2. 毛向倒向 ☐	2. 印绣花装饰标位置偏差 ☐	7. 商标/洗涤说明标识不清 ☐
3. 裁数超允许范围 ☐	3. 印花脱落/龟裂/掉色/露底 ☐	8. 套位不准 ☐
4. 拉布折痕/起皱 ☐	4. 绣花变形/串色/浮线/松脱 ☐	9. 四合扣偏松/偏紧 ☐
5. 铺布层数不合标 ☐	5. 织带掉色/互染/抽纱/收缩严重 ☐	
缝制缺陷		
1. 线头未修干净 ☐	10. 商标不居中/脱落 ☐	19. 门襟宽窄/歪斜/暴止口/筒底打褶 ☐
2. 断线/跑针 ☐	11. 侧缝扭曲不对称 ☐	20. 露底筒/扣位不准 ☐
3. 针距不符合 ☐	12. 压线大小/藏止口 ☐	21. 拉链不平服不直/拉动不顺 ☐
4. 暴缝/脱线 ☐	13. 止口处反光 ☐	22. 口袋不正/左右袋高低 ☐
5. 缝位扭曲/不顺 ☐	14. 领反翘/不平服/领尖长短 ☐	23. 开袋笑口/枣位不准 ☐
6. 包捆不均匀 ☐	15. 领型变形/不圆顺/领顶高低 ☐	24. 两袖袖隆容位不均/不圆顺 ☐
7. 起皱/打褶 ☐	16. 领骨左右不对称 ☐	25. 绱袖袖隆容位不均/不圆顺 ☐
8. 黏衬脱胶/起皱 ☐	17. 肩走前不一/左右长短 ☐	26. 下摆不平服/扭曲/起吊 ☐
9. 熨烫不良 ☐	18. 领捆压线大小/不平服 ☐	23. 露止口 ☐
其他		
综合评定		

质检员： 跟单员： 日期：

二、不能及时交货的原因

① 企业内部管理不当，如紧急订单插入，生产安排仓促，导致料件供应混乱，延误生产交货。

② 计划安排不合理或漏排。

③ 产品设计与工艺变化过多，图纸不全或者一直在变动，车间无法适从。

④ 产品质量控制不好，不合格产品增多，成品合格率下降，影响成品交货数量。

⑤ 生产设备跟不上。

⑥ 产能不足。

三、按时交货跟单要点

① 加强与生产管理人员的联系，明确生产、交货的权责。

② 减少或消除临时、随意的变更，规范设计、技术变更要求。

③ 掌握生产进度，督促生产企业按进度生产。

④ 加强产品质量、不合格产品、外协产品的管理。

⑤ 妥善处理生产异常事务等。

大货生产进度控制重点在于：计划落实执行情况、机器设备运行情况、原材料供应保障、不合格产品数量情况、临时任务或特急订单插入情况、各道工序进程、员工工作情绪等。

对于发生各种生产异常，其影响最终体现在生产进度无法按计划进行。跟单员在生产过程中要掌握生产异常情况，及时进行跟踪工作。

任务三　外包跟进

出于多种原因,服装企业有时会将部分成衣生产任务外包给其他企业,这就需要安排跟单员去跟踪产品的质量和交货期,从而保质、保量、按时完成产品的生产。

服装企业外发加工主要有两种形式:一是全过程外发,即由加工点负责从裁剪、缝制、整烫到包装的所有生产过程,面辅料由发包方提供。这种形式对加工点的技术、设备、管理能力要求较高。二是部分工序外发,即企业在某些工序上不具备加工能力或加工能力不足,需要外发完成,如缝制、锁眼钉扣、水洗、绣花、印花等,这种形式要求加工点具有一定的专用设备和专业能力。以上两种形式都被出口服装企业广泛采用。

一、外包(协)的原因

① 产能:生产负荷大于实际产能,必须通过外包(协)才能完成生产任务。

② 成本:自制成本大于外包(协)的成本。

③ 品质:外包(协)可以获得较佳的品质。

④ 技术:依本企业的现有技术水平无法解决。

⑤ 设备:本企业的设备无法解决或本企业无特殊设备。

⑥ 能源:企业生产期间,突遇电力等能源动力的短缺。

⑦ 知识产权:本企业没有生产某一商品的专利许可证。

在上述原因中,有些是企业内部的原因(如产能、成本、设备、技术等),有些是企业外部的某些因素(如能源动力等)发生了意想不到的变化,导致生产时间耽搁,从而面临交货期的延误。为了保证交货期,就需要寻求其他生产企业的帮助,即将一部分生产任务外包外发至其他生产企业,在短时间内形成较大的生产能力,最终完成交货任务。

二、外包(协)的形式

① 包工包料:也称成品外包(协),是将整件成衣的生产任务外包(协)至其他生产企业,生产企业不仅负责采购原材料、辅料等生产资料,而且要按发包方的工艺要求组织生产加工,发包企业按事先商定的标准进行验收并支付货款。

② 包工不包料:由外包(协)企业提供原材料、辅料、包装材料等生产要素,其他生产企业只负责生产加工,收取加工费(俗称"工缴费")。

无论是包工包料还是包工不包料,发包企业都需要派出跟单员到生产企业进行跟单,跟踪质量和交货期。

三、外包(协)注意事项

1. 对于下列情况应该避免进行外包(协)作业

① 原材料较为贵重的,如羊毛、丝绸面料类产品不宜外包;

② 原材料或成品的体积(或重量)过大,会造成大额的运费,如羽绒类产品;

③ 外包(协)数量太少,金额过小而管理成本过高;

④ 外包(协)的成本与自制成本相差无几。

2. 不应该采取外包(协)作业的情况

(1) 有可能泄露本企业的生产技术或机密的;

(2) 外包(协)的交货期不能符合本企业的要求;

（3）外包（协）的品质达不到本企业的要求；

（4）外包（协）的成本大于本企业生产成本。

四、外包（协）的一般流程

1. 外包（协）的评估

根据所需商品的生产工艺和本企业的生产现状，进行比较分析，作出是否需要外包（协）的评估报告。

2. 外包（协）申请

根据上述的评估报告，确需外包（协）的生产订单，应该及时提出申请，同时为选择外包（协）加工企业做好前期准备工作。

3. 外包（协）加工企业的选择

选择外包（协）生产企业除了具备加工生产能力、加工生产设备、员工素质、质量意识和控制手段、信用度外，还要考虑价格、交期、数量和交易条件。

4. 外包（协）合同的签订

在确定外包（协）加工企业后，需要依外包（协）的方式不同而与外包（协）加工企业签订不同内容的合同，并对违约责任予以明确。

5. 合同的履行与跟单

如果将签订外包（协）合同看成完成生产任务的基础，那么合同的履行是完成生产任务的保障。在合同的履行期间，委托加工方要派出跟单员跟踪生产任务完成情况。

6. 本次外包（协）的总结

在完成本次外包（协）的跟单任务后，跟单员必须整理资料，交公司归档，同时要对本次外包（协）的进行总结，以利于再有类似订单时，迅速选择外包（协）加工企业。

五、外包管理

1. 领（发）料管理

在"包工"的外包（协）业务中，外发企业必须提供原材料和辅料。

2. 验收管理

外包（协）加工企业送回的成品在入库前，要进行检查并作记录。一般而言，跟单员在外包（协）加工企业跟单时，应该对其生产过程和生产商品的质量进行全程跟踪，发现问题在外包（协）加工企业必须及时解决，从而在生产商品入库时只需清点数量即可。

3. 账务管理

外包（协）加工企业的管理如同本企业的生产管理一样，同样要对原材料、辅料的入库和成品的出库进行定期盘点，以使账、物相符。

4. 外包质量管理

① 明确标准：将技术标准和管理标准转化为明确的质量检验标准，使检验人员知道什么是合格什么是不合格；

② 度量：要对产品的一个或多个质量特性，通过物理的、化学的和其他科学技术手段和方法进行观察、测量、试验，取得产品质量的客观数据；

③ 对比：将实际度量结果与质量标准相对比，以检验质量特性是否符合要求；

④ 判定：根据对比结果，判断单件产品或一批产品是否合格；

⑤ 处理：对于不同的检验类型采用不同的处理方式：对单件产品经检验合格则放行，不合

格的则打上标志后隔离存放;对工序检验不合格的,则决定停产或调整;对原材料检验不合格的,则不能入库,需退回;

⑥ 记录:每次检验,都要有记录,并出具"查货报告",同时要求外包企业的负责人签字确认,以便在下一次的复检中,作为凭据。

六、外发加工具体操作

① 双方要熟悉工艺资料与品质要求;

② 跟单员根据外发加工要求,开立《加工协议单》,与外发加工厂商议妥交期和交货方式,同时采购需查核本厂物料的仓存量,如物料足够,则直接通知外发加工厂商到本制衣厂来领料;如物料不够,则依据《采购程序》进行采购;

③ 外发前跟单员应开立《外加工申请单》,并通知对应的外发加工厂商到本制衣厂取货,外发加工厂商的收货员核实好数量与货物后进行签收;

④ 根据《加工协议单》要求,产品外发加工期间,跟单员随时跟催联络外发加工进度情况,并做好交期跟催;

⑤ 如有需要,跟单员要通知业务部或是品管部门提供标准样品及相关作业文件,并将资料交于外包厂以利生产进行;

⑥ 在开货之前要做一个产前板,不可以使用代用物料,跟单员和质检员一定要认真批示。把有问题的要以纸质材料的形式,清晰注明并告之;

⑦ 大货开裁前需要开一次产前会,最好所有相关生产的人员都应全到齐。会议主要进行货期与生产过程分析,质量方面要怎么样去预防问题与控制品质;

⑧ 在外发加工厂商正式批量生产之前,如果必要,业务部门及品管部门根据实际情况应对外发加工厂商进行现场辅导,确保外发加工产品符合客户要求;

⑨ 生产过程的质量控制由外包厂商执行,生产中发现物料等质量问题应及时回馈到本厂,跟进工作主要为初期跟进、中期跟进和尾期跟进:

A. 车间质量初期跟进,在开裁前对纸样的确认、裁床裁片检验。

B. 车缝车间开货第一天,一定要安排本厂质检员到外包企业跟进,对刚开的每一道工序严格检查。简单的款式在开货后一个工作日一定要有成品,质检员要核对所有的工艺、做工、物料,需洗水的尽快送洗水试头缸,测试尺寸及颜色。较复杂款式在两个工作日一定要有成品,这一点要严格要求,这是保证大货质量的一个重要环节。所有生产中出现的问题需认真做好书面记录,一定要让外包厂方签字,以便防止类似错误的再次发生。

C. 中期跟进:大量出成品的时候,安排质检员认真的做好检验产品的工作,并做好中期检验报告。

D. 尾期跟进:此时的成衣 50% 左右在缝制车间加工,另外 50% 在整烫包装部门加工,跟单员要跟进外包企业的后整包装方法、整烫效果,及时核对,避免出货抽查发现质量问题后再拆箱返工。

⑩ 外发加工厂商把加工好的成衣送来之后,由跟单员进行核对品名、数量等,无误后方可签收;

⑪ 外发加工产品运回后,由品管部门依照客户相关验货程序与要求进行检验作业,检验合格后方可办理入库手续;检验不合格者,按次品进行处理,选出的不良品退回外发加工厂及时处理。

虽然成衣不是在本厂内生产,但是跟单员仍必须提高责任心,熟悉相关服装的工艺和质量要求,并积极与外发加工厂进行密切沟通。跟单员应按照规定的程序和方法定期进行跟踪查货,每单至少查三次,分别为前期、中期和后期。每次查货均应出具查货报告,明确需整改的问题和整改要求,并要求双方签字确认。

近年来,随着服装出口量的不断增加,出口服装企业间的横向联系日益紧密,外发成为企业生产的一种重要形式。部分地区的制衣企业外发加工业务量远远超过了企业自身的生产量。但是有的企业由于外发加工管理不善,导致产品质量不合格,给企业造成了很大的经济损失。因此,服装企业应对此引起高度重视,积极采取措施,尽量减少不必要的损失。

注:外发加工措施(Outward Processing Arrangement 简称 OPA)是指部分加工放在外面,但一部分加工在本地完成,则可领取本地的原产地证。如在国内对成衣进行裁剪、零碎部件的车缝、整烫和包装,纳膊、上袖、埋夹等主要工序在香港完成,此成衣在产品产地标签可以标注为"Made in HongKong"。此项措施是为了提升某些地区的出口优势。

表 4 - 37 所示为外色生产资料核对单。

表 3 - 37 外包生产资料核对单

工厂		款号		款式	
接单日期		订单日期			
工艺制单		生产指令单		包装资料	
样衣	颜色	数量	颜色	数量	颜色	数量
	种类 1	数量份	种类 2	数量份	种类 3	数量份
面料质卡						
罗纹质地卡						
横机领						
辅料质地卡						
	花号	颜色(货号颜色)	颜色(货号颜色)	颜色(货号颜色)	颜色(货号颜色)	颜色(货号颜色)
(齐色)印花质地卡						
(齐色)印花质地卡						
工艺核对结果						
备注						
资料核对(签名)						

任务四　生产质量监控

生产企业的生产经营活动是个复杂的过程,受到人员、机器、环境与检测等主客观因素的影响,它们引起产品质量的波动,甚至产生不合格产品。为保证成衣的质量,对生产过程中的原料、外购物料、外包加工、半成品、成品以及包装等各个生产环节进行质量检验,企业严格按照标准、工艺、图样组织生产,以确保客户利益,同时维护本企业的信誉和提高经济效益。

作为跟单员,应会同制衣厂品质管理部门人员对制衣厂生产制造成衣的全过程进行监控,以保证合格产品的生产。

生产加工过程质量控制的要求体现在以下4个方面:

① 严格贯彻执行生产质量控制计划。根据技术要求及生产质量控制计划,建立责任制,对影响工序质量的因素(5M1E即人、机、料、法、测、环)进行有效的控制。

② 保证工序质量处于控制状态。运用控制手段,及时发现质量异常并找出原因,采取纠正措施使工序恢复到受控状态,以确保产品质量稳定,达到生产质量控制计划规定的要求。

③ 有效地控制生产节奏,及时处理质量问题,确保均衡生产。

④ 生产制造过程质量管理的内容通常包括工艺准备的质量控制、生产过程的质量控制和辅助服务过程的质量控制。

一、前查(进货检验)

(一) 面料的管理

对于大货面料,跟单员必须及时查核和验证大货面料供应是否正常。按照有数据、有凭证、有手续、有制度、有秩序的原则,对面料的交期和质量以及产品防护是否符合大货的要求进行跟进。

验布包括以下几个方面:

① 评分的计算;

② 不同布种的接受水平;

③ 抽样程序;

④ 评定布匹等级的其他考虑因素;

⑤ 织物疵点专用术语(详见模块一任务二)。

(二) 辅料的管理(表3-38)

辅料(包括主唛/吊牌/价格签/合格证等)的验收必须在到工厂后三天内跟单员督促工厂点数确认,如有疑问及时反馈。必要时与辅料确认卡核对,查核现场不合格的辅料的不合格性质和数量,填写《物料异常处理记录表》;当加工厂提出补料要求时,跟单员要评估补料的合理性,填写《补料申请》报采购员以便及时补料。若为加工厂问题,补料需扣去加工厂的相应款项。

表3-38　辅料品质要求

辅料名称	品质要求
拉链	① 拉链的平直度和平整度要好,当拉链处于自然下垂状态时无波浪或弯曲; ② 拉链颜色、材质正确;无脱色、变色的现象;

（续　表）

辅料名称	品质要求
拉链	③ 链牙光亮，正面中部无凹陷，齿头吻合缜密均匀无缺牙，无缺铆现象； ④ 拉头电镀层光亮，不起皮，无划痕，涂漆拉头涂层均匀牢固，无气泡，无死角； ⑤ 拉头在上下止及插口处启动时无阻碍，拉链上下拉时要顺滑，无卡齿； ⑥ 拉头结实，经得起反复拉动； ⑦ 裙子/裤子的拉链若为普通拉链，拉锁必须能自动锁。
钮扣	① 四眼钮：实色树脂钮材料，能耐180℃熨斗烫，耐腐蚀； ② 金属钮：要求铜或铝制材料，表面涂层为环保材料，涂层表面要求色泽均匀，无起泡、无脱皮、裂纹等现象； ③ 四合钮扣起或拉开时松紧力度要适中，不能拉破面料； ④ 钮扣颜色、材质正确，不脱色、变色； ⑤ 无任何影响外观和使用性能的质量问题； ⑥ 开合顺畅，拉力符合要求。
织唛	① 主标（主唛）：书写正确、完整、清晰，不能残缺不齐； ② 尺寸标（尺码唛）：尺寸标书定正确、清晰、完整，与设计规格相符，颜色要同主标一致； ③ 侧唛（旗唛）或下摆唛书写清晰； ④ 洗标（洗水唛）： A. 洗标的款名与尺寸单一致，标准号书写正确，洗涤方式图文相符，符号和文字印织/书写正确； B. 洗水唛上的文字符号必须清晰、耐洗； C. 同一系列的服装标识不能打错。 所有织唛密度要好，不能暴露底色浮纱，字迹图案要求清晰；外观要平整，热切织唛周边切割要平齐；织唛不能收缩变形，特别是要做贴布绣加工的，更要求整批织唛形状大小要求统一。
织带	织带外观要求质地紧密、色泽均匀、手感柔软、纹路清晰，表面无污渍、结头、抽纱等不良现象；色牢度要好，要求达到4级以上；使用前要检查其色牢度、缩水率等项目。
挂牌	要求吊牌合格证的图案、字体清晰，不掉色，内容正确。条形码字体条码清晰、不黏不断，用识码器能识别。
胶袋	胶袋的质地要求正确，一般采用PE材料，印刷内容正确、清晰，不掉色。胶袋厚度尺寸等要符合确认样标准，胶袋封口胶黏性要达到要求，侧缝要求牢固。
纸箱	纸箱的质地、厚度等要符合确认样。纸箱的主唛、侧唛内容要求正确，字体、图案要求清晰、不掉色，排版位置正确。
其他	按客户批复的质地样要求

二、中查（过程检验）

1. 唛架和缩水的控制

① 确保跳码的准确性；

② 一定要测缩率或烫缩，确保缩率的准确性；

③ 根据缩率的不同分排唛架；

④ 裁剪前要检查唛架（款式、单号、门幅、部件、布的裁向及布纹、毛向、剪口、尺码分配等等）；

⑤ 查看裁床缝纫裁片检验报告，开裁后主要查看从上、中、下的抽取裁片尺寸是否在容许范围内（表3-39至3-41）。

表 3-39 成衣裁片度量的部位和参考要求

部位名称	允许范围(cm)	
	机 织	针 织
领围	0.3	0.3
袖臂	0.3	0.6
衫长	0.5	0.6
胸围	0.5	0.6
袖长	0.5	0.6
腰围	0.5	0.6
臀围	0.5	0.7
前浪	0.5	0.7
后浪	0.5	0.7
内长	0.6	0.7
腿围	0.5	0.5
脚围	0.3	0.3

表 3-40 裁片对格对条检验的内容和参考要求

部位名称	对格对条规定	允许范围(cm)	
		机织	针织
左右前片	条料顺直、格料对横	0.2	0.2
袋与前片	条料对条、格料对格	0.2	0.2
斜料双袋	左右袋对称	0.3	0.3
左右领尖	条格对称	0.2	0.2
袖口	对直条为主	0.3	0.3
长袖	以袖头顶为准对横	0.3	0.5
短袖	以袖子边为准对横	0.3	0.5

表 3-41 裁片疵点检查内容和参考标准

疵点名称	位 置	大小程度	大疵	小疵
油渍/污渍/染渍	任何位置	不可清除	√	
油渍/污渍/染渍	任何位置	可以清除		√
破洞	任何位置	任何程度	√	
布疵、粗纱、色纱、抽纱、结头	任何位置	>1/2″以上	√	
布疵、粗纱、色纱、抽纱、结头	任何位置	等于 1/2″或 1/2″以下		√
断纱	任何位置	断两根纱或两根以上	√	
断纱	任何位置	断 1 根纱		√
稀纬、粗经	任何位置	1/4″以上	√	

（续　表）

疵点名称	位置	大小程度	大疵	小疵
稀纬、粗经	任何位置	等于1/4″或1/4″以下		√
带纱、粗纱、横档	任何位置	1/4″以上	√	
带纱、粗纱、横档	任何位置	等于1/4″或1/4″以下		√
尺寸不良	任何位置	超出允许范围	√	
色差	任何位置	影响外观	√	
色差	任何位置	不影响外观		√

2. 车缝质量控制

跟单员要关注工厂车缝线在线质检员（QC）的检验报告，跟单员每日巡查所有工厂的半成品质量，抽查的最低频度为每天每组至少抽查一次，尺寸抽查频度为每次测量3件，其他项目的抽查频度为每次至少十件（表3-42）。首次抽查，要确认首检中不合格项是否得到纠正，而后的每次抽查均要确认前一次抽查的问题是否得到纠正并达到公司允收标准。每次抽查跟单员必须做记录，对于批量性的质量问题或工厂纠正整改不彻底，要及时向上级领导反馈，由上级领导负责解决。

在重点工序应该将参考样衣提供给车间车位工作为参考，特别是开筒工序和制领工序。若发现尺寸超差，必须将之前生产的成衣全数返查。

表3-42　成衣半成品每道工序的检查内容和要求

序号	工序	注意问题
1	开筒	是否歪筒、露筒，宽窄是否一致，主条是否正确
2	纳膊	检查是否有长短膊，肩带是否正确，有否起皱、起波浪
3	上领	领是否正确、平服、美观、圆顺
		黏衬的要看其有否出现起皱以及朴印出的污渍
		领与衫身是否符合要求，是否跟衫身罗纹
		领圆拉度的尺寸要足，是否有跳线，接口要平服，看有没有针洞
4	上袖	检查袖隆是否圆顺，不起皱
		罗纹袖，袖子与衫身是否存在色差
		左右袖长短必须一致，左右对称，网袖袖口必须圆顺，看是否有打褶、爆口，罗纹袖口、缝接处高低是否一致
5	装袋	尺寸是否符合要求
		袋是否有高低，与衫身是否有色差
		是否对条、对格
6	埋夹	是否对条
		夹底十字缝是否对准

序号	工序	注 意 问 题
7	网脚	网线是否顺直,子口大小是否均匀,有否跳线、落坑
		是否有一定的收缩率
8	车衩	尺寸是否符合要求
		左右长短是否一致,是否对条
9	开钮门/钉钮	位置是否正确,数量是否正确
		钮线是否牢固,是否正确
		钮门是否整洁,钮门大小是否适中
10	车前袋	袋口是否顺服,间线是否均匀,左右袋是否高低、长短不一,度量其尺寸看是否符合制单要求
11	埋前档/后档	包缝线路是否过松或过紧,左右是否有色差,间线是否均匀,是否爆口,是否有针洞,度量其尺寸,看是否拉长或缩短
12	侧缝	拼条是否均匀、顺直,大小与颜色是否符合制单要求,对左右侧缝是否长短,前后片是否有色差
13	埋内档	档底十字是否对准,档底是否牢固
14	车脚	网脚是否顺直,子口大小是否均匀,是否跳线、落坑,罗纹脚则看接缝处是否爆口、打褶,高度是否均匀,度量其内长尺寸,看是否符合制单要求
15	做裤头	钮门位置是否正确,是否有高低,度量橡筋与腰围尺寸是否符合制单要求,间线是否均匀,是否间住钮门,锁链线是否跳线
16	上裤头	裤头是否顺直、均匀,裤头与裤身缝接处是否有爆口、打褶、针洞、露子口
17	唛头	主唛与尺寸唛是否相符
		实际尺寸与唛头尺寸是否相符
		唛有否次、歪、打褶,位置是否符合要求

当生产线上有成品完成时,要求工厂先烫齐码样衣 200 件以上,跟单员从中抽取 50 件及时度量尺寸和查衫,核对辅料、印花等位置是否正确,检查线号、线色、线的质量是否符合工艺要求,检查各部位(特别是开领、开袋等)的针距、线路是否符合工艺要求,能否达到产前板样衣效果。然后填写《样板鉴定书》,以便确认大货效果(表 3 - 43 至表 3 - 45)。

当巡检过程中,发现不良品无法得到控制时,应及时上报工厂高阶管理人员给予协调解决,并填写报告。

表 3 - 43　100% 检查成衣正面的内容和要求

序号	检查部位	操作过程	检查内容	外观要求
1	领部	整理好领子,领圈部位	领形是否正确、平服、美观,圆领领圈是否圆顺	领形端正,不得歪斜,左右翻领一致、对称;领子平整对称,圆领圈圆顺,袖隆圆顺
			滚领领边和罗纹领边是否宽窄一致	
			领子布料与大身色差是否符合规定要求	
			有无漏针、跳线、针洞、线头;有无叠领	

（续　表）

序号	检查部位	操作过程	检查内容	外观要求
2	前片	领部在上方、平摊在检验台上	有无面料疵点和印花疵点	袋口平服,封口牢固
			有无水渍、污渍、油迹等沾污性疵点	
			印花、绣花位置准确、线色一致、轮廓完整、绣花线不外露	
			口袋是否端正、平服	
			口袋布料与大身色差是否符合规定要求	
			倒回针处是否加固	
3	前筒	扣好钮扣	筒宽窄是否一致,钮扣与钮门是否对位、钮门不偏斜,大小适宜,钉扣牢固 拉链是否顺滑,有无损坏等	
4	纳膊(先左后右)	量长短袖	间线是否符合规定要求、均匀 夹圈是否圆顺,不起皱 罗纹袖,袖子和衫身色差是否符合规定要求 两袖子长短应一致,两袖口大小应一致 夹底是否对齐	
5	查尺码	将胸围铺平	胸围量到相应的纸样上,查有否错码	
6	后片	将后身向上,领部在上方,衫脚在下方,平摊在检验台上,检验整体并用两手轻拉左右侧骨	有无面料疵点	
			有无水渍、污渍、油迹	
			布纹是否歪斜	
			拉脚车间线宽窄一致;是否拉断线、是否有针孔	
			罗纹脚与衫身色差是否符合规定要求	
7	侧缝	将侧缝铺平	是否拉断线	
			是否有针孔	
			是否对条	
8	备用钮	检查士啤钮等	有无漏钉与错钉 位置是否符合要求,是否牢固	钮门位置正确,线迹美观,钮与钮门位相宜
9	外形及线路		各部位压线 0.1cm、0.3 cm、0.6 cm 是否准确,单双线大小是否均匀,坎双针是否平服	外型平挺、整洁、线头修净,各部位线路顺直,松紧适宜、整齐、牢固,对称部位和双明线宽窄一致平缝机针迹缝到边口处,沿边包缝合处,必须打回针; 条格、花型面主要部位应对条对格,纹路倒顺一致
10	商标及绣花			商标、尺码、洗涤说明等标志位置正确、整齐、牢固,符合确样要求;绣花位置正确,轮廓完整,绣花不外露

表 3 - 44　裤装检查顺序和要求

序号	部位名称	部位状态
1	唛头	是否正确,轻拉唛头位置是否牢固,位置是否端正、准确
2	裤头	拉直裤头橡筋,看间线是否平直、均匀,是否有针孔
		有棉绳的要看棉绳是否正确,长短是否适宜,是否配色
3	前片	袋两边是否对称,间线是否有大小,尺寸是否正确,是否有反光、落坑、漏打枣现象
		前裆是否起皱、圆顺,间线是否均匀,是否有跳线、断线、爆口等现象
		看是否有布疵、污渍等
		前片裤脚间线是否均匀、断线、跳线等
4	侧缝	是否顺直、平服,有否起皱,拉开侧骨看是否有针孔、爆口现象
5	内裆	是否顺直,有否起皱、扭脚,是否对十字骨,埋夹是否有爆口
6	后片	后片装袋是否正确,袋与裤身是否有色差,纹路是否顺直,有否返针、打枣
		后裆是否圆顺,是否有跳线、断线、爆口等现象
		是否有布疵、污渍等
		后片裤脚间线是否均匀、是否有断线、跳线等现象
7	左右裤长	是否长短不齐,裤口阔两边大小是否一致
8	裤里面的其他唛头	是否正确,有否松脱
9	裤内	是否正确,有否松脱

表 3 - 45　成品疵点标准和要求

类别	疵点名称	程度	位置	大疵	小疵	备注
纱疵	细纱	明显		√		
	粗纱	明显	主要部位	√		
			次要部位		√	
	色纱	明显	主要部位	√		
			次要部位	√		
织疵	飞花	明显	主要部位	√		
			次要部位		√	
	修痕				√	
	断纱	明显		√		
缝制疵点	缝制不良	严重		√		
		轻微			√	
	线头		主要部位	√		
			次要部位		√	
	钮子、钮门不良			√		
	针洞					

（续　表）

类别	疵点名称	程度	位置	大疵	小疵	备注
缝制疵点	断纱、破洞			✓		
	污渍	明显		✓		
		较明显			✓	
	绣花不良	严重		✓		
		轻微			✓	
	尺寸	超出允许范围		✓		
	漏车唛、士啤钮			✓		
针织产品缝制疵点	（紧）稀路针	线圈纵行排列稀密不匀的纹路				在成衣生产过程中，由于部分面料柔软，尤其是针织面料、弹力面料或轻薄面料均易拉伸变形，再加工受机器设备本身状况和安装上的故障、执行工艺不严格、操作不当等因素的影响，会造成编织疵点、染整印花疵点以及缝制不良和尺寸不符等缺陷，不同程度地影响着成品的美观，因此要特别留意
	横路（横条）	一个或数个线圈横列在外观上不同于正常的横列				
	破洞	一个或更多的相邻的线圈断裂形成的窟窿				
	错纱	使用了不符合要求的纱线				
	色差	同一件衣服衫身与袖的罗纹出现色差				
	飞花	局部或大面积的不规则的颜色差异				
	纹路歪斜	线圈纵行和横行呈现不垂直的外观				
	线头	连在成品上的为"死线头"，黏附于成品表面的为"活线头"				
	绣花不良	错绣、漏绣，质量达不到规定效果，绣线错				
	漏缝	缝合处局部未被缝合				

3. 洗水成衣质量检查

若成衣要洗水，开裁前需获得洗水参考板；成衣洗水需先试头缸，以确保达到洗水效果及洗水缩率的稳定性（洗后尺寸达到规定的要求）。洗水参考板必须得到妥善的保管，每缸必须查5件以上成衣的洗水质量（手感、色差以及洗污等）。

4. 整烫包装质量检查

原则上，成衣整烫时不能拉烫以免影响尺寸的稳定性；烫衫效果重点要求产品平整、整洁、大方、美观，同时注意不可有亮光、污迹、烫黄、烫痕、折印、漏烫等现象。小包重点检查合格证、洗水唛、尺码唛的款号、面料成份、洗涤说明等内容是否与工艺单相符，避免挂错挂牌、车错码等现象;查胶袋规格及码数是否和所包产品相符。对于敏感色或深浅色配色的成衣需特别留意沾色现象,需用拷贝纸——隔开方可包装入袋。大包重点检查包装组的管理,是否已分不同区域分放及包装产品;纸箱规格是否与工艺单或我司要求包装数量相符,纸箱规格偏大偏小或包装不饱满都不允许。

三、尾查(最终检验)

成衣整烫包装完毕后,跟单员要再次落实成衣用料(面料、配布、车缝线、唛头、金属饰物等)、车缝工艺、印花、绣花以及洗水效果、色差、手感,烫、折、包装等都要与工艺说明书及封样(或批板)相一致,任何有不一致的地方都必须事先通知上级管理部门并及时与客户进行沟通。

1. 成品查验项目

① 查验物理测试结果是否合格:验证成衣物理测试报告,确认成衣是否通过规定项目的测试并达到规定指标的要求;

② 查验外包装及内包装是否符合制单的要求:跟单员必需确认产品的折叠方法、包装尺寸、包装附件(吊牌、防潮纸等)、防潮袋的使用是否符合规定(防潮袋外贴上袋标),并注意箱标、袋标是否正确,与实物是否相符(每个纸箱两个箱标);

③ 查验成衣尺寸,确定尺寸是否符合规定的要求;

④ 查验尺寸偏差容许范围是否在客户要求范围内(表 3-46 和表 3-47)。

表 3-46 某公司的成品下装尺寸容差(cm)

序号	部位	差值	裤子		裙子	序号	部位	差值	裤子		裙子
			女装	男装					女装	男装	
A	腰围	+/-	2	1.5	2	F	前裆	+/-	0.5	0.5	
B	臀围	+/-	2	1.5	2	G	后裆	+/-	0.5	0.5	
C	大腿围	+/-	1	1		H	内长	+/-	1	1	
D	膝围	+/-	1	1		I	拉链长	+/-	0.5	0.5	
E	脚口	+/-	1	1		J	下摆	+/-			2

表 3-47 某公司的成品上装尺寸容差(cm)

部位	序号	差值	背心	T恤	衬衫	西服	茄克类	外套类	羽绒服	连衣裙	毛衫
肩宽	AM	+/-	0.5	0.5	0.5	0.5	0.5	0.5			
	AW	+/-	0.5	0.5	0.5	1	1	1	1	1	2
胸围	BM	+/-	1.5	1.5	1.5	1.5	1.5	1.5			
	BW	+/-	1	1	1	2	2	2	2	2	3
腰围	CM	+/-	1.5	1.5	1.5	1.5	1.5	1.5			
	CW	+/-	1	1	1	2	2	2	2	2	3
臀围	DM	+/-				1.5	1.5	1.5			
	DW	+/-				2	2	2	2	2	
下摆	EM	+/-	1.5	1.5	1.5	1.5	1.5	1.5			
	EW	+/-	1	1	1	2	2	2	2	2	3

（续　表）

部位	序号	差值	背心	T恤	衬衫	西服	夹克类	外套类	羽绒服	连衣裙	毛衫
后衣长	FM	+/−	1	1	1	1	1	1			
	FW	+/−	1	1	1	1	1	1	1	1	2
袖长	GM	+/−	1	1	1	1	1	1			
	GW	+/−	1	1	1	1	1	1	1	1	2
袖根肥	HM	+/−	0.5	0.5	0.5	0.5	0.5	0.5			
	HW	+/−	0.5	0.5	0.5	0.5	0.5	0.5	0.5	0.5	1
袖根肥	HM	+/−	0.5	0.5	0.5	0.5	0.5	0.5			
	HW	+/−	0.5	0.5	0.5	0.5	0.5	0.5	0.5	0.5	1
袖口宽	IM	+/−	0.5	0.5	0.5	0.5	0.5	0.5			
	IW	+/−	0.5	0.5	0.5	0.5	0.5	1	1	1	1
后领宽	JM	+/−	0.5	0.5	0.5	0.5	0.5	0.5			
	JW	+/−	0.5	0.5	0.5	0.5	0.5	0.5	0.5	0.5	0.5
前领深	KM	+/−	0.5	0.5	0.5	0.5	0.5	0.5			
	KW	+/−	0.5	0.5	0.5	0.5	0.5	0.5	0.5	0.5	0.5
后领深	LM	+/−	0.5	0.5	0.5	0.5	0.5	0.5			
	LW	+/−	0.5	0.5	0.5	0.5	0.5	0.5	0.5	0.5	0.5
领围	HM HW	+/−			0.5						

（注：M—男装，W—女装）

四、不合格产品管理

不合格产品的定义是"没有满足客户的某个要求的产品"（表3-48）。任何情况下对于不合格产品都应坚持质量检验的"三不放过"原则，即"不查清不合格原因不放过，不查清责任者不放过，不落实改进措施不放过"。

1. 不合格品的管理

不合格品的管理不但包括对不合格品本身的管理，还包括对出现不合格品的生产过程的管理。

① 当生产过程的某个阶段出现不合格品时，决不允许对其作进一步的加工。

② 对于不合格品本身，应根据不合格品管理程序及时进行标识、记录、评价、隔离和处置。

③ 对已作了标识和记录的不合格品，应存放在指定位置等候评审和最终处置，在此期间，不合格的产品应实行严格控制，以防在此之前被动用。

2. 不合格品的处置（表3-49）

① 返工：可以通过再加工或其他措施使不合格品完全符合规定要求。

② 返修：对其采取补救措施后，仍不能完全符合质量要求，但能基本满足使用要求。

③ 原样使用：不合格程度轻微，不需采取返修补救措施，仍能满足预期使用要求，而被直接让步接收回用。这种情况必须有严格的申请和审批制度，并得到客户的同意。

④ 降级：根据实际质量水平降低不合格品的产品质量等级或作为处理品降价出售。

⑤ 报废：如不能采取上述种种处置时，只能报废。

表 3-48 某公司的成品外观鉴定书

客户		产品名称			款号			检查时间		
颜色1					颜色2			季度		
包装	□正确		□不正确							
材料		面料	□正确		□不正确		不正确说明：			
		辅料	□正确		□不正确		不正确说明：			
部位／尺寸										
规格误差 cm	误差									
	误差									
	误差									
	误差									
	误差									
绣花		□合格	✓不合格		外观：		尺寸：		工艺：	
印花		□合格	□不合格		外观：		尺寸：		工艺：	
其他		□合格	□不合格		外观：		尺寸：		工艺：	
尺寸问题	判定：					□合格		□不合格		
试穿结果			是否有异味							
文字核对			标识核对							
工艺问题										
判定	□合格		□不合格		□重打样					
	车缝组：		面料科：			工艺科：			技术部：	
	跟单员：		绣印花组：			整烫包装部：			质管部：	

表 3 - 49　不合格品处理单

客户	品名	款号	颜色	数量	样本量	不合格类型

不合格描述：		
部门	处理意见	签名
采购部		
裁床		
车缝车间		
印花/绣花部		
整烫包装		
品管部		
最终处理方案		
责任单位	改善方案	
签名		

制表：　　　　　审批：　　　　　　　日期：

>>>>项目六 出货与剩余物资处理<<<<

面料到厂后可根据工厂的实际情况到车间跟踪一下生产进度,以便更好地与客户沟通,并及时让客户了解工厂的大货生产情况,以备在出现特殊情况时(如交期不及时、不能按时交货等)让客户在第一时间得到消息,避免出现客户提前订好船期或空运,因退仓不及时而给工厂造成不必要的损失。

跟单员提前6～7天提供商检资料给出货部门,并与客户协商最后入仓期,跟进装箱单、进仓单、出口证等出货资料,及时安排出货,对于箱唛、条形码、包装袋会有不同要求,应当引起注意,并以书面形式下达给包装部:

① 出货时间、数量、入货时间,及时通知相关部门(根据入货通知时间及时安排发货,如不能保证交货,及时同船运公司或客户协商处理)(表3-50);

② 订舱、报关;

③ 办理内部发货手续;

④ 船样及相关事宜,船样一般在大货出货前6～10天给客户寄出。

表3-50 周出货计划表

厂内编号	客户	款号	颜色	品名	预测入库数规格						合计	预测入库时间	结果	出货组回复
					XS	S	M	L	XL	2XL				
ZS05521	A	1577227	果绿	女上衣	0	790	1470	1620	1040	480	5 400	7月5日		7月5日
GS05529	B	5772279	正黑	男上衣	0	220	380	460	330	120	1 510	7月5日		7月5日
ZS05522	C	9967331	正白	男短T	0	100	230	280	270	150	1030	7月5日		7月5日
GS05530	D	1416283	正白	女短T	334	977	691	474	287	29	2792	7月5日		7月5日
ZS05523	E	1837435	正黑	男长T	144	210	250	80	50	20	754	7月5日	出	7月5日
GS05531	F	2255487	玫红	男长T	83	307	278	140	87	50	945	7月5日		7月5日
ZS05524	G	2674539	深蓝	男裤	120	430	460	280	100	20	1 410	7月3日		7月3日
GS05532	H	3094291	正白	男裤	60	270	300	200	60	20	910	7月3日	出	7月3日
ZS05525	I	3517643	玫红	女短T	120	480	480	340	110	30	1560	7月3日		7月3日
GS05533	J	3932695	深蓝	男上衣	0	210	240	300	180	110	1 040	7月3日	出	7月3日
XS0552	H	4352747	正白	男上衣	0	280	610	500	410	90	1890	7月3日		7月3日

(一)出货阶段

1. 船头板

一般是齐色码。在出货前的一周寄向客户提供的地址。船头板将作为客人在收货时核对提货的样板。

2. 尾期验货

跟单员在出货前的三天,向客户出示相关的成衣合格检测证书后,向客户申请看货。在客户授权的质检员(QC)或跟单员看货合格,并签发合格验货报告后方可出货。

尾期看货,关系到能否顺利按时出货,所以应预先通知整烫包装部做好准备,并配合好客户看货,确保货物顺利出货。

3. 提供装箱指令

对于特殊的出货方式,如分口岸、分批等,跟单部需提前向整烫包装部提供装箱及出货方法的不同细则。整烫包装部按跟单员的装箱指令安排装箱。

4. 装箱单

整烫包装部装箱后,向跟单员提供装箱的详细资料,由跟单员按客户的要求开具装箱单给客户。客户对装箱单可能有不同的格式要求,跟单应按照客户要求提供相关资料。

出货的装箱单要同时提供一份给公司财务备案,用于收取货款。

5. 货运

要配合不同订单的不同出货方式。一般有客户指定货运代理来提货的,制衣厂需考虑到货物的安全,要向客户索取托运委托单,凭委托单再验证货运公司的资料及托运单,等资料无误后再允许发货。属出口单的,在出货时跟单员要协助获取和办理货物的单证手续,如出货的体积重量、封签纸等等,再将相关资料提供给报关操作。

(二) 出货后

1. 对数

有些客户除了提供装箱单对数后,还会提供出货数要求对数确认,跟单员要配合好对数工作并将其资料提供一份给公司财务(表3-51)。

对于出口单在出货的限定时间内跟单员要向货运代理相关人员索取一份提单副本给公司财务,以便办理出口退税。

表3-51 查货出货信息表

尾查日期	合同期	预计出货日期	装箱单数量	实际出货日期	实际出货数量	余数	逾期天数	备注/解决方法

2. 订单总结

在出货的一周内,跟单员要对已出货的订单做整体的成本与用料的分析总结,作为下一步工作改进的依据。

任务二　验货跟进

一、抽样

每个客户对产品的质量检验都有相应的标准,如果跟单员不按订单的质量进行严格把关,势必造成成衣交货后出现一系列的问题。常见的检验方法如下:

全数检验就是对待检产品100%地逐一进行检验,又称全面检验或100%检验。

抽样检验是从一批交验的产品(总体)中,随机抽取适量的产品样本进行质量检验,然后把检验结果与判定标准进行比较,从而确定该产品是否合格或需再进行抽检后裁决的一种质量检验方法。

1. 抽样中涉及的有关术语

① 批:同样产品集中在一起作为抽验对象,一般来说一个生产批即为一个检验批。可以将一个生产批分成若干检验批,但一个检验批不能包含多个生产批,也不能随意组合检验批;

② 批量:批中所含单位数量;

③ 抽样数:从批中抽取的产品数量;

④ 不合格判定数(Re):Refuse 的缩写即拒收;

⑤ 合格判定数(Ac):Accept 的缩写即接收;

⑥ 合格质量水平(AQL)和不合格质量水平(RQL):在抽样检查中,认为可以接受连续检查批的过程平均上值,称为合格质量水平。实际当中,常用百单位产品合格数或不合格数来表示产品的平均质量。

2. 在客户抽样验货抽样及外包装检查注意点

① 制衣厂必须将报检产品按款式、颜色、规格在同一区域摆放整齐,并确保验货员可直接观察并抽查到报检的任一箱产品,一般情况下同一货板只能放置同款同色同规格的产品;

② 根据《验货申报单》和工厂装箱单核对报检货号、款式、数量、颜色、规格是否与实物相符,一般同款同色产品一次报检为一个批次;

③ 查看报检产品的外包装箱,外包装箱坍塌、变形、破损、潮湿的,该箱成衣将会被拒收,查看报检批的外箱标识与装箱单是否相符;

④ 一般每批次抽取的样本箱数量为该批次报检总箱数的平方根,客户所抽取的样本箱一般包含每色每码;

⑤ 验货员在开始验货时,首先核对包装箱内产品的款式、数量、颜色、规格与箱外标示是否相符,并将生产厂名、产品名称、款号、批量等相关信息登记在《现场验货登记表》《服装成品验货报告》中。

制衣厂应安排人员配合验货员打开样品包装,并在验货完成后将样品重新包装好。在成衣生产实际当中,客户会要求制衣厂对其所生产的服装进行100%检验的同时,必须根据各款服装的实际订单数,按比例对所有大货进行抽验,具体的抽验数量不得低于AQL2.5(一般用严格抽样检验计划)的标准(表3-52和表3-53)。

表 3 - 52　抽样水平标准

批量	抽样数量	Acceptable quality level（接受水平）			
		1.5	2.5	4.0	6.5
51 - 90	13	0	1	1	2
91 - 150	20	1	1	2	3
151 - 280	32	1	2	3	5
281 - 500	50	2	3	4	7
501 - 1 200	80	3	5	7	10
1 201 - 3 200	125	5	7	10	14
3 201 - 10 000	200	7	10	14	21
10 001 - 35 000	315	10	14	21	21
35 001 - 150 000	500	14	21	21	21
150 001 - 500 000	800	21	21	21	21

表 3 - 53　严格抽样检验计划

批量	抽样数量	Acceptable quality level（接受水平）			
		1.5	2.5	4.0	6.5
51 - 90	20	1	1	1	2
91 - 150	32	1	1	2	3
151 - 280	50	1	2	3	5
281 - 500	80	2	3	5	8
501 - 1 200	125	3	5	8	12
1 201 - 3 200	200	5	8	12	18
3 201 - 10 000	315	8	12	18	18
10 001 - 35 000	500	12	18	18	18
35 001 - 150 000	800	18	18	18	18
150 001 - 500 000	1 250	18	18	18	18

二、验货

服装后期验货是指订单服装出货前的最后一次检验,检验合格则可按相关程序出货,出口服装可以进仓报关。服装后期验货,是所有检验中程序最复杂、责任最重大的一次检验,一般由客户自己或委托专业的验货机构来进行检验,也有的客户委托订单生产企业的跟单员来完成,无论哪种情况都要求跟单员现场陪同(表 3 - 54 至表 3 - 57)。

表 3-54　某公司成衣外观质量抽检表

客户名称:＿＿＿＿＿　款　号:＿＿＿＿＿＿　厂内货号:＿＿＿＿＿　抽检实际数:＿＿＿＿＿

客户编号:＿＿＿＿＿　产品名称:＿＿＿＿＿　生产数量:＿＿＿＿＿　抽检批次:＿＿＿＿＿

请在要检验的项目中打"√":＿＿＿＿＿　检测报告□　　装箱单□＿＿＿＿＿

外观质量缺陷记录		
说明:数字代表1～10件成衣,请在相应成衣相应缺陷方格内作分级标记(红陷 X 性,质分级标记:轻缺陷'√'重缺陷'△'严重缺陷'×')		
1. 包装缺陷	2. 印绣花/辅料/装饰配件缺陷	3. 面料瑕庇
a. 吊卡内容不清/吊卡挂错 1 2 3 4 5 6 7 8 9 10	a. 印/绣花标与衫身色差 1 2 3 4 5 6 7 8 9 10	a. 抽纱/杂砂　1 2 3 4 5 6 7 8 9 10
b. 包装折叠不端正/不规范 1 2 3 4 5 6 7 8 9 10	b. 印/绣花装饰标位置偏差 1 2 3 4 5 6 7 8 9 10	a. 抽纱/杂砂　1 2 3 4 5 6 7 8 9 10
c. 包装袋破损/不合规范 1 2 3 4 5 6 7 8 9 10	d. 印花脱落/龟裂/掉色/露底 1 2 3 4 5 6 7 8 9 10	c. 色差　1 2 3 4 5 6 7 8 9 10
d. 包装袋标识与内装实物不符 1 2 3 4 5 6 7 8 9 10	e. 绣花变形/串色/浮线/松脱 1 2 3 4 5 6 7 8 9 10	d. 破洞　1 2 3 4 5 6 7 8 9 10
e. 外箱标识与内装实物不符 1 2 3 4 5 6 7 8 9 10	f. 织带掉色/互染/抽纱/收缩严重 1 2 3 4 5 6 7 8 9 10	e. 飞花　1 2 3 4 5 6 7 8 9 10
f. 包装规格/件数不符包装要求 1 2 3 4 5 6 7 8 9 10	i. 铁扣松紧/掉滚/锈蚀 1 2 3 4 5 6 7 8 9 10	f. 纱向不顺　1 2 3 4 5 6 7 8 9 10
g.	j. 商标/洗涤说明标识不清 1 2 3 4 5 6 7 8 9 10	g. 折痕/起横　1 2 3 4 5 6 7 8 9 10
4. 整体外观及各部位缝制缺陷		
上装及裤装	上装	裤装
a. 线头未修干净　1 2 3 4 5 6 7 8 9 10	o. 领反袖/不平服/领尖长短 1 2 3 4 5 6 7 8 9 10	o. 左右裤脚长短不一/起吊 1 2 3 4 5 6 7 8 9 10
b. 断线/跳针　1 2 3 4 5 6 7 8 9 10	p. 领型变形/不圆顺/领顶高低 1 2 3 4 5 6 7 8 9 10	p. 裤头容位不均/包裤头不饱满 1 2 3 4 5 6 7 8 9 10
c. 针距不符合　1 2 3 4 5 6 7 8 9 10	q. 领骨左右不对称　1 2 3 4 5 6 7 8 9 10	q. 裤袋口不方正/左右袋高低 1 2 3 4 5 6 7 8 9 10
d. 爆缝/脱缝　1 2 3 4 5 6 7 8 9 10	r. 肩走前一/左右长短 1 2 3 4 5 6 7 8 9 10	r. 开袋笑口/爆口 1 2 3 4 5 6 7 8 9 10
e. 缝位扭曲/不顺　1 2 3 4 5 6 7 8 9 10	s. 领捆压线大小/不平服 1 2 3 4 5 6 7 8 9 10	s. 袋口打枣不良 1 2 3 4 5 6 7 8 9 10
f. 包捆不均匀/露止口 1 2 3 4 5 6 7 8 9 10	t. 门襟宽窄/歪斜/暴止口/筒底打褶 1 2 3 4 5 6 7 8 9 10	t. 左右脚口大小/歪斜 1 2 3 4 5 6 7 8 9 10
g. 滚牙大小不一　1 2 3 4 5 6 7 8 9 10	u. 露底筒/扣拉不准 1 2 3 4 5 6 7 8 9 10	u. 坎脚口弯曲/毛边/不平齐 1 2 3 4 5 6 7 8 9 10
h. 皱褶/打褶　1 2 3 4 5 6 7 8 9 10	v. 拉链不平履不直/拉动不顺 1 2 3 4 5 6 7 8 9 10	v. 裤侧缝不顺直/撇脚 1 2 3 4 5 6 7 8 9 10
i. 黏衬部位脱胶/起皱 1 2 3 4 5 6 7 8 9 10	w. 口袋不正/左右袋高低 1 2 3 4 5 6 7 8 9 10	w. 裤滚底不对缝/漏打枣 1 2 3 4 5 6 7 8 9 10
j. 熨烫不良　1 2 3 4 5 6 7 8 9 10	x. 开袋笑口/枣位不准 1 2 3 4 5 6 7 8 9 10	x. 裤头绳长度不够/欠打结 1 2 3 4 5 6 7 8 9 10
k. 商标不居中/脱落 1 2 3 4 5 6 7 8 9 10	y. 两袖长短/起吊/袖口大小 1 2 3 4 5 6 7 8 9 10	
l. 侧缝扭曲不对称　1 2 3 4 5 6 7 8 9 10	z. 缩袖夹圈容位不均/不圆顺 1 2 3 4 5 6 7 8 9 10	
m. 压线大小/露止口 1 2 3 4 5 6 7 8 9 10	a1. 下摆不平服/扭曲/起吊 1 2 3 4 5 6 7 8 9 10	
n. 止口处反光　1 2 3 4 5 6 7 8 9 10	b1. 罗纹高低/容位不均 1 2 3 4 5 6 7 8 9 10	

（续 表）

5. 其他补充						
不符合样号		不符合数量		样品等级		符合品等率
批结论：	合格 □	不合格 □	处理方案：	可出货 □		返工 □
备注：						

客户/质检员：　　　　　跟单员：　　　　　查货日期：

表 3 - 55　广州市纤维产品检测院验货测试协议书

国家纺织品服装产品质量监督检验中心（广州）
GTT 广州市纤维产品检测院

广州市海珠区滨江中路皂芳围35号之二
电话：（020）34402328 34402339
传真：（020）34402337 34402332
邮编：510220
网址：www.gtt.net.cn

验货测试协议书

委托单位： ***			联系人：XXX	电话：XXXXXXXX
地址： XXXXXXXXXXX				传真：XXXXXXXX
生产单位： XXXXXXXXXXX		联系人：XXXXXX	电话 XXXXXX	传真：XXXXXXXX
地址： XXXXXXXXXXX			手机 XXXXXX	邮箱：XXXXXXXX

缴费单位：（付款时请注明相关报告书编号）：　□ 委托单位　☑ 生产单位　□ 其它单位：

样品信息	样品名称： ***		样品数量： 1米
	号型规格：		商标：
	批号款号： ***		验余样品处理：
	原料成份： XXXXXXX		□ 退回　☑ 消耗

样品颜色及描述：（客户必填） ***

洗涤方法： △ ▽ □ ⎕ ⊟ ○	相关报告书编号：

检验依据：　***
执行标准

测试要求	1 □ 外观质量　□ 标识	12 色牢度：☑ 水洗　☑ 汗渍　☑ 摩擦　☑ 水浸
	2 □ 内在质量	□ 熨烫　□ 干洗　□ 唾液　☑ 光汗　☑ 耐光
	3 □ 全项目（外观 + 内在、理化）	
	4 ☑ 成份含量　□ 特种毛绒　□ 麻纤维含量	
	5 甲醛：☑ 直接　□ 非直接	13 起毛球：□ 轨迹　□ 箱式
	6 PH值：☑ 直接　□ 非直接	14 ☑ 顶强　□ 胀强
	7 □ 可分解芳香胺染料（偶氮）	15 □ 断强
	8 ☑ 异味　□ 有包装　□ 无包装	16 □ 摆锤撕强　□ 单舌撕强
	9 □ 缩水率　□ 洗后外观　□ 洗后扭曲	17 □ 纰裂程度
	10 □ 干洗缩率　□ 洗后外观	18 □ 剥离强力　□ 后裆缝强
	11 □ 建议洗涤标识	19 ☑ 重量　□ 幅宽　□ 密度　□ 纱支

其它测试及说明：　1、光汗和耐光色牢度两项合在一起另出一份报告书
　　　　　　　　　2、耐皂洗色牢度用单纤测试

□ 出英文报告（无指定则出中文报告）

测试意见：单项　□ 评价　□ 不评价　综合 □ 评价 □ 不评价　测试报告：□ 快递　□ 自取
测试周期：□ 特急（一个工作日、加100%费用）　□ 加急（二个工作日、加20%费用）　□ 普通（三个工作日）

以上资料填写时请书写工整, 在测试报告签发后不得更改

受理日期：　年　月　日　时　分	送样日期：　年　月　日
报告预发日期：　年　月　日10：00/11：45/16：00/17：30	检验费：¥
分包项目：　　　　　分包方：	受理人：　　　客户代表：

说明：　1）必要时测试依据按受理单位制定的非标准方法检测。

　　　　2）客户须在检验报告验讫日期45天之内取走样品，过期恕不退还。

　　　　3）测试费按政府相关规定收费。

　　　　4）协议书本着双方自愿的原则共同签署。

表 3-56 某检验机构纺织品验货测试主要项目收费表

面料：					
序号	测试项目	单价(元)	序号	测试项目	单价(元)
1	纤维成分含量	190(定性 95)	19	起毛、起球(圆轨迹)	25、25
2	特种纤维成分	300	20	起毛球(箱式)	100
3	*甲醛含量	150	21	起毛球(乱滚式)	75
4	*pH 值	45	22	*耐水洗色牢度	50
5	断裂强力(伸长率)	90	23	耐汗渍色牢度	50
6	撕破强力(落锤法)	50	24	*耐摩擦色牢度	50
7	纰裂强力(缝脱)	90	25	*耐刷洗色牢度	50
8	腋下缝接强力	50	26	*耐熨烫色牢度	50
9	顶破、胀破强力	50、50	27	耐水浸色牢度	50
10	剥离强力、单舌法	90	28	*耐干洗色牢度	50
11	松驰、毡化收缩	50、100	28	光汗复合色牢度	90
12	缩水率	一次 55 二次(手洗)100 △三次 120 ※五次 180	19	耐日晒色牢度	20fu110、△※40fu160 ※60fu190 ※二阶段 195
13	缩水率及洗后外观	一次 95(55＋40) 二次 195(95＋100) △三次 215(95＋120) ※五次 275(95＋180)	20	△马丁旦尔耐磨	※5 千转 110 ※1 万转 165 ※2 万转 205
14	※△气蒸收缩	50	21	*异味	45
15	编织密度系数	40	22	*可分解芳香胺染料	350
16	含油		23		
17	脱毛量		24		
18	建议洗涤标识	60	25		

表 3-57 纺织品验货测试主要项目收费表

机织成品：			针织成品：		
序号	测试项目	单价(元)	序号	测试项目	单价(元)
1	标识	40	1	标识	40
2	*外观质量及规格	315	2	*外观质量及规格	315
3	*外观除规格	◎5 件以下 40×n ◎5 件以上 200	3	*外观除规格	5 件以下 40×n 5 件以上 200

（续　表）

机织成品：			针织成品：		
序号	测试项目	单价(元)	序号	测试项目	单价(元)
4	干洗及洗后外观	175	4	干燥重量	
5	衬衫缩率及洗后外观		5	单件重量	
6	服装缩水率		6	缩水率	55
7	缩水率洗后外观	一次 95(55＋40) 二次 195(95＋100) △三次 215(95＋120) ※五次 275(95＋180)	7	缩水率洗后外观	一次 95(55＋40) 二次 195(95＋100) △三次 215(95＋120) ※五次 275(95＋180)
8			8	水洗后扭曲率	95

注：缩水率(单机洗涤)(元)：一次 80，二次 150，△三次 180，※五次 270。

缩水率(单机洗涤)及洗后外观(元)：一次 120，二次 270，△三次 300，※五次 390。

外观验货收费规定：每天按 1200 元/人计算收费。

检验周期：普通检验：在收到样品及申请检验要求、完成相关手续后三个工作日完成。

加急检验：适用于某些测试项目，在收到样品及申请检验要求、完成相关手续后二个工作日完成（△四组以上的成分及带※项目，需三个工作日完成）。检验费用须加收 20%。

特急检验：＊适用于二组分以下的成分及带◎项目，一个工作日完成。检验费用须加收 100%。

三、验货结果处置

对接收的批次，在该批成品抽检外箱正面封口处盖"合格"章，送货时不可与其他批次混杂，入库时可凭现场验货报告直接进行入库稽查验货或直接放行。对被客户拒收的批次，要逐级上报，最终依照《不合格品处理规程》规定处理。最后检查各项工作是否已完成，质量记录是否经相关人员确认并已提交和备份，所有原件交给验货人员审核确认。

任务三　剩余物资处理

在服装厂的实际生产过程中，物资的溢短是常见的，一般的物料都可以在新的订单上使用，但一些物料由于服装某些物料品种的特殊性或者客户不再需要原来的部分物料，就会造成服装厂物资长期在布仓或物料仓内堆放，造成容积的减少和生产管理成本的增加（表 3-67）。

一般情况下，服装厂都会按照客户的生产订单最大量安排生产，为了避免生产中由于质量问题导致短装，企业都会多生产 1%～3% 的产品，因此在出货中常常会有余量，也会有部分由于质检不合格而造成仓储的服装。

一些出口服装由于有配额的限制，多生产的服装大多时候会堆积在服装厂。受客户版权等限制，服装厂一般对于此类剩余的服装处理需要得到客户的同意。如美国某公司对制衣厂规定，其余量的服装一般需要销毁处理；在两年内不能处理且不能在中国境内销售。另外一些企业则要求服装厂在境内销售时必须将其主唛剪掉或剪开才能销售，一般不能在市场上正式销售，只能内部销售。在某些时候，客户销售情况非常好，会将制衣厂的剩余服装以直接采购的方式购买，并将其上市销售。

对于每张订单加工后剩余的布料和其他辅料,能使用在新订单上的一般优先使用,不能使用的,只能通过转卖方式出售,减低仓储量(表 3-58)。

表 3-58　出货后成衣成本核算、库存物料统计及处理

款号	品名	物料编号	物料名称	使用部位	幅宽(m)	唛架长度(米)	克重(g)	单位	料率	单价(kg)	损耗	不含税金额(元)	含税金额(元)	库存余量	处理方法
			机织布												
			针织布												
			扁机												
			面料小计									0.00	0.00		
			朴					码							
			扁带/透明带					码							
			织带					码							
			橡根					码							
			帽绳/裤绳					码							
			五爪扣/四合					粒							
			四眼扣/单脚					粒							
			拉链					条							
			胶章					个							
			线/丝线					个							
			主唛					个							
			洗水唛					个							
			旗唛					个							
			辅料小计									0.00	0.00		
			牛油纸					张							
			拷贝纸					张							
			合格证					张							
			主吊牌					张							
			功能吊牌					张							
			行李索					个							
			防潮袋					个							
			胶袋					个							
			纸箱					个							
			打包带/封箱					件							
			外包装贴纸					2张							
			条形码					2张							
			包装辅料小计									0.00	0.00		
			绣花												
			印花					片							
			钉珠					片							

（续　表）

款号	品名	物料编号	物料名称	使用部位	幅宽(m)	唛架长度(米)	克重(g)	单位	料率	单价(kg)	损耗	不含税金额(元)	含税金额(元)	库存余量	处理方法
			烫石					片							
			印绣花小计									0.00	0.00		
			合计												
			利润/%(含税)												
			加工费(含税)					件							
			检测费					件							
			总　计												

注：包装成本根据包装要求进行调整；印花损耗根据单量的大小进行调整（损耗范围：500件以下5‰，500～1 000件之内2‰，1 000～10 000件之内1‰；1万件以上1‰）；

检测费用：订单量在1万件以下的加检测费0.3～0.5元/件；税率均为17%；

制表：　　　　主管：　　　　日期：　　　　审批：　　　　日期：

模块四　岗位相关技能

作为一名称职的跟单员，除了掌握印染面料生产和服装加工专业知识外，还需要其他技能来应对复杂的工作，如贸易基础知识、办公室管理知识、电脑操作基本技能与个人礼仪等。这些技能可提高工作效率，在工作中更快速有效地获得信息，同时提高跟单员有效沟通的能力，在日常工作中能更好地协调客户或同事之间的关系。

任务一　贸易术语与价格

一、贸易术语

贸易术语(Trade Terms)是用来表明商品的价格构成和买卖双方的有关手续、费用、风险及责任的划分、所有权转移的界限等问题的专门术语。贸易术语一般遵循以下国际贸易惯例：

1.《1932年华沙—牛津规则》

本规则制定了有关CIF买卖合同的统一规则,虽然这一规则现在仍得到国际上的承认,但实际上已很少采用。

2.《1941年美国对外贸易修订本》

该修订本主要对以下六种术语作了解释：

①EX　②FOB　③FAS　④C&F　⑤CIF　⑥EX Dock

本定义主要适用于美洲国家,在很多解释上与其他惯例不同,使用本定义或对该地区交易时要慎重。

3.《2000年国际贸易术语解释通则》

该通则由国际商会国际商业惯例委员会在广泛征求意见的基础上对实行了60余年的通则进行了修订。并于1999年9月公布,简称《2000通则》。

《2000通则》共包含13种贸易术语,见表4-1。

表4-1　国际贸易术语对比表

术语	交货地点	运输	保险	出口手续	进口手续	风险转移	所有权转移
EXW	出口国工厂	买方	买方	买方	买方	交货地转移	随买卖转移
FAS	装运港船边	买方	买方	卖方	买方		
DAF	进出口边境	买方	买方	卖方	买方		
DES	目的港船上	卖方	卖方	卖方	买方		
DEQ	目的港码头	卖方	卖方	卖方	买方		
DDU	进口国指定地点	卖方	卖方	卖方	买方		
DDP		卖方	卖方	卖方	卖方		
FOB	装运港	买方	买方	卖方	买方	装运港船舷	随交单而转移
CIF		卖方	卖方	卖方	买方		
CFR		卖方	买方	卖方	买方		
FCA	出口国指定地点	买方	买方	卖方	买方	货交承运人	
CIP		卖方	卖方	卖方	买方		
CPT		卖方	买方	卖方	买方		

二、六种常用的贸易术语

在进出口业务中,使用最多的术语是FOB、CFR、CIF、FCA、CPT和CIP,前三种适用于海洋和内河运输方式,而后三种适用于多种运输方式。熟悉这六种贸易术语的含义非常重要,一方面它们用得最多;另一方面,通过学习这六种贸易术语,可以对它们的作用有一个深入的了解,对其他贸易术语的含义就容易掌握。

这六种贸易术语下的交货方式都为象征性交货(Symbolic Delivery),它是指卖方只要按期在约定地点完成装运,并向买方提交合同规定的包括物权凭证在内的有关单证,就算完成了交货任务,而无需保证到货。

象征性交货的贸易术语有一个共同特点,即凭单交货、凭单付款,其对比见表4-2。

表4-2 六种价格术语比较

英文缩写	中文全称	交货地点	风险划分	运输办理方(运费)	保险办理方(保险费)	出口报关	进口报关	适用运输方式	标价注明
FCA＊＊	货交承运人	合同规定的出口国内地、港口	承运人接管货物后	买方	买方＊	卖方	买方	各种运输方式	指定地点
FOB＊＊	船上交货	装运港船上	货物越过装运港船舷	买方	买方＊	卖方	买方	海运,内河运输	装运港名称
CFR	成本加运费	同上	同上	卖方	买方＊	卖方	买方	同上	目的港名称
CIF	成本加保险加运费	同上	同上	卖方	卖方	卖方	买方	同上	同上
CPT	运费付至	合同规定的出口国内地港口	承运人接管货物后	卖方	买方＊	卖方	买方	各种运输方式	目的地名称
CIP	运费,保险费付至	同上	同上	卖方	卖方	卖方	买方	同上	同上

＊按照通则规定,双方无义务办理保险,但买方或实际进口方应为自身利益投保;

＊＊FCA或FOB术语后应注明交货地点或装运港口,其他四个术语应注明目的港或目的地。

✓ FOB 的全称是 Free On Board(—Named Port of Shipment),即船上交货(—指定装运港),习惯称为装运港船上交货。如FOB SHANGHAI指卖方在上海港船上交货。

✓ CFR 的全称是 Cost And Freight(—Named Port of Destination),即成本加运费(—指定目的港)。如CFR NEWYORK指卖方在商品出口成本外要支付到达纽约港的运费。

✓ CIF 的全称是 Cost Insurance and Freight(—Named Port Destination),即成本加保险费、运费(—指定目的港)。如CIF LONDON指卖方在商品出口成本外要支付到伦敦港的运费和保险费。

✓ FCA 的全称是 Free Carrier(—Named Place),即货交承运人(—指定地点)。

✓ CPT 的全称是 Carriage Paid to (—Named Place of Destination),即运费付至(—指定目的地)。

✓ CIP 的全称为 Carriage And Insurance Paid to(—Named Place of Destination),即运费保险费付至(—指定目的地)。

其中 FOB、CIF 与 CFR 异同点见表 4-3。

表 4-3　FOB、CIF 与 CFR 异同点一览表

		卖方	买方
相同点		1. 装货,充分通知 2. 出口手续,提供证件 3. 交单	1. 接货 2. 进口手续,提供证件 3. 受单,付款
		4. 都是装运港交货,风险、费用划分一致,都是以船舷为界 5. 交货性质相同,都是凭单交货、凭单付款 6. 都适合于海洋运输和内河运输	
不同点	FOB		租船订舱、支付运费(F)办理保险、支付保费(I)
	CIF	租船订舱、支付运费(F)办理保险、支付保险费(I)	
	CFR	租船订舱、支付运费(F)	办理保险、支付保险费(I)

二、价格

货物买卖合同中的价格条款主要包括单价(Unit Price)和总值(Total Amount)两项内容,单价主要由单位价格金额、计价货币、计量单位和贸易术语四部分组成。

(一) 交易价格的构成

在贸易中,确定一种商品的成交价,不仅取决于其本身的价值,还要考虑到商品从产地运至最终目的地的过程中有关手续由谁办理、费用由谁负担。在出口贸易中,考虑商品价格的主要因素是商品的出口成本、出口运输费用和运输保险费用。

① 出口成本(Cost):包括商品成本和商品到达出口口岸的运输费。

② 运输费(Freight):是指离开出口口岸后的运输费用。

③ 保险费(Insurance):一般是指出口运输保险费。

在商品交易中,卖方报价的高低与其承担的义务有关。

(二) 计价货币的选择

计价货币(Money of Account)是指合同中规定用来计算价格的货币。

在国际贸易中,用来计价的货币可以是出口国家货币,也可以是进口国家货币,或双方同意的第三国货币,由买卖双方协商确定。世界许多国家都实行浮动汇率,币值波动很大;而进出口合同通常的交货期较长,从订约到履行合同的期间,计价货币的币值可能会出现大幅度的起伏,从而影响进出口双方的经济利益。因此,选择合同的计价货币就具有重大的经济意义,买卖双方在确定价格时必须加以注意。

一般进出口合同都采用可兑换和世界通用的货币进行计价和支付。但是,各种货币在市场上汇率变化趋势不同,有的汇率走势坚挺(称为硬币),有的走势疲软(称为软币)。从理论上说,在出口交易时争取采用硬币计价比较有利;而进口合同采用软币计价比较合算。在实际业务中,采用什么货币还与双方的交易习惯、经营意图以及交易价格有关。下表 4-4 给出了可兑换货币的符号和代码。

表4-4 可兑换货币的符号和代码

币制代码	币制符号	币制名称	币制代码	币制符号	币制名称
110	HKD	港币	307	ITL	意大利里拉
116	JPY	日本元	309	NLG	荷兰盾
121	MOP	澳门元	315	ATS	奥地利先令
122	MYR	马来西亚林吉特	318	FIM	芬兰马克
132	SGD	新加坡元	326	NOK	挪威克朗
142	CNY	人民币	330	SEK	瑞典克朗
300	EUR	欧元	331	CHF	瑞士法郎
301	BEF	比利时法郎	398	ASF	清算瑞士法郎
302	DKK	丹麦克朗	501	CAD	加拿大元
303	GBP	英镑	502	USD	美元
304	DEM	德国马克	601	AUD	澳大利亚元
305	FRF	法国法郎			

注:表中的币值符号和代码由我国海关编制。

任务二 5S 管理

5S 指整理(SEIRI)、整顿(SEITON)、清扫(SEISO)、清洁(SEIKETSU)、素养(SHITSUKE)五个项目,因日语的罗马拼音均为"S"开头,所以简称为5S。开展以整理、整顿、清扫、清洁和素养为内容的活动,称为"5S"活动。

5S 管理起源于日本,是指在生产现场中对人员、机器、材料、方法等生产要素进行有效的管理,这是日本企业独特的一种管理办法。1955 年,日本的 5S 的宣传口号为"安全始于整理,终于整理整顿"。当时只推行了前两个 S,其目的仅为了确保作业空间和安全。后因生产和品质控制的需要而又逐步提出了 3S,也就是清扫、清洁、修养,从而使应用空间及适用范围进一步拓展,到了 1986 年,日本的 5S 的著作逐渐问世,从而冲击了整个现场管理模式,并由此掀起了 5S 的热潮。

一、1S-整理(SEIRI)

整理的定义:区分要与不要的物品,现场只保留必需的物品。

整理的目的:

① 改善和增加作业面积;

② 现场无杂物,行道通畅,提高工作效率;

③ 减少磕碰的机会,保障安全,提高质量;

④ 消除管理上的混放、混料等差错事故;

⑤ 有利于减少库存量,节约资金;

⑥ 改变作风,提高工作情绪。

整理的意义:把要与不要的人、事、物分开,再将不需要的人、事、物加以处理,对生产现场的现实摆放和停滞的各种物品进行分类,区分什么是现场需要的,什么是现场不需要的;其次,对于现场不需要的物品,诸如用剩的材料、多余的半成品、切下的料头、切屑、垃圾、废品、多余的工具、报废的设备、工人的个人生活用品等,要坚决清理出生产现场,这项工作的重点在于坚决把现场不需要的东西清理掉。对于跟单员的工作场所,要将自己办公桌上、抽屉、文件柜等地方的样衣、样布、样卡和相关资料、文件等物清理掉。

二、2S－整顿(SEITON)

整顿的定义:必需品依规定定位、定方法摆放整齐有序,明确标示。

整顿的目的:不浪费时间寻找物品,提高工作效率和产品质量,保障生产安全。

整顿的意义:把需要的人、事、物加以定量、定位。通过前一步整理后,对生产现场需要留下的物品进行科学合理的布置和摆放,以便用最快的速度取得所需之物,在最有效的规章、制度和最简捷的流程下完成作业。

整顿最终是要求放置物品标准化,使任何人立即能找到所需要的东西,减少"寻找"时间上的浪费,即将物品,按"定点"、"定位"、"定量"三原则规范化,使工作效率、工作品质和材料控制成本达到最大优化。

三、3S－清扫(SEISO)

清扫的定义:清除现场内的脏污、清除作业区域的物料垃圾。

清扫的目的:清除"脏污",保持现场干净、明亮。

清扫的意义:将工作场所的污垢去除,使异常的发生源容易被发现,是实施自主保养的第一步。

四、4S－清洁(SEIKETSU)

清洁的定义:将整理、整顿、清扫实施的做法制度化、规范化,维持其成果。

清洁的目的:认真维护并坚持整理、整顿、清扫的效果,使其保持最佳状态。

清洁的意义:通过对整理、整顿、清扫活动的坚持与深入,从而消除发生安全事故的根源。创造一个良好的工作环境,使职工能愉快地工作。

通过清洁整顿,应使周围一起工作的人感到跟单员工作专业、有效、可靠。

五、5S－素养(SHITSUKE)

素养的定义:人人按章操作、依规行事,养成良好的习惯。

素养的目的:提升"人的品质",培养对任何工作都讲究认真的人。

素养的意义:努力提高人员的修身,使人员养成严格遵守规章制度的习惯和作风,是5S活动的核心。

素养是5S中最重要的部分。5S实际上是日常工作习惯,不是只靠一个人去做就可以,而需要亲身去体会实行,是由内心里得到认同的观念。因为自己的疏忽会给别人带来不便和损失,所以养成良好的习惯、确实自觉遵守纪律,就是"习惯"。针对中国人对各种活动的态度都有"三分钟热度"、"虎头蛇尾"的状况,为了让5S活动养成习惯且持续不断、全面彻底地进行,就必须从"纪律"管理着手,以从心里自然流露出来的"必须"的心态去实行,才能取得成功。

除了5S外,也有企业通过6S或7S管理,就是在5S基础上增加了安全(Safety)和节约(Save)。

安全(Safety)指清除隐患,排除险情,预防事故的发生。

其目的是保障员工的人身安全,保证生产连续、安全、正常地进行,同时减少因安全事故而带来的经济损失。

节约(Save)就是对时间、空间、能源等方面合理利用,以发挥它们的最大效能,从而创造一个高效率、物尽其用的工作场所。

5S 实施时应该秉持三个观念：能用的东西尽可能利用；以自己就是主人的心态对待企业的资源；切勿随意丢弃边角料等，节约是对整理工作的补充和指导，丢弃前要思考其剩余使用价值，秉持勤俭节约的原则。

任务三 常用办公软件基本技能

在跟单的工作中经常需要建立各种表格和对表格中的各种数据进行处理，或制作各种图表和编制文件资料，因此跟单员需要掌握一定的办公软件使用技巧，主要是 EXCEL 和 WORD 软件的使用技巧。

一、物料的计算（以箱子和贴纸、钮扣的计算为例）

（一）计算信息

根据客户订单信息，制衣厂需要生产的成衣数量见表 4-5。根据订单要求，此订单允许 ±3% 的短溢数量。现在需要对纸箱和纸箱贴纸进行采购，物料的损耗见表 4-6。

表 4-5 订单分色分码数量

尺码/颜色	XS	S	M	L	XL	XXL	合共
70089 白色	182	480	782	820	462	157	2 883
70090 红色	145	483	652	952	236	222	2 690
7090L 蓝色	108	486	522	1 084	190	287	2 677
7091L 黄色	71	489	392	1 216	286	352	2 806

表 4-6 物料的损耗

物料 / 订货数量	纸类制品	纸箱	钮扣
5 000 件以上	1.5%	1%	1%
3 000~5 000 件	2%	1.5%	1.5%
3 000 件以下	2.5%	2%	3%

1. 装箱要求

① 分码装箱，小箱每个 12 件，一个大箱装 24 件；

② 先单色单码装，再单色混码装，最后混色混码装；

③ 所有成衣先装大箱后装小箱。

2. 贴纸要求

每个箱子贴纸数 2 张，尺码与贴纸颜色分配如表 4-7 所示。

表 4-7 尺码与贴纸颜色分配表

XS	S	M	L	XL	XXL	混码
红	黄	蓝	绿	白	橙	紫

3. 钮扣要求

6PCS/件，另外 SPARE BUTTON 1PCS/件，钮扣跟成衣颜色相同，四孔，无标牌，16♯树脂钮扣,颜色外观参考样板。

（二）计算过程

1. 先计算具体生产的成衣数量

第一步:将服装客户订购数相关表格输入 EXCEL;

第二步:将表格复制,将内部数据清空;

第三步:在 B8 单元格输入公式"＝INT(B2 ∗ 1.03)"(由于服装允许 3‰超裁,因此先将成衣数量乘以 1.03,计算出实际裁剪数量,将计算数值进行取整);

第四步:将 B8 单元格公式复制到其他单元格,结果见图 4-1。

∗ 函数使用:

INT 函数,"＝INT(NUMBER)",取单元格数值的整数部分,小数部分全部忽略。

在成衣裁剪数中,多一件和少一件,在数量上一般差别不大,所以可以将超裁数计算后直接取整数,如果订单量非常少的,可以使用"ROUNDUP"函数,具体见后面相关函数使用。

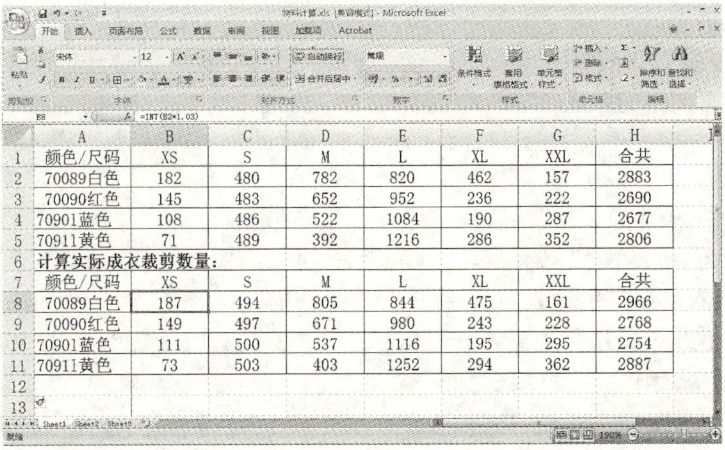

图 4-1　计算实际成衣裁剪数量

2. 根据装箱要求,对成衣按照单色单码装大箱

第一步,将颜色尺码分配空白表粘贴在 A13 单元格;

第二步:将成衣按照单色单码装大箱,输入公式"＝INT(B8 ∗ 24)"(实际生产成衣装进大箱,每箱装 24 件,计算结果的整数部分就是单色单码成衣需要的大箱的实际数量,将计算数值进行取整);

第三步:将 B13 单元格公式复制到其他单元格,并在 B18 中使用编辑工具栏中的"Σ"将各尺码成衣所需要的大箱子数量进行统计,计算结果见表 4-8。

表 4-8　计算单色单码成衣装大箱数量

尺码/颜色	XS	S	M	L	XL	XXL	合计
70 089 白色	7	20	33	35	19	6	120
70 090 红色	6	20	27	40	10	9	112
7 090L 蓝色	4	20	22	46	8	12	112
7 091L 黄色	3	20	16	52	12	15	118
合计	20	80	98	173	49	42	462

3. 根据装箱要求,将装大箱后剩余的成衣按照单色单码装小箱

第一步:将颜色尺码分配空白表粘贴在 A13 单元格;

第二步:将装完大箱后的成衣按照单色单码装小箱,在 B21 单元格输入公式"=INT((B8−B14*24)/12)"(公式中"B8−B14*24"是先计算装完大箱后各颜色和尺码剩余的服装数量,其结果除以 12,是计算剩余服装需要小箱的个数,最后对此结果进行取整数);

第三步:将 B13 单元格公式复制到其他单元格,并在 B25 中使用编辑工具栏中的"Σ"将各尺码成衣所需要的小箱子数量进行统计,计算结果见表 4−9。

表 4−9　计算单色单码成衣装小箱数量

尺码/颜色	XS	S	M	L	XL	XXL	合计
70089 白色	1	1	1	0	1	1	5
70090 红色	0	1	1	1	0	1	4
7090L 蓝色	1	1	0	1	0	0	3
7091L 黄色	0	1	1	0	0	0	2
合计	2	4	3	2	1	2	14

4. 按照单色单码装箱完毕后,将成衣进行单色混码装箱,先装大箱后装小箱

第一步:成衣颜色、单色单码装箱后剩余成衣数量、需要大箱数量、需要小箱数量和单色混码装箱后剩余成衣数量分别输入 A27 到 E27 单元格内;

第二步:在 B28 单元格输入公式"=H8−H14*24−H21*12",求出该颜色单色单码装箱后剩余成衣数量,并将公式复制到 B29 至 B31 内;

第三步:在 C28 输入公式"=IF(B28<24,0,INT(B28/24))",使用"IF"函数设定剩余服装的数量足够能装满整个大纸箱,"B28<24"是设定剩余成衣数量小于 24 件,如果条件满足,则返回"0",表示不需要大纸箱;如果条件不满足,则意味着剩余成衣数量大于等于 24 件,需将剩余成衣数量除以 24,并将其取整,求出所需大箱的数量;

第四步:在 C28 单元格输入公式"=IF(B28−C28*24<12,0,INT(B28−C28*24/12))",使用"IF"函数,是为了设定剩余服装的数量足够能装满整个小纸箱,"B28−C28<12"是设定剩余成衣装完大箱后剩余的数量是否小于 12 件,如果条件满足,则返回"0",表示不需要小纸箱,如果条件不满足,则意味着剩余成衣数量大于等于 12 件,需将剩余成衣数量除以 12,并将其去整,求出所需小箱的数量;

第五步:算出单色混码装箱后剩余成衣数量。

第六步:在相应单元格统计大箱、小箱和剩余成衣的数量,具体见表 4−10。

* 函数使用,"=IF(LOGICAL_TEST,VALUE_IF_TRUE,VALUE_IF_FALSE)

"LOGICAL_TEST"表示计算结果为 TRUE 或 FALSE 的任意值或表达式;"VALUE_IF_TRUE"表示"LOGICAL_TEST"为 TRUE 时返回的值;

"VALUE_IF_FALSE"表示"LOGICAL_TEST"为 FALSE 时返回的值。

简单言之就是"=IF(A,B,C),意思是如果满足"A",那么执行"B",否则"执行"C";

表4-10　计算单色混码成衣装大小箱数量

尺码/颜色	单色单码装箱后剩余成衣数量	大箱	小箱	单色混码装箱后剩余成衣数量
70089 白色	26	1	0	2
70090 红色	32	1	0	8
7090L 蓝色	30	1	0	6
7091L 黄色	31	1	0	7
合计		4		23

5. 单色混码装箱完毕后，将成衣进行混色混码装箱，先装大箱后装小箱

第一步：建立混色混码成衣装箱表格，在"A35"单元格输入"＝E32"，将单色混码装箱完毕后成衣余数进行统计；

第二步：在"B35"单元格输入公式"＝IF((A35－INT(A35/24)＊24)＞12,INT(A35/24)＋1,INT(A35/24))"，目的是设定条件；如果"B32"内成衣数量在完全装完大箱后数量仍然大于12件，则大箱的个数再增加"1个"；如果装完大箱后成衣数量少于12件，则按照实际装箱；

第三步：在"C35"单元格输入公式"＝IF((A35－B35＊24)＞0,1,0)"，目的是设定条件：如果装完大箱后还有成衣，则需要1个小箱；如果没有成衣剩下，则不需要小箱。结果见表4-11。

表4-11　计算混色混码成衣装大小箱数量

成衣件数	需要大箱数	需要小箱数
23	1	0

6. 计算箱子实际总需求量

第一步：建立箱子总需求量表格，在"A38"单元格输入"＝H18＋C32＋B35"，将单色单码、单色混码和混色混码需要的大箱的个数进行求和。

第二步：在"B38"单元格输入公式"＝H25＋D32＋C35"，将单色单码，单色混码和混色混码需要的小箱的个数进行求和。

第三步：根据物料损耗要求，在"C38"单元格输入公式"＝IF(A38＞5 000,ROUNDUP(A38＊1.01,0),IF(A38＞＝3 000,ROUNDUP(A38＊1.015,0),ROUNDUP(A38＊1.02,0)))"，目的是设定条件：纸箱需求量大于5 000，则实际采购量是需求量的101%；如果纸箱需求量大于等于3 000个，则实际采购量是需求量的101.5%；如果小于3 000个，实际采购量是需求量的102%。

表4-12　箱子总需求量

大箱数量	小箱数量	大箱数量(含损耗)	小箱数量(含损耗)
467	14	477	15

＊函数使用：

1. IF 嵌套函数:例如"=IF(A,B,IF(C,D,E))",意思是如果满足"A",那么执行"B",否则在判断是否满足"C",如果"是",那么执行"D",如果"不是"则执行"E"。

2. ROUND 函数:"=ROUND(NUMBER,NUM_DIGITS)"

"NUMBER"为需要进行四舍五入的数字;"NUM_DIGITS"为指定的位数,按此位数进行四舍五入。如果"NUM_DIGITS"大于 0,则四舍五入到指定的小数位;如果"NUM_DIGITS"等于 0,则四舍五入到最接近的整数;如果"NUM_DIGITS"小于 0,则在小数点左侧进行四舍五入。

(1) ROUNDUP 和 ROUNDDOWN 函数,ROUNDUP(NUMBER,NUM_DIGITS)或 ROUNDDOWN(NUMBER,NUM_DIGITS

它们和函数 ROUND 功能相似,不同之处在于函数 ROUNDUP 总是向上舍入数字,ROUNDDOWN 则总是向下舍入数字。如=ROUND(3.14159,3) 将 3.14159 保留三位小数,对第四位小数进行四舍五入,即(3.142);"=ROUNDUP(3.14159,3)"将 3.14159 向上舍入,保留三位小数(3.142);"=ROUNDDOWN(3.14159,3)"将 3.14159 向下舍入,保留三位小数(3.141);

在物料采购中,由于几个函数结果只相差"1",所以一般会取多不取少,尤其是采购数量少的物料,所以本次计算采用"ROUNDUP"函数。

7. 计算贴纸数量

第一步:建立贴纸需要表格,在 B40 至 H41 输入尺码与贴纸颜色分配信息,并在 A42、43 和 44 分别输入"纸箱需求数"、"贴纸需求数"和"贴纸采购数";

第二步:按贴纸采购要求,统计大小纸箱的个数,在"B42"单元格输入公式"=B18+B25",计算出单色单码纸箱的需求数,将单元格复制到 C42 至 F42 单元格,另外在 G42 单元格输入公式"=C32+D32",求出单色混码纸箱需求数;最后在 H42 单元格输入公式"=B35+C35",求出混色混码纸箱需求数;

第三步:每个箱子需要两张贴纸,在 B43 输入公式"=B42*2",并将公式复制到 C43 至 H43;

第四步:在 B44 单元格输入公式"=IF(B43>5 000,ROUNDUP(B43*1.015,0),IF(B43>=3 000,ROUNDUP(B43*1.02,0),ROUNDUP(B43*1.025,0)))",计算出贴纸的损耗,并将公式复制到 C44 至 H44,求出各种贴纸实际采购数,见表 4-13。

表 4-13 贴纸数量计算

	XS	S	M	L	XL	单色混码	混色混码
	红	黄	蓝	绿	白	紫	橙
纸箱需求数	22	84	101	175	50	4	1
贴纸需求数	44	168	202	350	100	8	2
贴纸采购数	46	173	208	359	103	9	3

8. 计算钮扣数量

第一步:建立钮扣需要表格;

第二步:按钮扣分色采购要求,在 B48 单元格输入公式"=H8*7",计算该色成衣每件需

要 7 颗钮扣的总需求数,将单元格复制到 B49 至 B51 单元格;

第三步:在 C48 输入公式"＝IF(B48＞5 000,ROUNDUP(B48＊1.01,0),IF(B48＞＝3 000,ROUNDUP(B48＊1.015,0),ROUNDUP(B48＊1.03,0)))",求出钮扣需求数加损耗数量,并将公式复制到单元格 C49 至 C51;

第四步,在 D48 单元格输入公式"＝ROUNDUP(C48/144,0)",计算钮扣采购的罗数(每罗 144 颗钮扣),并将公式复制到 D49 至 D51,求出各种颜色钮扣实际采购罗数,见表 4 - 14。

表 4 - 14　钮扣数量计算

尺码/颜色	需求数量	需求数加损耗数	采购数量(罗)
70089 白色	20762	20970	146
70090 红色	19376	19570	136
7090L 蓝色	19278	19471	136
7091L 黄色	20209	20412	142

9. 统计制单所有的物料信息

由于以上计算过程在物料采购中只是为最后采购物料作统计工作,其繁琐的过程不需要在订单中出现,因此为了更加清晰准确地采购物料,需要在 EXCEL 的物料订购文件中对各个工作表进行命名。如本计算中,建立了"物料计算表"、"物料损耗表"和"物料汇总表"3 个工作表,以便于计算和统计。

将计算好的物料订购数量值输入,"物料汇总表"相应位置,将各计算值直接反馈到此表中。如在"物料汇总表"的"B17"单元格输入公式"＝物料计算表! C38",该单元格就会将"物料计算表"中大箱的采购数值返回到此单元格。

输入方法为:第一步,点击"需要返回数值的工作表"所指定的单元格,如"物料汇总表"的"B17"单元格;第二步,在该单元格输入"＝";第三步,直接将鼠标点击相对应工作表相应单元格,如点击"物料计算表"的"C38"单元格;最后按回车,"物料汇总表"的"B17"单元格内就会返回"物料计算表"的"C38"单元格的结果。

对于钮扣数值的输入,由于在"物料计算表"中颜色与需求数是纵向排列,而在"物料汇总表"中颜色和采购数是横向排列,所以在复制过程中需要使用项目工具栏的粘贴工具。

具体操作:如只需要将"物料计算表"中钮扣的颜色代号输入"物料汇总表"的"B7"至"E7",可以先将"物料计算表"的 A48 到 A51 单元格进行复制,然后点击回"物料汇总表",点击"B7"单元格,然后在工具栏粘贴工具中点击下三角形,出现菜单后直接点击转置(T)即可以完成。但是对于在"物料计算表"计算的各颜色钮扣的数量,按照转置粘贴将会出现"♯VALUE!"信息,这是由于经过转置后,EXCEL 的公式也会随之发生改变,导致错误结果。解决的方法有两种,第一种是单个分别粘贴,如在"物料计算表""B8"单元格输入公式"＝物料计算表! D48","C8"单元格输入公式＝物料计算表! D49",如此类推,此方法比较繁琐,容易出错;第二种方法是将"物料计算表"的"D48"到"D51"单元格进行复制,然后点击回"物料汇总表",点击"B8"单元格,再在工具栏粘贴工具中点击下三角形,出现菜单后,点击选择性粘贴(V),出现选择性粘贴菜单后在里面选择数值(V)和转置(E),点击确定,即可以完成数据统计工作,如图 4-2 所示。

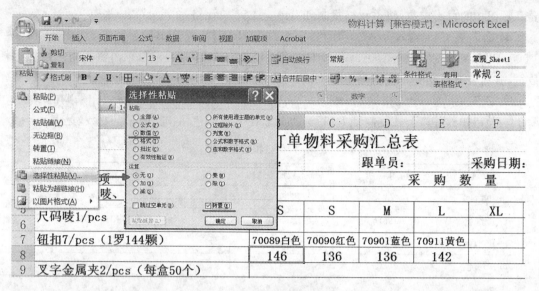

图4-2 数据的选择性粘贴

工具补充:在OFFICE或者WPS电脑软件的选择性粘贴工具栏中有很多便利工具,可按照具体的需要进行选择。另外,在大量复制粘贴的工作中,OFFICE软件还提供了剪贴板工具,OFFICE2003版剪贴板为12个,2007版为24个。使用者可以根据需要,先在工具栏中点击"剪贴板"或者直接使用键盘的"CTRL"键后,连击"C"键两次,就会出现剪贴板。剪贴板出现后,可以先将需要粘贴的内容复制到剪贴板(暂时不粘贴),完成所有复制工作后,再在指定的位置。点击剪贴板相应的内容就可以完成粘贴工作。

二、数据的处理

(一) 数据输入

1. 在一个单元格内输入多个值

有时需要在某个单元格内连续输入多个数值,以查看引用此单元格的其他单元格的效果。但每次输入一个值后按回车键,活动单元格均默认下移一个单元格,非常不便。可以采用以下方法:单击鼠标选订单元格,然后按住Ctrl键再次单击鼠标选定此单元格,此时,单元格周围将出现实线框,再输入数据,敲回车键就不会移动了。

2. 快速换行

使用Excel制作表格时经常会遇到需要在一个单元格输入一行或几行文字的情况,如果输入一行后敲回车键就会移到下一单元格,而不是换行。有一个简便实用的操作方法可以实现换行:在选订单元格输入第一行内容后,在换行处按"Alt+回车键",即可输入第二行内容,再按"Alt+回车键"输入第三行以此类推。

3. F4键—"重复"键

Excel中有一个快捷键的作用极其突出,那就是F4键。作为"重复"键,F4键可以重复前一次操作,在很多情况下都要用到。如在工作表内加入或删除一行,然后移动插入点并按下F4键以加入或删除另一行,根本不需要使用菜单。

4. 快速输入有序文本

需要输入一些有规律的序列文本,如数字(1、2……)、日期(1日、2日……)等,可以利用下面的方法来实现快速输入:先在需要输入序列文本的第1、第2个单元格中输入该文本的前两个元素(如"甲、乙")。同时选中上述两个单元格,将鼠标移至第2个单元格的右下角成细十字线状时("填充柄"),按住鼠标左键向后(或向下)拖拉至需要填入该序列的最后一个单元格后,松开左键,则该序列的后续元素(如"丙、丁、戊……")依序自动填入相应的单元格中。

对于一些不是成自然递增的数值(如等比序列:2、4、8……),可以用右键拖拉的方法来完成:先在第1、第2个单元格中输入该序列的前两个数值(2、4)。同时选中上述两个单元格,将鼠标移至第2个单元格的右下角成细十字线状时,按住右键向后(或向下)拖拉至该序列的最后一个单元格,松开右键,此时会弹出菜单,选"等比序列"选项,则该序列(2、4、8、16……)及其"单元格格式"分别输入相应的单元格中(如果选"等差序列",则输入2、4、6、8……)。

5. 快速输入特殊符号

有时一张工作表中要多次输入同一个文本,特别是要多次输入一些特殊符号(如±),非常麻烦,对录入速度有较大的影响。这时可以用一次性替换的方法来克服这一缺陷。先在需要输入这些符号的单元格中输入一个代替的字母(如X,注意:不能是表格中需要的字母),等表格制作完成后,单击"编辑→替换"命令,打开"替换"对话框,在"查找内容"下面的方框中输入代替的字母"X",在"替换为"下面的方框中输入"±",将"单元格匹配"前面的钩去掉(否则会无法替换),然后按"替换"按钮一个一个替换,也可以按"全部替换"按钮,一次性全部替换完毕。

6. 快速给数字加上单位

有时需要给输入的数值加上单位(如"件、打、码"等),少量的我们可以直接输入;而大量输入时,可执行以下操作:按住Ctrl键点击相关的单元格,单击右键,出现菜单,选择设置单元格格式,在"数字"标签中,选中"分类"下面的"自定义"选项,再在"类型"下面的方框中输入相关单位,如"件",按下确定键。这样单位(件)就一次性地加到了相应数值的后面。也可在某一单元格按上述方法操作后,双击格式刷,将其他需要该单位的单元格填好。

单击将要在其中输入公式的单元格,然后键入"=(等号)",若单击了"编辑公式"按钮或"黏贴函数"按钮,Excel将插入一个等号,接着输入公式内容,再按Enter键完成操作。

(二) VLOOKUP 函数使用

在日常的工作中,常常有很多资料会和信息出现在不同的工作表当中,但由于每个工作表都有特殊的作用,会导致相同的信息会在不同的工作表中处于不同的位置,在资料输入和查找中有很多麻烦,尤其当某些数据需要更改时,还需要在不同的工作表中逐一去更正。如果更改有误或者有遗漏,可能会引起很多不必要的麻烦甚至导致损失。所以,在工作中可将一些共用资料建立为基础信息,当某些表格需要基础信息中的某些数据时,就可通过函数直接调用,而不需要重复输入;当基础信息更改时,会联动修改使用相关数据的工作表,这就需要功能强大的 VLOOKUP 函数。

函数使用:"=VLOOKUP(LOOKUP_VALUE,TABLE_ARRAY,COL_INDEX_NUM,RANGE_LOOKUP)"

参数:LOOKUP_VALUE 为需要在数据表第一列中查找的数值,它可以是数值、引用或文字串。TABLE_ARRAY 为需要在其中查找数据的数据表,可用以对区域或区域名称的引用。COL_INDEX_NUM 为 TABLE_ARRAY 中待返回的匹配值的序列号。COL_INDEX_NUM 为1时,返回 TABLE_ARRAY 第一列中的数值;COL_INDEX_NUM 为2时,返回 TABLE_ARRAY 第二列中的数值,以此类推。RANGE_LOOKUP 为一逻辑值,指明函数

VLOOKUP 返回时是精确匹配还是近似匹配。如果为 TRUE 或省略,则返回近似匹配值,也就是说,如果找不到精确匹配值,则返回小于 LOOKUP_VALUE 的最大数值;如果 RANGE_VALUE 为 FALSE,函数 VLOOKUP 将返回精确匹配值;如果找不到,则返回错误值#N/A。

【例】在印染服装厂内都会有颜色的要求,将颜色建立一个"颜色基础信息"工作表。现仓库库存面料信息进行登记,已建立"面料信息表 1",需将面料颜色方面的一些信息进行补充,如图4-3和 4-4 所示。

	A	D	E	F	G
1	序号	Pantone 色号	颜色英文名	颜色中文名	厂内色号
2	1	18-1550TPX	Aurora Red	经典红	CI7
3	2	18-2143TPX	Beetroot Purple	紫玫红	C13
4	3	19-4007TPX	Black	炭黑	AI2
5	4	17-2033TPX	Bloom	胭脂红	CI6
6	5	18-4252TPX	Blue Aster	宝石蓝	D11
7	6	18-1945TPX	Bright Rose	鲜玫红	C12
8	7	18-3812TPX	Cadet	紫灰	HI8
9	8	17-1831TPX	Carmine	紫红	CI4
10	9	18-0201TPX	Castle Rock	礁灰	JI8
11	10	11-4201TPX	Cloud Dancer	云白	BI3
12	11	19-3632TPX	Collegiate Purple	纯紫	H13
13	12	19-4057TPX	Collegiate Royal	纯蓝	D16
14	13	15-1624TPX	Concho Shell	粉红	II4
15	14	19-4220TPX	Dark Onix	深岩灰	J13
16	15	19-4104TPX	Dark Shale	檀灰	J12
17	16	颜色参 B50	Deep Grey Heather	深花灰	MI3
18	17	13-2010TPX	Diva	樱花红	II2
19	18	19-3720TPX	Egg Plant	茄皮紫	H14
20	19	19-1015TPX	Espresso	浅褐灰	FI9
21	20	17-6030TPX	Fairway	深草绿	G11
22	21	14-0852TPX	Freesia	柠檬黄	EI4
23	22	11-0604TPX	Gardenia	栀子黄	BI1
24	23	15-1215TPX	Light Brown	浅棕	F11
25	24	颜色参 BC06	Light Grey Heather	浅花灰	MI1
26	25	14-3911TPX	Light Purple	浅紫	HI2
27	26	15-0545TPX	Macow	茉莉绿	G18
28	27	13-4910TPX	Matt-Azure	淡兰	DI2
29	28	颜色参 BC18	Med Grey Heather	中花灰	MI2

颜色基础信息　面料信息表1

图 4-3 "颜色基础信息"工作表

	A	B	C	D	E	F	G	H	I	J	K	L
1	布种编号	供应商	布种名称	颜色英文名	颜色中文名	Pantone 色号	厂内色号	库存量	需要量	幅宽	克重	加工说明
2	K5SSW011	恒大	棉弹力斜纹布			18-1945TPX		25	460	52"	240	重普洗
3	K5SSW011	恒大	棉弹力斜纹布			18-3812TPX		30	552	52"	240	重普洗
4	K5SSW011	恒大	棉弹力斜纹布			17-1831TPX		0	450	52"	240	重普洗
5	K5SSW013	恒大	棉弹力斜纹布			18-0201TPX		52	956	52"	240	常规
6	K5SSW013	福茂	棉弹力斜纹布			11-4201TPX		56	1030	52"	240	酵洗+制软
7	K5SSW013	福茂	棉弹力斜纹布			19-3632TPX		52	956	52"	240	常规
8	K5SSW013	福茂	棉弹力斜纹布			19-4057TPX		75	1380	52"	240	酵洗+制软
9	K5SSW013	福茂	棉弹力斜纹布			15-1624TPX		20	368	52"	240	常规
10	K5SSW013	福茂	棉弹力斜纹布			19-4220TPX		35	644	52"	240	酵洗+制软
11	K5SSW013	福茂	棉弹力斜纹布			19-4104TPX		6	110	52"	240	酵洗+制软
12	K5SSW027	联安	棉弹力斜纹布			颜色参 B50		15	276	52"	265	常规
13	K5SSW027	联安	棉弹力斜纹布			13-2010TPX		5	92	52"	265	常规
14	K5SSW027	联安	棉弹力斜纹布			19-3720TPX		6	110	52"	265	常规
15	K5SSW027	联安	棉弹力斜纹布			19-1015TPX		81	1490	52"	265	常规
16	K5SSW027	联安	棉弹力斜纹布			17-6030TPX		53	975	52"	265	常规
17	K5SSW027	联安	棉弹力斜纹布			14-0852TPX		20	368	52"	265	常规
18	K5SSW027	联安	棉弹力斜纹布			11-0604TPX		33	607	52"	265	常规
19	K5SSW027	联安	棉弹力斜纹布			15-1215TPX		35	644	52"	265	酵洗+制软
20	K5SSW027	联安	棉弹力斜纹布			颜色参 BC06		7	128	52"	265	常规
21	K5SSW027	金达	棉弹力斜纹布			14-3911TPX		53	975	52"	265	常规
22	K5SSW027	金达	棉弹力斜纹布			15-0545TPX		32	588	52"	265	常规
23	K5SSW027	金达	棉弹力斜纹布			13-4910TPX		56	1030	52"	265	常规
24	K5SSW027	金达	棉弹力斜纹布			颜色参 BC18		60	1104	52"	265	常规
25	K5SSW027	金达	棉弹力斜纹布			18-4005TPX		72	1324	52"	265	常规
26	K5SSW027	金达	棉弹力斜纹布			18-4537TPX		9	165	52"	265	常规
27	K5SSW027	金达	棉弹力斜纹布			19-3920TPX		5	92	52"	265	酵洗
28	K5SSW027	粤安	棉弹力斜纹布			19-3316TPX		0	633	52"	265	常规
29	K5SSW027	粤安	棉弹力斜纹布			19-1940TPX		0	555	52"	265	常规
30	K5SSW027	粤安	棉弹力斜纹布			15-4305TPX		0	752	52"	265	常规

颜色基础信息　面料信息表1

图 4-4 "面料信息表 1"工作表

第一步:在两个表格之间寻找相同信息源,如在"颜色基础信息"工作表和"面料信息表 1"相同的项目为"Pantone 色号";

第二步:在需要填充数据的单元格输入公式,在"面料信息表 1"D2 单元格输入公式:"=VLOOKUP(F:F,颜色基础信息! D:G,2,FALSE)",回车键则返回相应颜色的英文名。

说明:"F:F"—在两个表之间的相同信息源,如果颜色的"Pantone 色号"一样,就返回需要的相应的信息;

"TABLE_ARRAY"—需要在"颜色基础信息"工作表 D:G 纵行寻找对应的信息(因为本次需要搜索的信息在 D:G 纵行,为方便后续操作直接选择该范围,也可选择整个工作表或者某一需要信息的纵行与信息源之间的全部纵行),操作时可直接通过鼠标进行区域选择,公式自动会生成"颜色基础信息! D:G";

"COL_INDEX_NUM"—以信息源作为首行信息计算需要返回信息的纵行的位置,如本次需要返回"颜色的英文名",其位置在"颜色基础信息"工作表中以"Pantone 色号"为首列计算,它属于第 2 纵行,因此输入"2";

"RANGE_LOOKUP"—要返回精确值,所以选择"FALSE"。

第三步,检查返回值是否正确,正确则将该公式直接复制到该纵行的其他单元格内,完成该纵行信息的登记工作。

第四步,登记"面料信息表 1"中颜色中文名的工作。将刚刚的公式复制到 E2 单元格,会发现返回值是错误值"#N/A",原因主要如下:

D2 单元格公式是"=VLOOKUP(F:F,颜色基础信息! D:G,2,FALSE)"

E2 单元格公式是"＝VLOOKUP(G:G,颜色基础信息! E:H,2,FALSE)"

两个公式之间随着纵行的移动,公式内的纵行也同步移动,包括了信息源的"F:F"变成"G:G,"和信息查找区域"颜色基础信息! D:G"变成了"颜色基础信息! E:H"。

解决方法: Excel 一般情况下会默认公式随着单元格位置的变动而同步变动,如果我们需要只在某个横列、纵行变动或区域不能变动时,则需要进行一些操作。在公式输入时,键盘的"F4"键能起到转换公式中的单元格及区域引用方式的作用。

① 在键盘上按"F4"键,公式中被点击的数据在每次按 F4 键后出产生不同的变化,会在其单元格的位置前方出现"MYM"符号。如:某单元格所输入的公式为"＝SUM(B4:B8)",选中整个公式,按下 F4 键,该公式内容变为"＝SUM(MYMBMYM4:MYMBMYM8)",表示对横、纵行单元格均进行绝对引用,不管公式复制到哪个区域,其结果都是返回 B4:B8 单元格的总和。

② 第二次按下 F4 键,公式内容又变为"＝SUM(BMYM4:BMYM8)",表示对横行进行绝对引用,纵行相对引用,表示公式随着移动只能在第 4 到第 8 横列内进行纵行间的移动,如引用位置向右移动一个单元格,其结果会变成"＝SUM(CMYM4:CMYM8)"。

③ 第三次按下 F4 键,公式则变为"＝SUM(MYMB4:MYMB8)",表示对横行进行相对引用,对纵行进行绝对引用,与第二次按 F4 键刚好相反,只能在 B 纵行内选择,可以在 5 个相邻横列中变化。

④ 第四次按下 F4 键时,公式变回到初始状态"＝SUM(B4:B8)",即对横行纵行的单元格均进行相对引用。如果继续按 F4 键,将再次进行循环。需要说明的是,F4 键的切换功能只对所选中的公式段有作用。本次操作要求只能在纵行中选择相应数据,不能横向移动,所以在 D2 单元格公式"＝VLOOKUP(F:F,颜色基础信息! D:G,2,FALSE)"基础上,在"F:F"和"颜色基础信息! D:G"两个位置纵行字母位置按"F4"键,其公式便会变成"＝VLOOKUP(MYMF:MYMF,颜色基础信息! MYMD:MYMG,2,FALSE)",其返回结果与原来是一样的,将此公式复制到该纵行其他单元格内。

将 D2 单元格的公式复制到 E2 单元格,E2 单元格公式就是"＝VLOOKUP(MYMF:MYMF,颜色基础信息! MYMD:MYMG,2,FALSE)",纵行不再随公式移动而产生位置变化。原来设定的"2"是以"Pantone 色号"为首列计算,颜色英文名在第 2 纵行,因此输入"2";而目前需要查找的颜色中文名在第 3 纵行,所以需要更改;

第五步:按照第四步同样的方法,将位列纵行数改为"4"即可完成"面料信息表1"的"厂内色号"的登记工作,如图 4-5 和 4-6 所示。

	C 布种名称	D 颜色英文名	E 颜色中文名	F Pantone 色号
1	布种名称	颜色英文名	颜色中文名	Pantone 色号
2	棉弹力斜纹布	Bright Rose	#N/A	18-1945TPX
3	棉弹力斜纹布	Cadet		18-3812TPX
4	棉弹力斜纹布	Carmine		17-1831TPX
5	棉弹力斜纹布	Castle Rock		18-0201TPX
6	棉弹力斜纹布	Cloud Dancer		11-4201TPX
7	棉弹力斜纹布	Collegiate Purple		19-3632TPX
8	棉弹力斜纹布	Collegiate Royal		19-4057TPX
9	棉弹力斜纹布	Concho Shell		15-1624TPX
10	棉弹力斜纹布	Dark Onix		19-4220TPX
11	棉弹力斜纹布	Dark Shale		19-4104TPX
12	棉弹力斜纹布	Deep Grey Heather		颜色参 B50
13	棉弹力斜纹布	Diva		13-2010TPX
14	棉弹力斜纹布	Egg Plant		19-3720TPX
15	棉弹力斜纹布	Espresso		19-1015TPX
16	棉弹力斜纹布	Fairway		17-6030TPX
17	棉弹力斜纹布	Freesia		14-0852TPX
18	棉弹力斜纹布	Gardenia		11-0604TPX
	棉弹力斜纹布	Light Brown		15-1215TPX

图 4-5　公式初始状态

	C 布种名称	D 颜色英文名	E 颜色中文名	F Pantone 色号	G 厂内色号
1	布种名称	颜色英文名	颜色中文名	Pantone 色号	厂内色号
2	棉弹力斜纹布	鲜玫红	鲜玫红	18-1945TPX	C12
3	棉弹力斜纹布	Cadet	紫灰	18-3812TPX	HI8
4	棉弹力斜纹布	Carmine	紫红	17-1831TPX	CI4
5	棉弹力斜纹布	Castle Rock	礁灰	18-0201TPX	J18
6	棉弹力斜纹布	Cloud Dancer	云白	11-4201TPX	BI3
7	棉弹力斜纹布	Collegiate Pur	纯紫	19-3632TPX	HI3
8	棉弹力斜纹布	Collegiate Roy	纯蓝	19-4057TPX	D16
9	棉弹力斜纹布	Concho Shell	粉红	15-1624TPX	I14
10	棉弹力斜纹布	Dark Onix	深岩灰	19-4220TPX	J13
11	棉弹力斜纹布	Dark Shale	檀灰	19-4104TPX	J12
12	棉弹力斜纹布	Deep Grey Heat	深炭灰	颜色参 B50	MI3
13	棉弹力斜纹布	Diva	樱花红	13-2010TPX	II2
14	棉弹力斜纹布	Egg Plant	茄皮紫	19-3720TPX	HI4
15	棉弹力斜纹布	Espresso	浅褐灰	19-1015TPX	FI9
16	棉弹力斜纹布	Fairway	深草绿	17-6030TPX	G11
17	棉弹力斜纹布	Freesia	柠檬黄	14-0852TPX	EI4
18	棉弹力斜纹布	Gardenia	栀子黄	11-0604TPX	BI1
	棉弹力斜纹布	Light Brown	浅棕	15-1215TPX	FI1

图 4-6　公式的位置引用

任务四　工作基本礼仪

一、仪容仪表

仪容仪表是指一个人呈现出来的外观,通常是指这个人的外部轮廓、容貌、表情、服饰和举止的总和。一个人的仪容仪表礼仪由静态礼仪和动态礼仪构成。静态礼仪最重要的组成部分是容貌,也包括化妆。容貌的修饰主要体现在发型、面部和口部三部分。

发型的修饰最重要的是要整洁、规范、长度适中,款式适合自己。有条件的话每天都要洗头,还应定期修剪。在重要的工作场合,男士头发一般不可太短也不要太长,具体要求是:前发不附额,侧发不掩耳,后发不及领。留长发的女士,在上班或重要场合中,最好用卡子或者发箍把头发束起来或编起辫子。

面部修饰除了要保持整洁之外,还要注意多余的毛发,如胡子、鼻毛和耳毛等。没有特殊的宗教信仰和民族习惯一般不要留胡子,要养成每日剃须的习惯。鼻毛和耳毛也要定期修剪。

口部最重要的是力求无异味。要想保持一个良好的个人形象,应该养成饭后及时刷牙的习惯,尽量避免在会客前进食有异味的食物,一旦发现自己有口腔异味,应及时使用漱口水或喷剂清除。

要美化自己的仪容仪表,化妆是很重要的一个手段。在交往应酬中,化妆也是一种礼貌。化妆礼仪的基本要求包括三点,即自然、协调和不在公共场合化妆。

二、身体语言

1. 头部的语言

因为头部集中了所有表情器官,所以往往是人们关注、观察身体语言的起点。

① 微微侧向一旁:说明对谈话有兴趣,正集中精神在听;

② 挺得笔直:说明对谈判和对话人持中立态度;

③ 低头:说明对对方的谈话不感兴趣或持否定态度,在商务交往中低头这种身体语言是非常不受人欢迎的;

④ 身体直立,头部端正:表现的是自信、正派、诚信、精神旺盛,头部的这种姿态无疑是商

务交往中的首选；

⑤ 头部向上：表示希望、谦逊、内疚或沉思；

⑥ 头部向前：表示倾听、期望或同情、关心；

⑦ 头部向后：表示惊奇、恐惧、退让或迟疑；

⑧ 点头：表示答应、同意、理解和赞许；

⑨ 头一摆：表示快走之意。

2. 眼睛的话语

目光是最富于表现力的一种身体语言。作为商务场合来说，目光注视范围主要有两种，一种是公务注视范围，一种是社交注视范围。

公务注视是在洽谈业务、贸易谈判或者磋商问题时所使用的一种注视。这个区域是以两眼为底线、额中为顶点形成的一个三角区。如果你看着对方这个区域就会显得严肃认真，对方也会觉得你有诚意；在交谈时如果目光总是落在这个注视区域，你就会把握住谈话的主动权和控制权。

社交注视它的范围是以两眼为上线、唇部为下顶点所形成的倒三角形区域，通常在一般的商务交往场所使用这种注视，当你和人谈话时注视着对方的这个部位，能给人一种平等而轻松的感觉，可以创造出一种良好的社交气氛，像一些茶话会、舞会和各种友谊聚会的场合中，就适合采用这种注视。

商务场合，除了要把握眼神的注视范围外，还要注意眼神注视的角度和方法。应该用平和、亲切的目光语言，既不目光闪闪显得激情过度而近乎做作，又不目光呆滞，显得应酬敷衍。如果眼神发虚或东瞟西望，就会让对方产生一种不踏实的感觉，话还没出口，就先入为主地对你有了看法。

① 盯视：如果死死地盯视一个人，特别是盯视他的眼睛，不管有意无意，都显示着一种不礼貌的表现，令对方会感到不舒服。盯视在某些特定场合是作为心理战的招数使用的，在正常社交场合贸然使用便容易造成误会，让对方有受到侮辱甚至挑衅的感觉。

② 眯视："眯视"是一种不太友好的身体语言，它除了给人有睥睨与傲视的感觉外，也是一种漠然的语态。在西方，对异性眯起一只眼睛，并眨两下眼皮，是一种调情的动作。

③ 回避：避免刻意回避对方的眼光或眼睛瞟来瞟去，否则会让对方觉得你不专心、心虚，从而得不到信任。

④ 四处漫游：这是一种犹豫、举棋不定的身体语言信息。

⑤ 斜视：表示轻蔑。

⑥ 俯视：表示羞涩。

⑦ 仰视：表示思索。

⑧ 正视：表示庄重。

3. 小动作大问题

伴随着不同的心态，每个人都会或多或少地表现出各种各样的小动作，而恰恰是这些小动作会把一个人的心态暴露无遗。

① 就坐后不断地整理自己的领带，或者频频把玩自己的衣饰是不自信的表现；

② 双手交替地攥紧、弄出骨节的声音是排解紧张的表现；

③ 反复地摆弄笔或其他小物品，或者不断地触摸身体的某一部位（如耳朵，鼻子，面部等）

是紧张的表现；

④ 绞扭双手是不耐烦、心不在焉的表现；

⑤ 一支接一支的抽烟是紧张焦虑的表现；

⑥ 频繁地小范围地移动身体是坐立不安、焦虑的表现；

⑦ 以手掩口是心虚的表现；

⑧ 把钱、钥匙弄得叮当响是缺乏教养和风度的表现。

4. 做个好听众

当对方讲到高兴或伤心之处时，最得体的反应是点头或是表示赞同，这会使谈话更投机、更融洽，还会给对方遇上知音的感觉。

一个好的听众仅呆呆地听是不够的，还需要做一些恰当的反应，表示你对谈话的兴趣和理解，而且还要知道什么时候该接腔，什么时候只要对视一下就可以了。如果手头上还做着其他事情，或是东张西望、做小动作，就像摆弄手中物品、剪指甲、搔痒痒、抓头皮等，都是注意力不集中、心不在焉的表现；而打哈欠、伸懒腰、看手表则是不耐烦和厌倦的表示。

5. 劝退语

在商务交往中，这些都是"劝退语"：

① 反应冷淡，甚至不愿答理。

② 站起身来。虽然显得很"认真"，但反复看手表或时钟。

③ 打呵欠，伸懒腰。把双肘抬起，双手支在椅子的扶手上。

当对方出现这些身体语言，你就应该马上告辞。同样道理，在商务交往中，除非你想表达出这样的"劝退"信息，否则也不应该让这些身体语言出现。

交谈完后，如果你不希望对方再送自己，可以主动伸出手来和他相握，即是明确表示"请留步"、"不用再送了"之类的含意。

三、握手礼仪

礼仪是人际交往中的行为规范，握手尤其重要。所以在比较正规的场合，人和人握手时谁先伸手有标准化的做法。

1. 一般交往应酬中标准伸手顺序

① 地位高的人先伸手；

② 男人和女人握手时，应该是女人先伸手，女士有主动选择是否有进一步交往的权利；

③ 晚辈和长辈握手，应该是长辈先伸手；

④ 上级和下级握手，应该是上级先伸手；

⑤ 老师和学生握手，应该是老师先伸手。

在正规的商务场合，基于位高者先伸手的原则，上述的 5 个顺序都完全适合于正规场合，但是身份不同是不一样的。例如，女士是公关经理，男士是董事长，女士职位显然比男士低，两个单位商务交往，就是董事长地位高，因此应该由董事长先伸手。但是在一般性的社交场合，无论职位高低，仍然是女士优先，大家在一玩，不讲职务，不讲头衔，那么在礼仪上就是女士的地位高于男士，因此应该由女士先伸手。

2. 握手时的几个基本禁忌

① 最重要的禁忌是心不在焉：不看着对方，甚至是与旁边的人聊天，心不在焉的握手不如不握；

② 除非没有右手,否则必须伸出右手:一般握手,尤其跟外国人握手,如新马泰一带、穆斯林地区、印度,左右两只手往往有各自的分工,只用右手行使礼节;另外在英语文化中"右"是上位,是好的位置;而"左"是下位,是不好的位置;

③ 握手时戴手套:国际惯例只有女人在社交场合戴着的薄纱手套可以不摘。此外一般用的御寒的手套一定要摘;

④ 在国际交往中,尤其是到西方国家去,握手要避免所谓双手交叉握着对方的双手,即所谓"交叉握手"。

四、电话礼仪

电话礼仪是指人们在通电话的整个过程之中的语音、声调、内容、表情、态度、时间等的集合。它能够真实地体现出个人的素质、待人接物的态度以及通话者所在单位的整体水平。正确地使用电话,树立良好的"电话形象",无论是发话人还是受话人,都应遵循接打电话的一般要求:态度礼貌友善、传递信息简洁、控制语速语调和使用礼貌用语等。

① 选好通话的时间:首先要考虑在什么时间最合适。如果不是特别熟悉或者有特殊情况,一般不要在早 7 点以前、晚 10 点以后打电话,也不要在用餐时间和午休时打电话,否则有失礼貌,也影响通话效果。

② 礼貌的开头语:当对方拿起听筒后,应当有礼貌地称呼对方,亲切地问候"您好"。只询问别人,不报出自己是不礼貌的。如果需要讲的内容较长,可问:"现在与您谈话方便吗?"

③ 用声调传达感情:讲话时语言流利、吐字清晰、声调平和,能使人感到悦耳舒适。再加上语速适中、声调清朗、富于感情、热情洋溢,使对方能够感觉到你在对他微笑。

④ 有所准备、简明有序:如果要谈的内容较多,可在纸上列出。尤其是业务电话,内容涉及时间、数量、价格,有所记录是非常必要的。

⑤ 电话三分钟原则:在正常的情况下,一次打电话的全部时间,应当不超过 3 分钟。除非有重要问题必须字斟句酌地反复解释、强调,一般在通话时都要有意识地简化内容,尽量简明扼要。

打完电话,应当有礼貌地寒暄几句"再见"、"谢谢"、"祝您成功"等恰当的结束语。

五、座次礼仪

在团队中,我们对个人的位置应该有清楚地判断。商务活动中,上下级关系永远排在第一位;其次是年龄,在相同的级别中以年长的同事为先;再次是性别,在级别相同、年龄相仿的参会人员中,以女士优先。判断座次尊卑的主要有以下几个基本原则:

1. 尊左与尊右

按照国际惯例,"以右为尊"是普遍适用的次序原则。

在我国,从古至今"尊左"还是"尊右"不是一成不变的,有年代和地域的区别,至今仍存在争议。因此,不能简单地认为我国是"以左为尊"。在座次安排上,首先要看会议的性质。政务会议、国企内部的大型会议,一般仍然遵守"左为上"的原则;其他商务、社交、涉外活动一般遵循"以右为尊"的国际惯例。

2. 中间与两边

中间的位置为上,两边为下。相比两边的位置,位于中间的人讲话更能使两边的人都清楚地听到,更便于与两边的人进行交流。

3. 前排与后排

前排为上，后排为下。"前"总是与"领先"相关。在会议中前排适宜安排更重要的人士。

4. 面门为上

面门为上，背对门为下。面门的位置比背对门的位置更加优越。

六、其他礼仪

1. 递物给他人

① 双手为宜，不方便双手并用时，也要采用右手，以左手通常视为无礼；

② 将有文字的物品递交他人时，须使之正面面对对方；

③ 将带尖、带刃或其他易伤人的物品递于他人时，切勿以尖、刃直指对方。

2. 展示资料给他人

① 将物品举至高于双眼之处，这适于被人围观时采用；

② 将物品举至上不过眼部，下不过胸部的区域，这适用于让他人看清展示之物。

3. 电梯礼仪

① 不要同时按上下行键；

② 不要堵在电梯口，让出通道；

③ 遵循先下后上的原则。先进入电梯，应主动按住按钮，防止电梯夹人，帮助不便按键的人按键，或者轻声请别人帮助按键；

④ 在商务活动中，按键是晚辈或下属的工作，电梯中也有上位，愈靠内侧是愈尊贵的位置；

⑤ 电梯中绝对不可以抽烟，尽量避免交谈，除非电梯中只有你们两个人；

⑥ 人多时不要在电梯中甩头发，以免刮人脸；

⑦ 电梯没有其他人的情况，在客人之前进入电梯，按住"开"的按钮，此时请客人再进入电梯。如到大厅时，按住"开"的按钮，请客人先下；

⑧ 电梯内有人时，无论上下都应客人、上司优先；

⑨ 在电梯内，先上电梯的人应靠后面站，以免妨碍他人乘电梯；

⑩ 电梯内已有很多人时，后进的人应面向电梯门站立。

附录 1

常用纤维中英文对照表

纤维名称	英文	英文缩写
棉	Cotton	C
羊毛	Wool	W
马海毛	Mohair	M
羊羔毛	Lambs wool	La
羊绒	Cashmere	WS
牦牛毛	Yak hair	YH
驼毛	Camel hair	CH
羊驼毛	Alpaca	AL
兔毛	Rabbit hair	RH
真丝	Silk	S
柞蚕丝	Tussah silk	Ts
桑蚕丝	Mulberry silk	Ms
亚麻	Linen	L
黄麻	Jute	J
苎麻	Ramie	Ram
大麻	Hemp	Hem
涤纶	Polyester	T
锦纶(尼龙)	Nylon	N
腈纶	Acrylic	A
莱卡	lycra	Ly
黏胶	Rayon	R
莫代尔	Modal	Md
天丝	Tencel 是 Lyocell (莱赛尔)纤维的商品名	Tel
涤/棉混纺 (棉含量高于涤纶，一般棉含量在 65%以上)	Chief Value of Cotton	CVC
涤/棉混纺 (涤纶含量高于棉)	Polyester/Cotton	T/C

附录 2

常用单位换算

1. 长度换算表

米(m)	厘米(cm)	码(yd)	英尺(ft)	英寸(in)
1 000	100 000	1 093.63	3 280.89	39 370.7
1	100	1.093 63	3.280 89	39.370 7
0.01	1	0.010 936 3	0.032 808	0.393 707
1 609.31	160 931	1 760	5 280	63 360
1 853	185 318	2 025.41	6 076.21	72 914.6
914 383	91.438 3	1	3	36
0.304 794	30.479 4	0.333 333	1	12
0.025 399	2.539 95	0.027 777	0.088 333	1

2. 面积换算表

平方米(sq. m)	平方英尺(sq. ft)	平方英寸(sq. in)	平方码(sq. yd)
100	1 076.42	155 005	119.603
1	10.764 2	1 550.05	1.196 03
0.092 899	1	144	0.111 111
0.000 645	0.006 944	1	0.000 771
0.836 096	9	1 296	1
4 046.71	43 560	—	4 840

3. 重量换算表

千克(kg)	百克(hg)	克(g)	吨(t)	磅(常衡)(lb)	盎司(常衡)(oz)
1	10	1 000	0.001	2.204 62	35.273 9
0.1	1	100	0.000 1	0.220 462	3.527 39
0.001	0.01	1	0.000 001	0.002 204	0.035 273
1 000	10 000	—	1	2 204.62	35 274
0.453 592	4.535 92	453.592	0.000 453	1	16
0.028 348	0.283 487	28.348 7	0.000 028	0.062 5	1

附录 3

服装加工常用英语缩写

A /H, A. H. =ARMHOLE 袖窿, [粤]夹圈

ART. =ARTICLE [欧洲]款式

B. =BUST（女）胸围

B. L. =BACK LENGTH 后长

B. N. P. =BACK NECK POINT 后颈点

BNT=BACK NECK TAPE 后领滚

B. W. =BACK WIDTH 后背宽

BNL. =BACK NECKLINE 后领口

BNP, BNPT. =BACK NECK POINT 后颈点

BOM=BILL OF MATERIAL 物料表

BSP. =BACK SHOULDER POINT 后肩颈点

BTM. =BOTTOM 下摆

C. =CHEST（男）胸围

C. B. , C/B=CENTRE BACK 后中

C. F. , C/F =CENTRE FRONT 前中

C. P. L. =COLLAR POINT LENGTH 领尖长

CBL. =CENTER BACK LINE 后中线

CBN−W=CENTER BACK NECK POINT TO WAIST 后颈点至腰

DBL. NDL. =DOUBLE NEEDLES 双针

DTM=DYE TO MATCH 配色

E. P. =ELBOW POINT 肘点

EMB. =EMBROIDERY 绣花, [粤]车花

F. =FRONT 前

F. L. =FRONT LENGTH 前长

F. N. P. =FRONT NECK POINT 前颈点

F. O. A. =FEED OFF ARM 埋夹

FAB. =FABRIC 布料

FNP. =FRONT NECK POINT 前颈点

H. =HIP 坐围

HPS=HIGH POINT OF SHOULDER 高肩点

HSP=HIGH SHOULDER POINT 高肩点

L/D=LAB DIP 色卡, 色样

L/S=LONG SLEEVE 长袖

LSAW. =LEFT SIDE AS WEARED 成衣左侧缝

MEAS. =MEASUREMENT 尺寸

N. TO W. =N. −W. =NAPE TO WAIST 腰直（后颈点到腰线的距离）

N. =NECK 领, 颈

N. P. =NECK POINT 肩颈点

NK. =NECK 颈圈

O/L=OVERLOCK 拷边, 锁边, [粤]钑骨

OVRLK. =OVERLOCK 拷边, [粤]钑骨

P. P. =PAPER PATTERN 纸样

PKT. =POCKET 口袋

PT. =PNT. =POINT 点

POS. =POSITION 位置

QLY. =QUALITY 质量

QTY. =QUANTITY 数量

R. S. =RIGHT SIDE 正面

R. T. W. =READY TO WEAR 成衣

S. =SLEEVE 袖

S. A. =SEAM ALLOWANCE 缝头, 缝份, [粤]子口

SNP. =SHOULDER NECK POINT 肩颈点

S. P. =SHOULDER POINT 肩点, 肩端点

S. P. I. =STITCH PER INCH 每英寸针数

S. S. =SLEEVE SLOPE 肩斜

S. S. P. =SHOULDER SLEEVE POINT 肩袖点

S/S=SHORT SLEEVE 短袖

S/Y=SAMPLE YARDAGE 样布, 布样, [粤]办布, 办布, 板布

SGL. NDL. =SINGLE NEEDLE 单针

SLV. =SLEEVE 袖子

SNL. =SINGLE 单, 一个

STY. =STYLE 款式

SZ. =SIZE 尺码

T/P=TECK PACK 技术档案。客人交付用于做样板的资料，通常包括款式图、工艺要求、尺寸等。

T/S=TOP STITCH 明线

W. =WAIST 腰围

W. B. , W/B=WAISTBAND 裤头

W. I. P. =WORK IN PROCESS 半成品

W. S. =WRONG SIDE 反面

YPD=YARDAGE PER DOZEN 每打衣服用量（单位为码）

附录 4

常用物料中英文对照

Attention Card　注意卡

Box end Label　内盒贴纸

Boxes　内箱

Buckle　字扣,铁扣

Button Mould　钮模

Button　钮扣

Carton Sticker　外箱贴纸

Carton Tag　箱贴纸

Carton　外箱

Collar Stay　插竹

Content Label　成份唛

Content/WC/SZ Label　成份/洗水/西士唛

Country Origin Label　产地唛

Cowhide Pager　牛皮纸

Cum Tape　平橡筋

Division Pad　内插筒

Drawstring　棉绳

Elastic Band　细橡筋

Embroidery Patch　绣花章

Flag Label　旗唛,皮士唛

Hang tag Sticker　挂卡贴纸

Hang Tag　挂卡

Herringbone Tape　人字带

Inner Box Sticker　内盒纸箱

Inner Carton　内箱

Interlining　衬

Item Label　旗唛

Label of Other　其他唛

Lace　丝带,花边

Leather Disc　皮牌

Luggage Pin　胶针

Magic Sticker　魔术贴

Main Label　主唛

Metal Clip　叉字铁夹

Neck Label　领唛

Nylon Loop　尼龙捆条

Nylon String　尼龙绳

Paper Belt　（纸）腰带

Paper Collar Stripe　纸领条

Paper Shirt Band　纸领条

Paper Tag　纸牌

Pins　针

PL. Collar Support　胶领圈

Plastic Butterfly　胶蝴蝶,胶托

Plastic Clip　胶夹

Plastic Hangers　胶衣架

Plastic Shirt Band　胶领条

Pocket/Placket Label　袋唛/旗唛

Poly Envelope　胶袋(封口)

Polybag Sticker　胶袋贴纸

Polybag　胶袋

Price Ticket　价钱牌

Rectangle Clip　方型胶夹

Ribbon　丝带

Rivet　铆钉

Safety Pins　扣针

Shirt Board　纸板

Shoulder Cotton Pad　棉织带

Shoulder Pad(Tape)　扁带

Silicon Wappes　缎带

Size Label　西士唛

Size Sticker　西士贴纸

Sticker　贴纸

Tag Tin　胶针(用枪打)

Thread　线

Tissue Paper　纸领条,衬纸

Twill Tape　斜纹带

Waist Band　印字系带,纸腰带

Waist Tag　腰牌

Wash Care Label　洗水唛

Yoke Label　担干唛

Zipper Pull　拉链头

附录 5

染整常用词汇中英文对照

染料类

碱性染料：basic dyes

酸性染料：acid dyes

活性染料：reactive dyes

分散染料：disperse dyes

阳离子染料：cation dyes

还原染料：vat dyes

直接染料：direct dyes

硫化染料：sulphur dyes

非偶氮染料：azo free dyes

助剂类

柔软及抗静电剂　softening and antist-atic agents

防水防油整理剂　water and oilrepell-ent agents

防虫剂　insect-resist agents

增稠剂　thickeners

交联剂　crosslinking agents

乳化剂　emulsifiers

整理类

树脂　resin finishing

上浆　starch finishing

热定形：heat setting

树脂整理：resin finish

拒水：w/r(water repellent)

切割：cut

轧花：embossed/logotype

涂层：coating（pvc、pu、pa)

涂白：white pigment

涂银：silver

烫金：gold print

磨毛：brushed

起皱：crinked/ creped

轧泡：bubbled

丝光：mercerized

硬挺：stiffening

抗静电：anti-static

抗起球：anti-pilling

防羽绒：down proof

防霉：anti-fungus

免烫：wash and wear

砂洗：stone washed

阻燃：flam retardant

烂花：burn out

防水：w/p（water shrinkage）

缩水：w/s（water shrinkage）

印花类

拔染印花：discharge printing

平网印花：plate scream printing

圆网印花：rotary scream printing

转移印花：transfer printing

模版印花：block printing

涂料印花：coat printing

染色类

卷染：jig dyeing

轧染：pad dyeing

固色：color fixing

打样：lab dips

大货生产：bulk production

附录6
纺织品检测常用词汇及面料疵点中英文对照

A 色牢度试验项目 COLOR FASTNESS TESTS

耐皂洗牢度　color fasteness to wash-ing / washing

耐摩擦牢度　color fasteness to rubb-ing / rubbing/ Dry & wet crocking

耐汗渍牢度　color fasteness to perspiration / perspiration

耐干洗牢度　color fasteness to drycleaning/ drycleaning

耐日晒色牢度　color fasteness to sunlight

耐水色牢度　color fasteness to water

耐熨烫色牢度　color fasteness to ironing

氯漂白　chlorine bleach spotting

非氯漂白　non-chlorine bleach

漂白　bleaching

海水　sea-water

酸斑　acid spotting

碱斑　alkaline spotting

水斑　water spotting

染料转移　dye transfer

热（干态）　dry heat

热压　hot pressing

印花牢度　print durability

臭氧　ozone

烟熏　burnt gas fumes

由酚类引起的黄化　phenolic yellowing

唾液及汗液　saliva and perspiration

灰色样卡　grey scale

沾色样卡　grey scale for staining

色差　chromatic difference

B 强力试验项目 STRENGTH TESTS

拉伸强力　tensile strength

撕破强力　tear strength

顶破强力　bursting strength

接缝性能　seam properties

双层织物的结合强力　bonding strength of laminated fabric

涂层织物的黏合强力　adhesion strength of coated fabric

单纱强力　single thread strength

缕纱强力　lea strength

钩接强力　loop strength

纤维和纱的韧性　tenacity of fibres and yarn

断裂强力　breaking strength

断裂强度　breaking tenacity

缝纫强力　seam strength

C 织物机构测试项目 FABRIC CONSTRUCTION TESTS

织物密度（机织物）　threads per unit length （woven fabric construction）

织物密度（针织物）　stitch density（knitted fabric）

纱线支数　counts of yarn

纱线纤度（原样）　denier counts as received

织物幅宽　fabric width

织物面密度（克重）　fabric weight

针织物线圈长度　loop length of knitted fabric

纱线卷曲或织缩率　crimp or take-up of yarn

割绒种类　type of cut pile

织造种类　type of weave

机织物纬向歪斜度　distortion in bowed and skewed fabrics（report as received and after one wash）

圈长比　terry to ground ratio

织物厚度　fabric thickness

D 成分和其他分析试验项目 COMPOSITION AND OTHER ANALYTICAL TESTS

纤维成分　fibre composition

纤维含量　fibre content

染料识别　dyestuff identification

含水率　moisture content

可萃取物质　extractable matter

填充料和杂质含量　filling and foreign matter content

淀粉含量　starch content

甲醛含量　formaldehyde content

释放甲醛含量　releasable for maldeh-yde content

甲醛树脂　presence of formaldehy-de resin

棉丝光度　mercerisation in cotton

pH 值　pH value

E 织物性能试验项目 FABRIC FERFORMANCE TESTS

耐磨性　abrasion resistance

抗起毛起球性　pilling resistance

拒水性　water repellency

抗水性　water resistance

防蛀性　insect resistance

防污性　soil resistance

防雨性　rain proofness

织物厚度　fabric thickness

透气性　air permeability

折痕回复力　wrinkle recovery

布料硬挺度　fabric stiffness

弹性及回复力　stretch & recovery

外观质量　appearance quality

内在质量　inherent quality

外观疵点　appearance

技术要求　technical requirement

感观检验　subjective inspection

取样　sampling

品质检验单　inspection certificate for quality

检验证书　inspection certificate

F 面料疵点 FABRIC DEFECTS

弓纬　bowing

荷叶边　scallops

门幅　fabric width

窄门幅　narrow width

磨毛痕　sand mark

起毛　hair

起球　pilling

树脂印　resin mark

停车痕　stop mark

纬斜　slanting /skewing

油污　oil

预缩痕　compact mark

抓毛痕　brush mark

硅斑　softener

疵点　defect/fault

经柳　streaky warp

断经　broken end

断纬　broken picks

破洞　hole

横档　filling bar

污迹　stain/dirt

松板印　moire effect

折痕　crease mark

色花　shade variation/ color difference/ color diviation

色柳　color stripe

渗色　color bleeding

褪色　color fading/discolor

擦伤　scratch/barasion/winch mark

条花疵点　stripy defects

斑点染色、染斑　staining

附录 7

常用颜色中英文对照

古铜色　brown

紫红　bordeaux/wine

紫色　burgundy/ plum/violet/purple

浅粉红色　baby pink

米色　beige

特黑　black / jet black

蓝色　blue

紫罗兰色　blueviolet

棕色　brown

军蓝色　cadetblue

驼色　camel

墨绿　charcoal

艳蓝色　cobalt blue

青色　cyan

梅红　fuschia

奶白　ivory/ecru/off white/cream

绿色　green

灰色　grey

卡其　kahki

雪青　lilac

洋红色　magenta

紫红　mauve

中灰蓝色　midnight blue

藏青、军蓝　navy/blue

灰白　off-white

老花色　oldlace

橄榄色　olive

豆绿　olive

橙色　orange

橙红色　orangered

淡紫色　orchid

乳白色　oyster white

桃色　peach puff

粉红　pink

粉蓝色　powder blue

紫色　purple

红色　red

宝蓝色　royal blue

宝石红　rubine

宝石蓝　sapphire

银白色　silver

天蓝色　sky blue

烟灰色　smoky gray

雪白色　snow

石色　stone

茶色　tan

翠蓝色　turquoise blue

紫罗兰色　violet

浅黄色　wheat

白色　white

增白　white/snow white

烟白色　white smoke

葡萄酒红　winered

黄色　yellow

黄绿色　yellow green

参考文献

1. 中国国际贸易学会商务专业培训考试办公室. 外贸跟单理论与实务. 北京：中国商务出版社，2009
2. 邢声远，郭凤芝. 服装面料与辅料手册. 北京：化学工业出版社，2008
3. 毛益挺、杨威、董薇. 服装企业理单跟单. 北京：中国标准出版社，2005
4. 中国标准社第一编辑室. 服装工业常用标准汇编（第二版）. 北京：中国标准出版社，2000
5. 国家进出口商品检验局检验科技司. 出口服装质量与检验. 北京：中国纺织出版社，1998
6. 张明德. 服装生产技术管理. 北京：高等教育出版社，2001
7. 吴俊，刘庆，王东伟. 染整印花跟单. 北京：中国纺织出版社，2005
8. 倪武帆，梁建芳，周利. 发展服装外贸跟单. 北京：中国纺织出版社，2008